ENKI

Saggistica

25

Via Giosuè Carducci, 37 - 46041 Asola (MN)
gilgameshedizioni@gmail.com - www.gilgameshedizioni.com
Tel. 0376/1586414

ISBN 978-88-6867-366-6



In copertina: Progetto grafico di Dario Berllini.

Con testo a fronte: *Aschenputtel*, *Cenerentola*, di Jacob e Wi-lhelm Grimm, 1812.

Sara Ascoli

# CENERENTOLA: L'INGANNO, L'ANIMA E IL SANG REAL

## Dalla causa dell'ignoranza alla comprensione del cuore

Con a fronte il testo originale dei fratelli Grimm

Gilgamesh Edizioni

*A Morgana e a Morfeo*

# INTRODUZIONE

*Se "gli dei sono diventati malattie" (C. G. Jung, Opere),*

*"anche la nostra malattia ha origini divine." (J. Hillman, La vana fuga dagli dei)*

Cenerentola è una fiaba nota a tutti e molto antica, che ha origine probabilmente in Cina o in Egitto. Il primo prototipo letterario di questo racconto viene infatti citato da Erodoto e da Strabone e poi narrato da Claudio Eliano (175-235) nella storia di Rodopi. Esistono numerose versioni di questa fiaba: L*a Bella Vassilisa* in Russia, *Yeh-Shen* in Cina, *Zoccoli d'Oro* in Arabia, *Peldicerere* il Inghilterra, Il *Vasetto Magico* in Persia, *Natiki* in Africa, etc. Anche in Italia ne abbiamo due: una a opera del Basile, *La Gatta Cenerentola*, settimo cunto de "*Il Cunto de li Cunti*" e una siciliana scritta dal Pitre'. Infine, si ricorda la celebre versione francese di Perrault. La variante a cui noi faremo riferimento è quella germanica dei fratelli Grimm, scritta nel 1812, *Aschenputtel*: racconto essenziale, un'allegoria dall'inizio alla fine, in cui nulla viene deposto come abbellimento. Jacob e Wilhelm Grimm, linguisti e filologi, hanno calibrato ogni termine: non un solo elemento vi si accosta per caso o vezzo; ogni termine ha il peso della sapienza antica. A guardare bene non ci si trova dinanzi a un racconto, quanto piuttosto a un'opera d'arte pittorica desunta dalla tradizione alchemica.

Non stupisca affatto l'accostamento tra fiaba e alchimia: le vecchie favole sono depositarie di saperi antichi la cui tessitura è intrecciata da filamenti che attraversano la filosofia ermetica come la Grande Opera, passando per profondi rituali iniziatici e saperi esoterici. Il magistero alchemico come le novelle che ne riprendono i contenuti, sono ascrivibili a quella scienza delle trasformazioni che la sapienza antica collegava a una morte iniziale: un **principio di separazione** immette il soggetto nella **dualità** strappandolo a un'unità originaria, benché inconsapevole, per poi tracciare il cammino verso una **ritrovata unità** raggiunta sotto la guida luminosa della Coscienza. In questi tre passi (unione, separazione, unione) si fa Alchimia (tre sono le principali fasi dell'Opera: Nigredo, Albedo e Rubedo), si fa anima. Nell'immaginazione degli alchimisti i metalli sono intrisi di spiriti planetari che possono essere liberati con delle apposite operazioni. La vita dei metalli scorre nel nostro plasma, corre sotto il suolo terrestre, sepolta al di là delle faccende terrene: il nostro stesso passo è sorretto dai loro flussi di energia. Pure i pianeti per l'alchimista sono metalli: ecco che l'uomo viene a trovarsi come spinto dall'alto e dal basso, mosso a vivere dallo spirito di queste leghe ultraterrene o celesti. La parola "metallo" significa "*cercare*", con un'intrinseca allusione alla ricerca che si effettua con lo scavare in miniera o in una cava. Ed è l'attivarsi in questa ricerca nelle **miniere della psiche** che invita lo spirito del metallo a manifestarsi per interagire con gli elementi a esso affini, quelli che vivono sotto la terra della carne umana o quelli negli alti cieli della mente.

Le fiabe si configurano dunque, come ricette alchemiche: mappe per pervenire alla scoperta di un tesoro nascosto, per piegare la materia sotto la pressione lieve del cuore o dello spirito. Per di più, come avremo modo di vedere assieme e come già evidenziato da numerosi studiosi, l'Alchimia ha una netta rilevanza nella vita psicologica: molti sono i parallelismi tra le fasi dell'Opera e i processi psichici; l'arte del fuoco accende la materia umana, la scalda e l'avvampa, attiva e consuma. Il calore è quella forza che smuove l'inerzia umana della resistenza al cambiamento: che sia il fuoco della passione o dell'Inferno, fuoco celeste o desiderio, le fiamme bruciano, purificano, cuociono, riducono a essenza e soprattutto illuminano. Gli eventi

stessi della vita divengono nutrimento solo una volta elaborati, trasformati, cucinati: solo allora si fanno esperienza, cibo per l'anima. E chi più di Cenerentola, colei che prende il nome dal ricordo del fuoco di cui pure è custode, può addentrarsi alla Grande Opera?
Quando parliamo di Cenerentola ci riferiamo a un complesso di simboli che operano dentro ognuno di noi o per l'esattezza parliamo di un **archetipo** che opera al nostro interno. Che cosa è un archetipo? Neumann[1] paragonava gli archetipi agli organi fisici: così come questi presiedono al funzionamento del nostro organismo, quelle entità energetiche che chiamiamo archetipi operano sulla psiche umana per portare a maturazione la nostra personalità. Non si tratterebbe di entità concrete che esistono nel tempo e nello spazio, quanto piuttosto di immagini interiori che agiscono nella psiche umana[2]. Jung[3], di cui Neumann fu allievo, si differenziò da Freud per disaccordi teorici, tra cui la convinzione che il nostro inconscio non fosse una scatola vuota con la quale nasciamo e da riempire di contenuti ritenuti inaccettabili nel corso dell'esistenza. Per lo psichiatra svizzero l'inconscio personale pullula di modelli che fanno parte dell'inconscio collettivo, grazie ai quali l'uomo può trascendere se stesso nel processo di individuazione[4]. Questi modelli sarebbero degli archetipi, degli organi della psiche o **divinità** in apparente antitesi tra loro e che operano per predisporre il dispiegarsi della nostra evoluzione. Sono forze che si manifestano nel corso della propria vita come simboli che preesistono a ogni psiche individuale e ne organizzano i processi trasfor-

---

[1] Erich Neumann, psicologo e psicoterapeuta tedesco (Berlino, 23 gennaio 1905 – Tel Aviv, 5 novembre 1960).

[2] Erich Neumann, *La Grande Madre, Fenomenologia delle configurazioni femminili dell'inconscio*, 1981.

[3] Carl Gustav Jung, (Kesswil, 26 luglio 1875 – Küsnacht, 6 giugno 1961) è stato uno psichiatra, psicoanalista, antropologo e filosofo svizzero.

[4] L'individuazione è, secondo Jung, quel processo psichico di ogni individuo che consiste nell'avvicinamento dell'Io con il Sé, caratterizzato da una sempre più crescente integrazione delle parti che ne formano la personalità. Una sorta di "viaggio spirituale" verso la conoscenza e la realizzazione del Sé.

mativi. Si attivano a un certo punto dell'evoluzione personale ordinando in tal modo i contenuti della Coscienza.

Dopo Jung, Neumann ed Hillman[5] ripresero e ampliarono il discorso sulle funzioni dell'archetipo. Per Hillman l'archetipo esprime l'energia dell'anima che può arrivare sino a possedere un soggetto: la persona vive, a sua insaputa, come agita dal mito o dall'archetipo. L'allievo di Jung giunse poi a teorizzare il concetto di "*infirmitas* dell'archetipo": questi agglomerati simbolici risultano non perfetti, non trascendenti e non idealizzati; presentano anch'essi delle patologie e, quindi, la *patologizzazione* fa parte in ogni istante dell'ordinaria esistenza psicologica. In quest'ottica tutte le strutture della Coscienza sarebbero al contempo sane e patologiche, superando in tal modo il dualismo malattia-normalità.

Ma cosa accade quando, esattamente come facciamo con il nostro corpo, tendiamo ad ammalare questi organi psichici, o déi, bloccando in tal modo la nostra evoluzione, come individuo e come specie? Quando un archetipo si ammala abbiamo perduto il contatto con la nostra reale natura: non sappiamo più dire chi siamo. Il sintomo lo dice al nostro posto.
Sulla mappa che va dall'umano all'essere ci siamo sperduti in dedali di congetture e miraggi; incapaci di avanzare e inconsapevoli di divenire; ripetenti nel mondo dei morti.

Questa società non conosce più le **relazioni tra gli déi**, celesti e Inferi; non sa intenderne il linguaggio simbolico: inascoltato un dio impazzisce o conduce alla pazzia. Senza saper più comprendere il richiamo della moltitudine divina, l'anima perde un caleidoscopio di ritratti in cui riflettere se stessa e pervenire alla propria conoscenza.
E chi non sa più vedere resta cieco.
Dunque, come prendersi cura di queste potenze?
*Terapeuta* è un termine attualmente, a mio avviso, largamente

---

[5] James Hilmann (Atlantic City, 12 aprile 1926 – Thompson, 27 ottobre 2011) è stato uno psicoanalista, saggista e filosofo.

abusato: improprio appellativo a riconoscimento personale. In origine il "*therapeutes*" era l'aiutante, il compagno, il "*servitore degli Dei*"[6]. Come dice Hillman: il terapeuta è colui che presta attenzione, offre i suoi servigi al "*dio nella malattia*"[7]. Ecco che ritrovare la propria divinità velata nella malattia fa riemergere un antico "*conosci te stesso*", ove la "*malattia*" è pari alla distanza che intercorre tra l'Io e il Sé, tra l'umano e l'essere, tra l'individuo e Dio.

L'attivazione di un archetipo innesca balli rituali e trasformazioni: l'Io e il Sé si trovano avviluppati in una danza tra i mondi; volteggiano tra terra e cielo, tra il tempo e l'eterno, tra morti e rinascite, tra inconscio e realizzazione della Coscienza. Molti sono i modi in un cui un archetipo annuncia la propria attivazione. Alcuni di questi passano per ciò che comunemente viene definito evento traumatico o blocco evolutivo. Capita spesso nel mio lavoro di incontrare una dea Cenerentola che abbia smarrito il suo nome e la sua mitologia e che mi offra interrogativi del tipo:

> *quale trauma ho avuto per incominciare a vivere in questo modo, per bloccarmi così, soffrire talmente tanto?*

A mio avviso non si tratta di eventi traumatici, bensì di tappe evolutive o miti di fondazione, **diatribe tra déi mal interpretate**. Ecco, in questo genere di domande si è danneggiato l'archetipo o se ne è smarrito il libretto di istruzioni. Cinderella è seduta/o nel mio studio e non sa di avere a che fare con un archetipo, né tantomeno è consapevole dell'identità del proprio personaggio o delle divinità che ne ordiscono il fato. È come dire che ha una grande mappa dispiegata davanti a sé ma non sa puntare il dito per indicare: "*io sono qui*". In molti non sanno neanche dell'esistenza di questa mappa; ignorano pure che li attende un forziere con il tesoro.

---

[6] James Hillman, *Re-visione della Psicologia*, 1975.

[7] ibidem

A tutti noi tocca attraversare gli archetipi di Cenerentola come di Biancaneve, de la Bella addormentata o Peter Pan. Ciò accade da sempre, in ogni angolo del pianeta. Pensate ai rituali di passaggio riservati ai giovani di altre culture tradizionali in cui vengono rappresentate e rivissute le tappe evolutive più salienti di un personaggio mitologico o divinità, come a scandire le fasi di crescita e acquisizione di competenze o consapevolezza.
**L'archetipo traccia una direzione evolutiva**; spinge a integrare una parte della propria Ombra; aiuta a camminare verso se stessi. Ogni archetipo segna il nostro cammino come su una mappa: una volta che abbiamo imparato a leggere lo schema che ci avvolge è necessario ricercare i punti successivi, produrre gli eventi che le divinità invocano nella nostra vita.

Oggi partiamo alla scoperta dell'archetipo Cenerentola: un viaggio iniziatico alla ricerca di se stessi, dello scopo della vita e della strada per conseguire tali mete.
Prima di iniziare a narrare la storia, ricorderete che ho detto che è una storia antica di cui oggi sono presenti centinaia di versioni e quella più conosciuta è sicuramente la versione cinematografica che ne ha dato Disney. Su questo emblematico personaggio io ho due posizioni uguali e contrarie. Vi accorgerete leggendo la storia che probabilmente non conoscete le vicende di Cenerentola o ne avete una versione succinta ed edulcorata. La domanda che mi pongo è questa: il nostro zio Walt, che per tanti anni e per tante generazioni ci ha messo a letto raccontandoci queste fiabe, da quali reali intenzioni era animato? Quella di censurare o quella di preservare?

La versione Disney è sicuramente ridotta all'osso: vengono meno alcune situazioni di vitale importanza per l'archetipo mentre altrove si colora di nuovi elementi. È un po' come se la favola cessasse di essere l'archetipo che è nelle mani di Disney. Mi chiedo: quest'operazione è stata voluta, c'era un'intenzione di censurare il vero significato dell'archetipo e privare il genere umano di un'importante mappa di riconoscimento, oppure l'intento era di rendere il più possibile popolare un contenuto così

forte come si faceva tramandando oralmente le fiabe? Disney voleva che questa, come altre foreste di simboli continuassero a vivere incontaminate e, dunque, ne ha promosso la diffusione in attesa di un tempo pronto a penetrarvi i significati? Mi piace pensare che sia andata così. Si sa che Disney era un illuminato, un massone, probabilmente iniziato all'Alchimia, per cui è facile supporre che certi contenuti a lui fossero familiari. E non a caso uso il termine "*familiari*".
C'è una **tradizione familiare** che va avanti dall'origine dei tempi sino a oggi; molti ne fanno parte e non lo sanno. Questa famiglia è quella del ***Santo Graal* o del Sang Réal,** nel senso di reale e regale, e magari lo zio Walt era uno dei membri di questa famiglia, come lo è qualcuno tra voi.

Chi fa parte della famiglia regale lavora, opera incessantemente per il reale; si occupa di piantare il seme della realtà all'interno di Matrix. Mi piace pensare che Disney fosse uno dei miei familiari.
**Il sangue reale** è una tradizione trasversale a qualsiasi altra tradizione. Questa discendenza prescinde completamente da culture di riferimento, credi, epoche, filosofie, erudizioni. La verità è una soltanto ma ha tante facce e tanti occhi quanti sono i volti e gli sguardi delle persone che a essa si accostano. Dobbiamo a Renè Guenon[8] l'uso dell'espressione "*Tradizione Primordiale*" che il nostro praticò frequentemente nella sua grande produzione a carattere iniziatico-esoterica. Per altri, essa può essere definita anche come Religione Universale, Filosofia Perenne, Tradizione Eterna o Tradizione esoterica. Cristiani, Catari, Sufi, Templari, Massoneria, Islam, Alchimia, Cabala, Rosacroce, Zoroatrismo, Ebraismo; dall'antico Egitto alla tradizione Ermetico-Alchemica, dall'Induismo al Buddhismo, etc., **una razza animica** di sacerdoti eterni, che avvertirono e avvertono ancora l'urgenza di trasmettere una conoscenza antichissima. Essa è talvolta trasmessa non da uomo a uomo,

---

[8] Renè Guenon (Blois, 15 novembre 1886 – Il Cairo, 7 gennaio 1951) è stato uno scrittore, esoterista, intellettuale francese.

bensì dall'alto: è una **teofania**, manifestazione sensibile del divino che trasmette se stesso all'individuo.

La metafisica della Tradizione approva l'esistenza di **un Principio al di fuori dell'essere come del non essere**; al di là dello spazio e del tempo; privo di forma, indescrivibile, trascendente e immanente. Questo Principio è la sola cosa esistente: al di là di esso non esiste nulla; dunque, tutto il mondo manifesto non ha di per sé, alcuna realtà. L'illusione, ***Maya***, in cui persistono gli esseri viventi è costituita dal proiettare fuori da se stessi una manifestazione fenomenica (mondo) che in definitiva vive solo nella propria mente. Da ciò nasce il dualismo Io individuale/mondo esterno che incatena l'uomo al desiderio e alla paura, al dolore e alla sofferenza, nella totale inconsapevolezza di sé. L'iniziato che riceve l'insegnamento segreto attraversa una dolorosa fase di morte o mortificazione per poi rinascere trasmutato in una nuova dimensione spirituale. Da qui, attraverso altre iniziazioni e conquistando alte conoscenze esoteriche, l'adepto perviene alla **liberazione dallo stato di illusione** e realizza il proprio ritorno all'Uno tramite l'impegno nella disciplina.

# CAPITOLO 1

## Benvenuti

*"Chiese Hermes: «Voglio essere istruito sugli esseri e sui misteri del Cosmo». Rispose Poimandres: «Ricevi nel pensiero tutto ciò che vuoi sapere. Io ti istruirò»". (Pimandro del Corpus Hermeticum, Ermete Trismegisto)*

La fiaba che ci sta aspettando è il racconto archetipico del cambiamento e della trasformazione. Cenerentola è un essere in grado di passare dalla luce al buio e poi nuovamente alla luce; attraversa un movimento che la porta dall'alto al basso e poi ancora in alto; dalla vita alla morte (o mortificazione) per poi, infine, rinascere. Abbiamo a che fare con un personaggio diurno che si veste a divinità e che la notte fa miserabile e sconfitto. Con la fanciulla dei Grimm ci addentriamo **nel gioco degli opposti:** alto e basso, fuori e dentro, cielo e terra, giorno e notte, Luce e Ombra, maschile e femminile, cecità e visione, grezzo e sublime, paura e desiderio, vita e morte.

La nostra bella è una mediatrice tra opposte polarità: è il ponte tra il mondo dei vivi e quello dei morti, con l'abito e la pelle cosparsa di cenere e adagiata su un letto pure fatto di un cumulo di cenere, ella si lega al lutto come alla morte e ancora alla rinascita. È un'altra *Kore*[9] che vivendo in superficie con le

[9] Persefone, detta anche *Kore* (giovinetta), è un personaggio della mitologia greca; per i romani sarà Proserpina. Sposa di Ade, Kore era la regina dell'oltretomba. Secondo il mito nei sei mesi dell'anno (autunno e inverno) trascorsi nel regno dei morti, le spettava governare su tutto l'oltretomba;

ninfe viene rapita dal dio degli Inferi, *Ade-Plutone*. È un'altra *Psiche*[10] che deve affrontare le prove iniziatiche e ricongiungersi con il suo sposo *Amore*. *Cinderella* porta la luce della consapevolezza nella notte buia e si muove nell'ombra della luce a ogni nuovo giorno: canta il gioco delle infinite possibilità. È la Pietra Filosofale degli alchimisti e anche la materia grezza, mente e veicolo corporeo che vanno sublimati.

Ancora, Cenerentola è la storia di una custode del fuoco sacro: novizia sacerdotessa, vestale o inizianda sulle orme di perenni sciamane, donne di sapienza o medicina. Sradicate dunque dal vostro immaginario l'idea di una umile o umiliata fanciulla. Anticamente, le vestali, o custodi del fuoco sacro, ricoprivano la carica più prestigiosa a cui una donna potesse assurgere. Da qui il suo **nome impersonale**: Cenerentola. È un non-nome che la fanciulla deve meritare. Capiamo subito che si tratta di una iniziata poiché non ha un nome proprio: vi **rinuncia**. È questo il primo passo di una rinuncia a sé per abbracciare un obiettivo superiore: incarnare la sua natura divina, smettere di servire "la Terra" come un qualsiasi animale e iniziare (essere iniziata) a servire "il cielo".
Mentre tutti i bambini del mondo vengono addomesticati all'ego, a tiranneggiare su ciò che è caduco e perituro, un archetipo viene loro narrato per lo più nel momento di addormentarsi. Leggiamo del risveglio dell'anima a un'anima che mettiamo noi stessi, genitori, adulti, insegnanti, a dormire, talvolta per sempre. Ma la fiaba urla ancora affinché l'anima si ridesti dalla schiavitù reverenziale prestata al fantasma dell'ego.

La cenere è il prodotto puro della combustione, impiegato a sua volta per purificare. Anticamente la cenere era infatti usata per sbiancare i tessuti. Ecco dunque la storia di un essere che

---

negli altri sei mesi (primavera ed estate) si recava, invece, sulla Terra dalla madre Demetra, facendo rifiorire la vegetazione al suo passaggio.

[10] Amore e Psiche sono i personaggi di una fiaba narrata da Apuleio ne *Le Metamorfosi* (II secolo *d.C.)*.

assurge al ruolo di **purificatore**: un Cristo o un Buddha. Non è una fiaba. E non è la storia di un personaggio. Cenerentola è un luogo per troppi ancora sconosciuto. Un luogo che non ha un nome e neppure un reale dove. È una stanza della mente, di ogni mente. Quindi un varco che dall'irrealtà si apre sul reale. "*Asato ma satgamaya*", si legge nelle Upanishad, ovvero: "**dall'irreale conducimi al reale**".

Benvenuti.

# CAPITOLO 2

L'inverno dell'anima e la cura del tempo

*"Lascia che i morti seppelliscano i loro morti; tu va e annunzia il regno di Dio." (Lc 9, 60).*

***La moglie di un ricco si ammalò e, quando sentì avvicinarsi la fine, chiamò al capezzale la sua unica figlioletta e le disse: "Sii sempre docile e buona, così il buon Dio ti aiuterà e io ti guarderò dal cielo e ti sarò vicina." Poi chiuse gli occhi e morì.***

La storia di Cenerentola inizia come tantissime altre storie: con una mamma buona, dolce e carina che sta morendo. Perché tante storie di fiabe iniziano in questo modo?
Le storie archetipiche sono la voce del tempo. Narrano ciò che sta da sempre accadendo: l'inevitabile e il necessario.
Il Tempo, ***Crono***, è figlio del Cielo e della Terra, Urano e Gaia. Ed è, lo è sempre, colui che evirò il padre Cielo per assicurarsi il dominio terreno. Crono o **Saturno** per i romani, è la divinità che scandisce i cicli della vita: quei cammini in cui si conquista autonomia e ci si affranca dai legami familiari. Saturno agisce le forze che danno struttura all'Io e conducono all'**autorealizzazione**. Egli è il grande potatore dello zodiaco (con una falce evira il padre), vettore di perdita e separazione: **ciò che non è necessario alla crescita e all'evoluzione va eliminato**. Nero (come la Nigredo, la prima tappa alchemica) è il suo colore; le sue potenze sostengono l'auto disciplina, l'autocontrollo, il sapersela cavare da soli, l'esercizio della scelta come unica via

alla crescita, il senso del dovere. E la frustrazione che ne consegue genera l'impulso alla scoperta di sé.
Saturno invia perdite, separazioni, lutti, strumenti atti a conseguire la padronanza del proprio destino. Il dio del tempo scende sul mondo delle cose e vi si posa: come polvere o gelo, come neve o rovina, come fioritura o rughe, desertificazione o attesa. Copre con la sua maschera le sue creature fragili, gli Io nascenti, e in tal modo ne permette la realizzazione, se ne prende cura: li corazza in una struttura del Sé in cui ci si priva dei bisogni personali, si diviene insensibili al dolore pur di non sentire la ferita del non essere accettati per ciò che si è. Così duro è l'adeguamento imposto da Saturno. L'emotività e la natura più genuina dell'Io restano sminuiti. È **l'inverno dell'anima**: il gelo la ricopre a protezione nell'attesa della primavera dell'autorealizzazione. Così è per ogni Cenerentola.
Questo è il significato della morte della mamma premurosa e gentile. Non è una fine, bensì un inizio. E come tale segna l'avvio di questa storia, così come di tante altre. La nostra fanciulla deve essere sottratta alla dipendenza materna e prestata alle cure severe di Saturno. Questa divinità ora abita e muove il suo corpo come il suo sentire.

La mamma che muore è quella che io definisco "*mamma dai dentini da latte*" ovvero quella tipica della prima infanzia: dolce, buona, accudente, apprensiva quanto basta, delicata, protettiva. Questo tipo di mamma a un certo punto deve morire. È così per ognuno di noi. Non si tratta di una morte fisica, ovviamente. Ma è comunque necessario che il giovane, o la giovane figlia cessino di essere tali. Si è pervenuti a un tempo adatto per l'individuazione. Sino a questo momento Cenerentola appartiene alla madre: in quanto umana è nata dal suo grembo. Evidentemente questo non basta: **la morte rivela la mortalità stessa di questa appartenenza** e della natura che a essa consegue. Dice la morte: "*davvero è di questo che vuoi accontentarti? È soltanto questo che credi di essere? Guarda bene: io posso portare via solo ciò che mi appartiene già, ciò che si con-*

*segna a me. Il grembo da cui è nato il corpo che chiami Cenerentola è mortale, è mia proprietà per sua natura. Quella natura è la terra da cui provieni, è tua madre. Che direzione segue la tua crescita? Non è soltanto a una madre terra che appartieni, anche di un padre cielo è infusa la tua natura. Questo fa di te un essere e un umano. Sino a oggi hai avuto a che fare con la manifestazione terrena, con il tuo corpo e la materia deperibile. Da ora ha inizio per te un nuovo apprendimento:* ***imparerai a restituirmi ciò che è da sempre mia proprietà. E così a curare ciò che è tua sola natura****".*
Così parlò la divinità della morte a Cenerentola. Così parla ogni volta a ognuno di noi. In questo modo si onora la possibilità di non identificarci con il corpo-mente, l'involucro, l'apparenza manifesta e peritura.

Come iniziano abitualmente le fiabe?
*"C'era una volta."*
E come terminano?
"*E vissero per sempre (per sempre) felici e contenti.*"
"*Una volta*" è la connotazione temporale, terrena, mortale. C'era e ora non c'è più. "*Per sempre*" invece, è assenza di tempo: è eternità. Quindi il passaggio che l'archetipo invita a intraprendere è quello che muove dalla Coscienza di essere solo un corpo, alla Coscienza dell'essenza divina, passando per un processo di autorealizzazione e individuazione.
Lungo questo cammino dunque, assisteremo all'intreccio di più livelli narrativi: in una prima fase il discorso segue le vicende meramente psicologiche della protagonista. Successivamente arriveremo a un punto in cui la psicologia classica non sarà più di supporto alla comprensione dell'archetipo: incontreremo tracce di antichi saperi che toccano la mitologia come l'Alchimia, linguaggi analogici e figurativi, i soli in grado di ricomporre il mosaico dell'anima. L'archetipo è un insieme di simboli, e il simbolo è un segno che ha molti significati; il simbolo va fatto esplodere di quanti più significati possibili e, quanti più se ne trovano, tanta più energia si libera in colui che

lo sta sbrogliando. Ecco perché ci troveremo a leggere lo stesso simbolo sia a livello psicologico che a livello sociale, spirituale, alchemico.

Seppur fin dall'inizio Cenerentola vanti una esplicita cornice alchemica, la prima parte della narrazione può essere interpretata come un processo di individuazione.
Jung afferma: "*l'individuazione è una unificazione con se stessi e, nel contempo, con l'umanità, di cui l'uomo è parte*"[11]. Si tratta di un processo evolutivo della psiche che segue una legge, una spinta naturale, per la quale **ogni uomo diviene ciò che è realmente**, ciò che è destinato a essere. È la liberazione del Sé dai "*falsi involucri della Persona*"[12] e dal potere dell'inconscio. Un individuo non differenziato è in disaccordo con sé stesso: agisce per ciò che non è, dunque non può assumersi responsabilità alcuna, così come non gode di alcuna libertà.

Ora riprendiamo con la narrazione di Cenerentola: abbiamo dinanzi a noi una mamma sul letto di morte che lancia un anatema alla sua giovane figlia. Le dice: "*Sii sempre docile e buona, così il buon Dio ti aiuterà e io ti guarderò dal cielo e ti sarò vicina*".
"*Sii sempre docile e buona*" è una maledizione: i termini come "*sempre*" o "*mai*" uccidono l'essenza stessa del divenire, il cambiamento. La frase pronunciata in punto di morte ha il sapore della maledizione: "*non cambiare mai*" ovvero "*non essere in vita*". A dire il vero non c'è un'intenzione mal augurante nell'animo della donna: ciò che le sue parole annunciano è effettivamente l'inizio della mortificazione che Cenerentola si appresta ad attraversare.
"*Docile*" è un aggettivo che si usa per gli animali e qui indica proprio lo stadio da cucciolo inesperto e obbediente: l'individuo che vive nell'identificazione con il proprio corpo, prigioniero di istinti, desideri, bisogni, paure, mera sussistenza, non si distingue dall'animale. "***Vivi la mortificazione della tua natura***

---

[11] Carl Gustav Jung: *Opere*, vol. 16, pag. 118

[12] Carl Gustav Jung: *L'Io e l'inconscio*, 1948.

***animale***", questo ha detto la mamma morente. Attenzione, sappiamo tutti come far disobbedire un bambino: è sufficiente dirgli di fare qualcosa e di certo lui farà il contrario. Ecco un altro livello di lettura delle ultime parole pronunciate dalla mamma: "*Finché sarai sempre uguale a te stessa, fedele a un'idea di te (come un cane al suo padrone) io ti sarò accanto*" ovvero "*sarai legata al mondo dei morti, sarai mortale*". E così sarà per la fanciulla. Per l'uomo che ha arrestato il suo cammino evolutivo nella propria carne mortale, che non ha scoperto se stesso e vive preda degli eventi, la divinità resta esiliata fuori da sé. "Il buon Dio" può ascoltare le preghiere a lui rivolte in disperazione o meno, eppure Dio resta fuori, lontano da qualche parte e, per lo più, irraggiungibile. Questa è la fede dei morenti. Non fanno che affaccendarsi per la propria sopravvivenza, poiché **convinti di essere mortali**. L'archetipo, in uno dei suoi livelli interpretativi, mette in guardia da questa oscenità e invita alla disobbedienza: "*lascia pure alla morte ciò che di te è ancora mortale e lascia che si esprima il divino che è in te*".

Quello della madre di Cenerentola è un avvertimento importantissimo che viene dato a ognuno di noi nella vita, dalla vita stessa, sotto forma di genitori, amici, situazioni di ogni genere: "*fino a che si continui a rispondere nella stessa identica modalità agli eventi, fintanto che si è incatenati a un'idea di se stessi, (zombie o fantasmi che rivivono sempre il medesimo, fino a quando non si comprenda il significato della propria non-vita) le cose andranno ancora nello stesso verso o meglio, non andranno avanti affatto*". E la vita spesso ci provoca, riproponendo situazioni identiche affinché si veda, si modifichi la propria risposta all'evento o, meglio, noi stessi. **Chi resiste alla morte diviene uno spettro**.

Essere docili esprime anche un altro fattore importante: la **repressione dell'intuito**. La cieca obbedienza ai precetti della famiglia o della società conduce al fallimento nella misura in cui spegne il fuoco che arde in ognuno di noi. Nell'uomo uccide

la virilità, nella donna il sacro femminino. In ogni individuo una ferita all'intuito disintegra l'entusiasmo come la forza vitale; mette a tacere la propria voce interiore e la creatività, disintegra la bellezza e segna il passaggio dall'età della fanciullezza a quella dell'età adulta in cui si mette a sopire la gioia e l'innocenza, la meraviglia e la fede per entrare in una dimensione competitiva ed esigente, nella solitudine della propria vergogna (un corpo che cambia: colpevole, misero, limitato; una mente equivoca e debole) e della separazione dai genitori. Quanto più sorge quell'alba degli impulsi e delle passioni, tanto più si adopera una forza repressiva pronta a eclissarli. L'intuito represso genera insicurezze che istigano alla manipolazione, alla menzogna, al sotterfugio vigliacco. Ognuno di noi viene al mondo con un proprio **sacro fuoco interiore** di forza creativa pronta ad avvampare tutte le volte che la dedizione e l'impegno impregnano ogni angolo del proprio essere e sfavillano assieme all'interesse e alla curiosità. Questa fiamma brucia di consapevolezza e illumina di vitalità: tutt'altro che docile! È quasi una possessione d'estro che rimette l'Io al centro di se stesso, lo collega alla propria anima, a sua volta collegata con ogni cosa. È un'onda che solleva sino alla mistica unione con il divino. È il giubilo dei sensi, il trionfo del genio che s'appaga da se stesso! Chiunque abbia osato cimentarsi in simili ardimenti ha conosciuto la forza che si sprigiona senza limiti: **l'aldilà personale** a cui attingere ogni conoscenza. Improvvisamente si comprende di sapere senza aver conosciuto; si intuisce l'inevitabile; con un gesto complice si toglie il velo alla natura e se ne odono le voci; si intende il canto delle balene. Non è meraviglia: è gratitudine che suona a eco.
Ecco, essere docili è sacrilego; compiacere è blasfemo; acconsentire silenziosamente è da scellerati. Devasta intere regioni del cuore; disbosca le selve dell'anima; deturpa i paesaggi della creatività; desertifica i terreni dell'entusiasmo e della volontà; abbatte le ali e ammala la fisiologia della gioia. **Dietro ciò che chiamiamo "*intuito*" ci cela spesso la voce del divino**: è l'immediatezza che non vaglia gli interessi individuali, i dubbi, le

paure e i facili, confortevoli personalismi. È il lampo della volontà privo di attaccamento; è il bagliore del momento presente. L'intuito non è impulso, non risponde alla sopravvivenza; non conosce conseguenze poiché non ne ha: è azione libera dall'intenzione e dal karma; non pesa i frutti del proprio agire; non finalizza e non si piega al desiderio. Non ha orme il suo passo: è come un cavallo alato che domina le regioni impervie ove i crepacci sono sepolture di zoccoli ribelli. L'intuizione pura non ha nulla contro cui ribellarsi poiché nulla può opporvisi. Non ha ragione come non ha scopi: né inizio, né fine. Ha il peso e il volo della piuma a cui non potrà mai essere imposta traiettoria alcuna. Lanciare una piuma è la sconfitta dell'ego: non v'è controllo né forza che possa essere esercitata o impressa. Desiderio e intenzione s'arrendono al suo peso come all'invincibilità dell'aria. Soltanto il vento conosce la parabola delle piume: solo la mano che sa schiudersi dolcemente alle correnti invisibili accoglie la libertà del volo. L'intuito s'alza indomito sugli stessi venti, insegue lo stesso nulla, corre le stesse direzioni ed ha lo stesso peso della piuma.
L'inizianda Cenerentola è poco più che una bambina anche se qui l'età, come ogni altro elemento, ha solo una connotazione simbolica. Dire del protagonista di una narrazione archetipica che è un fanciullo o un burattino è come indicare la taglia per l'abito, la cui trama si sta tessendo. A chi parla ora l'archetipo? All'uomo che non ha maturato la sua indipendenza, che non si è auto determinato, che dipende dagli atteggiamenti altrui; a colui che subisce la vita e non ne intende il linguaggio; non è più in grado di riconoscere **l'eco divina che parla attraverso tutte le cose**; si è spento nella sopravvivenza e nella fame degli istinti; colui che incappa ancora in nemici, lotte, conflitti che affannano la sua quotidianità di stenti; vittima impotente del mondo di cui si sente preda. Questo è l'uomo che deve essere iniziato alla vita: deve ancora iniziare a vivere. Eppure esiste già, proprio come Cenerentola. Ma ignaro di sé.
Quante volte siamo quest'uomo: ci affaccendiamo per procacciarci cibo e abiti, beni di lusso e partner per la copula. Una do-

menica di sole ruba spazio all'ipnosi mondana, poi tutto ricomincia: malediciamo un passante o una nevicata imprevista; ci lamentiamo delle risorse che scarseggiano, del tempo che vola, del macigno di un passato che avremmo voluto diverso; pentiti di quanto abbiamo detto, rimorsi da ciò che non abbiamo fatto; e aneliti, miraggi, speranze illusioni di futuro per alleviare un po' **la colpa di essere mortali**.
Il sacro fuoco interiore è l'essenza dell'anima, è il nostro essere di energia: la paura che si prova non appena una scelta, una sfida o un'intenzione ne sfiorano i confini è il segnale che si è sulla strada giusta. **La paura** (frequenza dell'ego) verrà sempre a sbarrare la strada per i sentieri dell'anima: è un **accordo dissonante trasmesso dalla mente** a cui subitanea risponderà la nostra fisiologia. Eppure, la paura o lo stress immaginati producono una reazione corporea molto simile a quella della gioia e dell'eccitazione: il battito cardiaco aumenta ma i vasi sanguigni restano rilassati; vengono secreti ormoni dello stress come l'adrenalina ma anche l'ossitocina, l'ormone dell'amore e della felicità che viene solitamente rilasciato quando abbracciamo qualcuno. L'ossitocina migliora l'empatia, rafforza le relazioni proprio nei momenti apparentemente più difficili in cui si tenderebbe all'isolamento; rafforza il cuore e lo schiude alla compassione, alla sinergia e alla sintonia con gli altri[13]. Proprio quando percepiamo di poter essere annientati dall'impeto del nostro fuoco personale, al punto che ricorreremmo a ogni nostra singola risorsa per reprimerlo, la natura umana ci invita alla partecipazione, al contatto, allo scambio, alla circolarità e all'amore. È un'opzione e una sfida, la stessa che chiamerà Cenerentola a scegliere tra il suo ruolo di vittima dimessa o di entusiasta iniziata ai misteri della vita. Ognuno di noi può acconsentire alla paura di essere oppure concedere spazio all'amore di offrirsi. È una questione di percezione di se stessi: scegliamo di porgere l'attenzione all'impulso di una preda in fuga o all'indole entusiasta e amorevole di pienezza consapevole che non risparmia dal proprio contagio?

---

[13] Kelly McGonigal, *The upside of stress: why stress is good for you*, 2016.

Cenerentola viene inizialmente descritta come l'unica figlia. È ancora unica: presto non lo sarà più. L'aggettivo "*unica*" indica qui la cosiddetta **dimensione uroborica** della protagonista, così come di ogni Cenerentola. È la fase in cui **l'Io è ancora prigioniero dell'inconscio**: non si è coscienti di sé. È un Io primitivo, che contiene in sé tutte le potenzialità ma in maniera con-fusa e indeterminata. Non sa vedersi, non sa esternare, come se fosse ancora tutto chiuso nel ventre materno: il mondo ne resta al di fuori. Non è a caso la metafora del ventre: siamo proprio agli inizi della vita. Non dimentichiamo che questo inizio non coincide con un fatto storico quale la propria nascita biologica. Quanto più avremo tardato di conoscere noi stessi, **quanto più avremo con-fuso l'occuparci della sopravvivenza con il dispiegarsi della vita, tanto poi saremo ancora in procinto di metterci al mondo**. In questo tutto indistinto non penetra la luce della Coscienza. L'uroboros è il serpente primordiale che si morde la coda: un tutto unico che si ripete all'infinito, senza inizio, né fine. È lo stato di in differenziazione in cui ogni cosa dipende da tutto, così come il bambino dipende dalla madre.

***La fanciulla andava ogni giorno alla tomba della madre, piangeva ed era sempre docile e buona.***

Quella figura simbolica da cui tutto muove ora è morta. Avviene sempre. È quel momento nella vita di un uomo in cui **l'Io è chiamato a differenziarsi**. Il nume che invoca il proprio nome è ancora appena percepibile, soffocato dal dolore della perdita. L'aspetto accogliente della vita è venuto meno e la differenziazione reclama questo piccolo Io indifeso che teme la disintegrazione. Difatti, Cenerentola si reca sulla tomba della mamma, ventre nel ventre della Grande Madre, e piange. E lo fa ogni giorno, come se questa ripetizione del medesimo potesse fermare Saturno, Crono, il tempo. Era l'*unica* figlia, e ora già è presa nella **scissione tra un Io che deve emergere e il desiderio di regressione all'incoscienza**. Quante volte ci tro-

viamo così? La vita chiama a nuove storie e noi restiamo chini sull'ultima pagina di ciò che non vogliamo vedere concluso. Ci crogioliamo nel ruolo di vittima cui è stato portato via tutto: un lavoro, un partner, un amico, una condizione di benessere o la forma fisica, una qualsiasi zona di comfort o un'abitudine. Oppure, siamo solo i miserabili a cui viene incontro il cambiamento.
Improvvisamente cielo e terra si separano e noi non sappiamo se crescere verso l'alto o piegarci a protezione di un'illusione venuta meno. Incapaci di muoverci, come se ogni giuntura del nostro corpo fosse avvolta di dolore; come se anche respirare potesse far male.
Cosa è andato perso di noi assieme a ciò che morto? L'idea di non farcela da soli. Un'idea di noi stessi che rispondeva alla mamma dei denti da latte. Al piacere della calda accoglienza subentra il dolore; alla vita fa da contraltare la morte; la luce incontra l'ombra; l'eternità trova il tempo ad attenderla.
Io incontra il mondo ma ancora cerca la madre. E nella constatazione della sua assenza costruisce la propria Grande Madre. È **la religione del conforto** ed ha tante divinità quanti sono gli uomini. Per alcuni il cibo diventa la Grande Madre: li accoglie, li nutre, li ingozza impedendo loro di muoversi e di pensare in sua assenza. Oppure è l'alcol il grande confortatore, la droga, il sesso, lo sport, un culto, la solitudine o il lavoro, un altro partner o un innamoramento folle e non condiviso; la rabbia e l'odio per il prossimo, lo stato di vittima perenne. Persino una malattia può fungere da utero sostitutivo. Qualsiasi cosa può diventare la nostra dipendenza poiché **ciò che disperatamente cerchiamo è il nostro stato da dipendente**.
Qual è la tomba su cui torniamo a piangere ogni giorno? Ecco, è lì che nascondiamo il nostro volto alla luce della Coscienza. A questo surrogato di madre affidiamo la nostra paura di non farcela, il proprio rifiuto a crescere, a individuarci, a camminare verso noi stessi.

Questo è il primo pianto di Cenerentola, quello del bambino

che lascia il grembo ed è chiamato, si chiama, a respirare da solo. Ed è pure un pianto alchemico: è la *solutio*, operazione fondamentale dell'Opus. Le lacrime di Cenerentola sono una soluzione salina, un tentativo di soluzione; sono lo sforzo di interiorizzare un problema: **la perdita**. La fanciulla *sala* la mancanza della madre; si appresta a cucinare questo evento per frane un'esperienza, ne esalta il sapore. Il sale è solitamente impiegato nella conservazione dei cibi: ci dà tempo, organizza la nostra sopravvivenza, come con le scorte alimentari; con il sale si mettono a stagionare le provviste e se ne riduce l'umidità. Così il pianto riduce il peso emotivo, asciuga l'anima e la prepara alla ricerca di se stessa.
Nel suo *Psicologia e Alchimia*, Hillman riporta un dato interessante sulle antiche vestali e la loro maestria salina: poiché incaricate di preparare gli animali sacrificali, esse ne consacravano il corpo cospargendolo di sale. Dalle signore del sale "*dipendeva la conservazione della cultura romana*". E potremmo dire che Cenerentola stia effettivamente cospargendo la propria natura animale del sale delle lacrime per prepararsi al sacrificio, all'offerta di sé.
Infine, il sale ha uno stretto legame con la Luna poiché è lei a dominare la vita del mare. **La ragazza dei Grimm è la Luna stessa**: cinerea, isolata, **incapace di illuminarsi da sé**, bisognosa di altri déi di cui rifletterà la luce.

**Indifferenziazione uroborica: l'Io è inconsapevole e confusionale;**

**avviene la separazione/perdita;**

**l'intuito è represso.**

# CAPITOLO 3

Il sussurro dell'Ombra

*"Tra l'idea e la realtà, tra la motivazione e l'atto, cade l'ombra." (Thomas Stearns Eliot)*

***La neve ricoprì la tomba di un bianco drappo, e quando il Sole l'ebbe tolto, l'uomo prese moglie di nuovo.***

***La donna aveva due figlie che portò con sé in casa, ed esse erano belle e bianche di viso, ma brutte e nere di cuore.***

"*La neve ricoprì la tomba di un bianco drappo*": è la morte apparente della natura in inverno. Saturno ci prende con sé. No, non è caldo e accogliente come le braccia di una mamma eppure di noi ha cura. Di una mamma, così come di tutto ciò da cui dipendiamo, non ci si chiede se ciò che fa sia giusto o no. Si ha fede. È la nostra prima divinità: incontestabile e onnipresente. Ci affidiamo nell'innocenza di un bambino o nell'incoscienza di un essere non ancora auto-realizzato che respira soltanto attraverso il suo cordone di dipendenza.
Nella tradizione alchemica esistono almeno due diversi momenti del bianco: la più nota è la fase dell'Albedo, che segue la Nigredo; l'altra evoca uno stato iniziale della materia, **un bianco primario** che precede l'Opera al nero. Questa sfumatura è rappresentata dal "*bianco drappo*" di neve che ricopre la tomba materna: è il colore dell'innocenza, immacolato e ignaro, **inconsapevole e privo di esperienza**, laddove l'Albedo invece,

rappresenta una tonalità per la quale il soggetto vive l'esperienza pur senza identificazione. La neve è di **un bianco che acceca, non fa vedere**, pertanto ci lascia in un'estatica ignoranza, come fuori dal mondo, incantati dalla purezza dell'immaginazione incontaminata dal senso di responsabilità.

Le stagioni corrono e il papà di Cenerentola prende moglie. A questo punto quella che era l'unica figliuola dell'inizio (peraltro già scissa tra la spinta evolutiva e il conforto della regressione) diventa due figlie.
Il linguaggio dell'archetipo, così come nell'arte, nel sogno, nel mito e nella fiaba, ovviamente è un linguaggio vivo e vivificante. I mortali parlano una lingua morta: ogni parola corrisponde a un oggetto e gli oggetti non parlano, quindi la comunicazione finisce lì. I mortali indicano, non comunicano. Un pellerossa direbbe lo stesso di un muso pallido. Mortali o musi pallidi, i non iniziati alla vita vedono neve e dicono bianco: non si chiedono come stia la neve e non lo chiedono a lei. Non sanno cosa porta in dono e di cosa ha bisogno. Le stagioni parlano al corpo e predispongono l'animo; i fiori amano la musica, le rocce ricordano, i campi declamano versi; i piedi battono sul tamburo su cui sembrano incedere. Gli spiriti chiedono cibo: il mortale non sa ascoltare ed essi si fanno demoni. Dietro il linguaggio mortale la divinità resta velata e l'uomo è solo.
L'archetipo reclama alla parola di tornare a essere viva: che chieda asilo al cuore e dimora all'aria. Pur senza l'aiuto di Disney, ambienti, colori, oggetti parlano e danzano e ruotano ombre, dirigono luci, ripetono suoni, raccolgono il tempo.
E così, il fatto che nella favola si dica che papà prenda un'altra moglie non vuol dire che arrivi un'altra donna e che si celebri un altro matrimonio; così come abbiamo visto che quando la prima mamma muore non vuol dire che muoia davvero.

Moglie, matrimonio, mamma nel linguaggio ordinario sono astrazioni in cui transita il fiato. **Nelle favole invece funziona un po' come nei sogni**: bene o male tutti quanti sapete che ogni

personaggio dei vostri sogni in realtà siete sempre voi, che si tratta di un aspetto di voi stessi.
Jung affermava che il sogno è come uno spettacolo teatrale in cui tutti i personaggi rappresentano parti della personalità del sognatore. Questi personaggi sono aspetti più o meno riconosciuti, più o meno accettati dell'idea che si ha di se stessi. Anche la psicologia della Gestalt ritiene che nell'immagine onirica sia rappresentata tutta l'esistenza di un individuo: ogni elemento presente nel sogno è oggetto di una **proiezione di se stesso** da parte del sognatore.
Ecco, nelle fiabe accade la stessa identica cosa: non abbiamo realmente a che fare con un pantheon di personaggi come una matrigna, una mamma buona, un papà e una Cenerentola con le sue sorellastre. La fiaba è come la narrazione onirica, è il sogno di se stessi, e di come riuscire a svegliarsi dalla maledizione che ci ha messi a dormire: come sputare fuori il veleno che ci fa mortali o uscire dalla pancia della balena, da un corpo di legno, da una bara, da un incantesimo lungo cento anni, da una casa di marzapane, dalle sembianze di una bestia. **Come venire alla Luce**.
C'è sempre solo un personaggio e, quando è sotto ipnosi, si chiama Io.
L'Io-Cenerentola è inizialmente integro, come ognuno di noi nell'ingenuità dell'infanzia (o nell'inconsapevolezza di sé): è l'unica figlia. Eppure la beata innocenza deve terminare (morte della mamma dei denti da latte) e avviarsi verso quel processo che abbiamo chiamato di individuazione. A questo punto ha luogo una scissione nella psiche della protagonista: da una parte soffia il vento della spinta a crescere, dall'altra risuona l'eco del timore di disintegrarsi; paura dell'evoluzione e desiderio di regressione. Pensiero ed emozione non abitano più le stesse stanze.
Accade sempre, per ognuno di noi: ci si trova al bivio tra istanze uguali e contrarie, divisi in due, non più integri, né più reali. E non di rado queste proiezioni di un Io che non sa vedersi, non conosce se stesso, cedono al conflitto, si oppongono e in tal modo ci dilaniano.

Quali sono le parti in gioco? Due idee di noi stessi ci rubano la scena e prendono ad agire come se avessero vita propria. Hanno i nomi di **Desiderio e Paura**.

Desiderio soffre del bisogno di approvazione: farebbe qualsiasi cosa per piacere agli altri. In fondo sa di essere appena un'idea da palcoscenico e di poter vivere solo nel tempo di un applauso. Rincorre lodi e conferme per autoconvincersi d'essere reale. La seduzione è la sua norma: ormai fuori di sé, strappata al suo stesso Sé dal bisogno di compiacere, agisce come sotto un incantesimo reiterando verso l'altro la medesima dinamica che l'ha portata a perdersi.
Desiderio se-duce, vale a dire che conduce l'altro fuori dal proprio sé. Così facendo lavora per la creazione del doppio, di un mondo illusorio e scisso da se stesso, in cui tutto ciò che appare non è e ognuno è nessuno, perso dietro le proprie brame.
Paura non cerca conferme, piuttosto teme di perderne. Ogni incontro o circostanza sembra minacciare l'idea di sé. È in continua perdita del suo ruolo, pronta a essere sostituita a ogni battuta. Non cerca l'applauso: le è sufficiente non raccogliere fischi. Anche Paura sa, in fondo, di non essere reale e recita nell'ansia di essere svelata, il che equivale a scomparire. Per questo è diventata abilissima nella scelta dei partner di scena: a quanti siano disposti a credere e combattere al suo fianco in difesa della propria idea di sé, è disposta a donare persino l'anima che più non ha.
Cenerentola è ormai un essere scisso in due, non molto gradevole persino al proprio sguardo: lei stessa si giudicherà e non si troverà opportuna né in una direzione fin troppo emotiva, ne nell'altra fin troppo mentale e stratega.
Avrete forse intuito che Desiderio e Paura sono le sorellastre di Cenerentola. La fiaba ce le descrive come "*belle e bianche in viso, brutte e nere di cuore*". Il racconto si declina ormai nei termini della dualità: fuori e dentro, apparenza e sostanza, contenitore e contenuto, manifesto e nascosto, ostrica e perla.
Ognuno di noi possiede un aspetto che vuole mostrare di sé (de-

siderio e seduzione) e uno che teme di agire e svelare (paura). Siamo nella sfera del doppio: bianco e nero, Luce e Ombra e due sorelle, o meglio sorellastre, vale a dire non naturali, non venute alla Luce, non nate come consanguinee, bensì acquisite, come si acquisisce la paura e il desiderio.

Cosa si intende per Ombra?
Citando inevitabilmente Jung, che della teoria dell'Ombra ha fatto la base della sua psicanalisi, va detto che la personalità umana è caratterizzata da una parte di Luce e una di Ombra, che corrispondono al "bene" e al "male" percepiti dentro sé. Due istanze che, come vedremo, devono essere presto integrate. L'Ombra è la faccia oscura di se stessi, quella inaccettabile. Eppure si può parlare di Ombra soltanto in presenza della Luce, poiché un corpo immerso completamente nel buio non ha parti oscure da mostrare. Luce e Ombra sono quindi considerate come metafore del Bene e del Male, positivo e negativo. L'Ombra si forma a partire da quegli aspetti della natura istintiva dell'uomo che, ritenuti incompatibili con la vita scelta coscientemente, non vengono vissuti e si uniscono a formare nell'inconscio una personalità parziale relativamente autonoma. L'uomo civile tende a dimenticare la sua faccia oscura, convinto che essa appartenga a uno stadio infantile, al proprio passato. Si diviene, in tal modo, progressivamente inconsapevoli di questi aspetti inaccettabili di sé: l'Ombra diviene invisibile, come la Luna tutta, eppure chiede a gran voce di essere riconosciuta e accolta. Ed ecco che per richiamare l'attenzione, l'Ombra adotta, per così dire, una tattica proiettiva: **ciò che di noi stessi non vogliamo più vedere, viene proiettato sul mondo intorno** (circostanze, eventi) così come sugli individui in cui ci imbattiamo. In tal modo si è spinti a scorgere negli altri quegli impulsi, quelle mancanze e quei difetti che in realtà sono i propri aspetti indesiderabili, o i talenti che si nega di possedere.
Il risultato di ogni efficace processo di **individuazione** risiede proprio nell'**accettazione** della propria intima natura duale o

**dell'Ombra**, vale a dire, nella capacità di riconoscere e affrontare il proprio negativo, smettendo di proiettarlo all'esterno, su altre persone.
Ogni qual volta rifiutiamo più o meno totalmente la nostra Ombra, si verifica una scissione: l'incapacità di riconoscere questa oscurità come parte di noi stessi, la condanna a vivere un'esistenza autonoma, senza alcuna relazione con il resto della personalità. In tal modo, l'Io si riduce a condurre un'esistenza incompleta, ridotta solo alla parte in luce della sua psiche (è la nostra Cenerentola che vivrà i soprusi della propria Ombra negata, le sorellastre, e che verrà reclusa in cucina, incatenata al buonismo del ruolo che ha scelto per sé). È proprio questo il processo che porta alla nascita della maggior parte delle tipologie di doppio.
Pensare di non possedere l'Ombra è semplicemente un'idea infantile e la maggior parte di coloro che la rifiutano sono perfettamente consapevoli di questo. La Luce che ci permette di conoscere completamente la nostra psiche, inevitabilmente ci mette di fronte anche all'Ombra. Ciò che appare come oscuro e minaccioso, in realtà non fa solo parte di noi stessi ma ci definisce, ci circoscrive, in qualche maniera ci dà forma, ci identifica e ci caratterizza. **L'Ombra riconosciuta e accettata è positiva, stimolante e fonte di nuova energia psichica**.

Cenerentola evidentemente non accetta la sua Ombra, che per tutta risposta viene portata in scena dalle sorellastre. Ricordate l'anatema lanciato dalla madre? O meglio, a questo punto potremmo anche parlare della promessa fatta da Cenerentola stessa, poiché nel sogno della fiaba la mamma buona è solo uno degli aspetti della nostra sognatrice. Dunque, potremmo riscrivere ancora una volta quel discorso: "*prometto che non cambierò mai, sottraendomi così al fluire della vita; resterò passivamente indifferente e sorda a ogni mia intuizione. Ho sofferto già troppe delusioni, accumulato fin troppe rinunce per volere ancora spingermi più in là. Farò quanto mi viene chiesto senza battere ciglio; del resto non c'è nulla che mi interessi davvero*".

Molti tra noi conoscono bene il linguaggio di queste angosce: il **rifiuto a vedere se stessi** si traduce con un rifiuto per il mondo esterno. L'interazione con l'altro è causa di troppo dolore poiché inevitabilmente comporta il contatto con se stessi: "*l'Altro mi fa sentire: fragile, inadeguato, manipolatore, opportunista, egoista, bisognoso, dipendente, immaturo, vigliacco, ipocrita, solo. L'Altro mi spinge a offrire motivazioni, a "sapermi" e io non voglio scoprire che potrei essere (l') Altro: non mi piacciono le mie idee e le mie paure ma ho imparato a nasconderle; mi feriscono aspetti della mia personalità e desidero scansarli; certe situazioni mi fanno sentire escluso, perdente, non voluto, per questo non voglio viverle*".

A tutti noi è capitato di **evitare per evitarsi**, consapevoli o meno dell'Ombra che veniva ricacciata nell'ombra. Colei che sogna la nostra fiaba si trova proprio in questa situazione: non osa camminare in contro a se stessa e prende sempre più le distanze dalla propria parte oscura: i desideri, le paure, i bisogni; i propri istinti inconfessabili ma anche le doti e i talenti inespressi e non riconosciuti, i gioielli mai indossati e serbati in un cassetto. Eppure con l'Ombra, con le sorellastre, Cenerentola dovrà in qualche modo familiarizzare. Troppo diverse Paura e Desiderio, ragione e sentimento, dalla mitezza della nostra fanciulla; deplorevoli le loro condotte agli occhi mascherati della graziosa fanciulla; leggere, superficiali, arroganti, manipolatrici, vistose e lei, così docile e ossequiosa.

Proprio poiché non riconosciute e non accettate come parti integranti di sé, le sorellastre-Ombra vengono proiettate al di fuori e così inviate nel mondo: **l'oscurità negata prende il sopravvento**. Quanto più si cerca di nasconderla tanto spingerà per manifestarsi in ogni sua forma.

***Per la figliastra incominciarono tristi giorni. "Che vuole quella buona a nulla in salotto?" esse***

***dicevano. "Chi mangia il pane deve guadagnarselo: fuori, sguattera!" Le presero i suoi bei vestiti, le diedero da indossare una vecchia palandrana grigia e la condussero in cucina deridendola. Lì doveva sgobbare per bene: si alzava prima che facesse giorno, portava l'acqua, accendeva il fuoco, cucinava e lavava.***

Così è anche per Cenerentola: le sorellastre agiscono ogni condotta volta ad apparire, mentre lei è nascosta nella semioscurità della cucina. In questa fase della sua vita, come accade per molti di noi, la ragazza deve assistere alla crescita prepotente della propria Ombra per poterla riconoscere, quindi accettare: deve guardarla bene in faccia e vederla avvicinarsi al punto tale da non poter più alienare se stessa nella distanza, bensì dichiararsi a uno specchio. Per la nostra inizianda, così come per molti lettori, è ancora troppo facile crogiolarsi in un meccanismo di proiezione e negazione: "*povera me, se la mamma non fosse morta, se papà non avesse sposato la matrigna ora io vivrei come una principessa*". Tale meccanismo di difesa permette di **collocare il "male" al di fuori di noi** illudendoci in un tentativo di deresponsabilizzazione: "*sono le situazioni a essere ostili; è colpa dell'altro*". L'avversione a incontrare se stessi, mascherata da antipatia per il prossimo o da irraggiungibilità dei traguardi, si traduce troppo spesso nella chiusura in una forzata solitudine, proprio come accade alla nostra protagonista.

Il rifiuto dell'Ombra separa l'individuo in una sequenza di parti sconnesse e tra loro opposte (bene, male; positivo, negativo; conscio, inconscio; io, non-io) che è da freno a ogni autentico processo evolutivo, dal momento che l'individuazione si apre appunto con la ricognizione e l'integrazione delle proprie istanze proiettate all'esterno. Questo rifiuto ostacola il cambiamento e indebolisce il proprio contatto con la realtà la cui percezione ne risulta distorta e alterata.

In uno dei suoi scritti, Jung sostiene che l'uomo posseduto dalla propria Ombra continui a ripetere sempre gli stessi errori: egli preferirà risultare sgradevole agli altri; vivrà al di sotto delle proprie possibilità, **apparentemente vittima di un destino avverso** o comunque impegnato a innalzare vette di ostacoli.
La vedete Cenerentola, *la vostra Cenerentola*, che vive al di sotto delle proprie possibilità? Che ripete di anno in anno gli stessi errori? Che preferisce mostrarsi povera, perdente e sfortunata piuttosto che contravvenire a un'idea di sé?
A quale richiamo divino resta sordo l'uomo che rifiuta la propria Ombra?
La divinità che sussurra al cuore dell'uomo spezzato è **Plutone**, per i greci Ade (colui che si nasconde) o Pluto (la ricchezza, il signore della prosperità). Pluto Il ricco, figlio di Crono e Rea, la Madre Terra, cela molti tesori nel mondo sotterraneo in cui, in quanto Ade, regna sulle ombre dei morti assieme alla moglie Persefone che ha rapito. Dunque abbiamo due aspetti della divinità: uno legato alla morte e all'oscurità, di cui si temeva persino pronunciare il nome, e l'altro legato alla prosperità dei raccolti e delle miniere preziose.
Plutone è il Signore della profondità: **definisce il modo in cui affronteremo il demoniaco, l'oscurità, l'Ombra**. Egli inizia all'energia della trasformazione, invita a congedarsi da ciò che di noi va abbandonato o da ciò che abbiamo perduto; ci chiama a lasciar andare i legami a noi più cari, tutto quanto ci ha protetto in passato ma che ora non è più utile per la nostra crescita. Segnala che un cambiamento è già avvenuto dentro di noi e attende solo di manifestarsi anche esternamente. Eppure l'Io non è pronto: si sente frammentato, a pezzi, impotente e addolorato dalla perdita. Plutone chiede questo: **che si lascino andare i risentimenti e le emozioni negative che ostacolano la propria evoluzione e ci imprigionano in un'avversione al cambiamento che ha il sapore della morte**. Il rinnovamento è lì, in attesa che lo si accolga ma a esso è prerequisito una fase critica di catarsi: Plutone porta tristezza e lacrime che lavino via tutte le scorie negative, emozioni che non sono più in linea con

il nuovo Io che si sta preparando. Si tratta di attraversare il peggio, addentrarsi in tutte le nostre spaventose tenebre, per poi lasciarle sfumare in un'aurora che prepari alla rinascita.
Rendere visibile l'Ombra che non vogliamo vedere schiude l'accesso alla ricchezza. Ma per illuminarla si è costretti a penetrarne i drappi, a trovare il coraggio di osservarsi in onestà per accettare prima, e liberarsi poi, dei ruoli e delle maschere che hanno falsato il nostro essere. Il richiamo di Plutone ha a che fare con **la Verità**: mostra senza indugi la mercificazione di noi stessi che abbiamo messo in atto. Plutone-Ade vive negli inferi, quel luogo oscuro in cui la luce della Coscienza fatica a entrare.
Discendere negli abissi della propria Ombra è pari al subire una violenza: tale è per Cenerentola lasciarsi accostare da questo contenuto percepito al contempo estraneo ma capace di infiltrarsi fin sotto le proprie carni. Lo straniero arriva dalle nostre stesse profondità, ma resta invisibile, come Ade, poiché non si è ancora attrezzati per sostenerne la visione. Quando Plutone impegna le nostre vite, in un baleno scopriamo di aver serbato nei crepacci bui della psiche odio e rancore, rabbia e invidia. Sotto l'imperativo di essere docili e cortesi abbiamo lasciato a fermentare il desiderio di rivalsa o vendetta per i torti subiti, l'urgenza di palesare il proprio valore negato. La voce della divinità canta di una luce che non può esistere senza il buio, di un positivo che si manifesta soltanto grazie alla compresenza di un negativo, e di come l'integrazione tra i due poli produca energia proprio come in una pila.
Plutone rapisce Persefone e continua a sequestrare ogni Cenerentola frammentata: la conduce nella propria oscurità e ne fa la regina; la induce a conoscersi a fondo in quegli impulsi a nascondersi e tacere, nei moti rabbiosi e vendicativi. È un'iniziazione ad addomesticare le proprie energie ancora grezze e selvagge per trasformarle in saggezza. E dagli Inferi si esce sempre più ricchi: al regno delle ombre si cede l'ignoranza e la cecità per avere in cambio la cornucopia di Pluto il ricco, il simbolo dell'abbondanza.

**Rifiuto di vedere se stessi;**

**scissione e nascita del doppio: negazione dell'Ombra (proiezione);**

**l'oscurità negata prende il sopravvento;**

**lasciar andare per trasformare.**

# CAPITOLO 4

## La Nigredo

*Bisogna rendere manifesto ciò che è nascosto e occulto ciò che è manifesto. In questo consiste l'opera dei saggi (Bernardo Trevisan, alchimista).*

Abbiamo visto come alla morte della mamma dell'infanzia subentri la cosiddetta matrigna. Si è detto che non si tratta di un altro personaggio, bensì di un'altra istanza psichica della nostra protagonista. La Grande Madre è l'archetipo che tipicamente il bambino riversa sulla propria mamma: un femminile onnipresente e divino da cui dipende in tutto e per tutto. Lentamente, in accordo con le fasi di sviluppo della Coscienza, questo archetipo prosegue verso una differenziazione: madre buona, madre terribile e madre buona-cattiva in cui si perviene alla ricongiunzione degli opposti.
**L'Io esperisce i propri archetipi proiettandoli nel mondo esterno**. È così che la bambina Cenerentola farà esperienza della figura della Grande Madre buona nella mamma morente, mentre incontrerà il proprio archetipo di Madre terribile nella matrigna che, nel finale si muterà in madre buona-cattiva.

Erich Neumann, colonna portante nella psicologia analitica, distingue il femminile in due caratteri: il primo è detto **elementare**, che tende cioè a trattenere quanto ha generato (la mamma dei dentini da latte che chiede alla sua bambina di restare sempre uguale a se stessa) e che blocca l'evoluzione con il suo fare conservativo; l'altro è definito **trasformativo** poiché favorisce il cambiamento, la trasformazione appunto, e l'evoluzione (la matrigna). Anche qui si tratta di peculiarità della psiche, di

esperienze che il femminile[14] fa di se stesso. Il carattere elementare, protettivo e accogliente rende la Coscienza infantile e dipendente. Pertanto, manifesta un aspetto che nutre la vita (buono) e un altro che potremo definire mortale (cattivo), nel senso che consegna l'Io all'immobilità, come abbiamo più volte accennato in riferimento all'anatema lanciato dalla mamma sul letto di morte. Il carattere trasformatore è più dinamico, ma anch'esso duale: spinge al cambiamento come alla trasformazione (buono) e ostacola ogni tentativo di conservazione (cattivo).
È dunque buona o cattiva la matrigna? Chiederete voi.
È buono o cattivo il letame che nutre alle radici un albero affinché cresca? Vi chiedo io.
Per rispondere si potrebbe alludere a una metafora molto diffusa, quella del telaio: una trama viene tessuta da forze che al momento ignoriamo. Noi siamo i fili affaccendati, stretti e costretti a passare aldilà e al di qua del telaio. L'*aldiqua* è spesso un caos di nodi informe: non ci è ancora dato scorgere il disegno che si forma al di là della nostra ordinaria soglia di percezione. La trama tessuta dagli dèi è il mezzo che mette in comunicazione generi opposti: il caos e il ricamo. L'intreccio vive dunque su due diversi piani cui a noi fili è dato accedere affinché si realizzi il disegno voluto dall'alto.
A questo stadio evolutivo, nella psiche di Cenerentola la matrigna rappresenta la madre terribile, il carattere trasformatore ma non per questo si potrebbe tacciarla di una valenza negativa. Come vedremo successivamente, questa istanza della psiche, seppur apparentemente severa e sprezzante nell'aldiqua, è ciò che muove la nostra inizianda a superare i propri limiti, **a vedere oltre la superficie delle cose**, a camminare sulle proprie gambe.

[14] Come avremo modo di osservare successivamente, la psiche di ogni individuo è caratterizzata da una componente maschile e una femminile. Perciò, l'archetipo della Grande Madre attraverso il quale il femminile conosce se stesso, non è appannaggio delle sole donne: riguarda l'istanza psichica di qualsiasi individuo.

***Per giunta le sorelle gliene facevano di tutti i colori, la schernivano e le versavano ceci e lenticchie nella cenere, sicché doveva raccoglierli a uno a uno. La sera, quando era stanca, non andava a letto, ma doveva coricarsi nella cenere accanto al focolare. E siccome era sempre sporca e impolverata, la chiamavano Cenerentola.***

Cenerentola, l'essere frantumato e solo, ancora in lotta contro la propria Ombra, è talmente priva di se stessa che non ha neppure un nome. Viene chiamata Cenerentola poiché sempre ricoperta e sporca della cenere su cui persino dorme.

*Su cui dorme*. Abbiamo a che fare con una dormiente, vale a dire un personaggio non risvegliato alla vita e chi dorme, si sa, sogna. Non è, pertanto, in grado di vedere la realtà per ciò che è. **Vive in un'allucinazione**, o meglio, al momento vive in un incubo. L'assenza di un nome e l'adesione all'appellativo che le viene offerto indica però anche un altro aspetto, quello dell'**iniziazione**: la bella fanciulla non è solo privata di un'identità. Vi rinuncia. La mortificazione attraverso la quale deve passare veste gli abiti di una vecchia palandrana grigia e di pesanti scarpe di legno. Ricorda l'essenzialità di un monaco che **rinuncia a sé** per abbracciare la fede e incamminarsi verso la realizzazione dell'essenza divina.

Cenerentola è un'apprendista vestale: custode del sacro fuoco. Non per nulla vive in cucina.

Questo fuoco però è anch'esso una proiezione esterna della stessa fanciulla. È il suo fuoco interiore, quello che ha spento nella sua mortificazione, nella rinuncia a vedersi per ciò che realmente è, nell'adesione cieca a un ruolo avverso al cambiamento.

Anticamente le vestali venivano punite qualora avessero lasciato che il sacro fuoco si spegnesse nel tempio consacrato alla dea Vesta. In tal caso erano prima frustate, poi costrette a indossare abiti funebri e trasportate come se fossero cadaveri in

una sepoltura munita di una lampada e poche provviste. Lì se ne cancellava la memoria.
Così è per Cenerentola: vive come sepolta in una buia cucina; dorme su un cumulo di cenere che sembra essere la sua stessa tomba; indossa gli abiti della morte stessa; persino il padre sembra essersi dimenticato di lei.
La vita non smette di narrare la stessa storia: ogni qual volta, distratti, lasceremo che la nostra fiamma si spenga, sedotti dall'identificazione con ciò che è materiale e fisico, vestiremo di tedio e morte.
Il significato del nome di Cenerentola è "*colei che è vicina alla cenere*", Cinderella, che deriva dal francese *Cendrillon* e che significa "*fanciulla delle ceneri; fanciulla tra le ceneri, ricoperta di cenere*". Sono le ceneri come resti di un fuoco che si è spento; sono le ceneri dei morti, gli avanzi di ciò che non è più in vita; ma sono anche le ceneri che potrebbero concimare la terra per favorirne una nuova crescita; è anche la cenere che lava e che purifica; o il risultato di una combustione, di ciò che il fuoco ha trasformato in essenza, liberandolo della materia grezza.

L'Alchimia è un antico sistema esoterico il cui scopo è la trasmutazione delle sostanze e dei metalli e la ricerca della Pietra filosofale (sostanza capace di risanare la corruzione della materia). È definita in molti modi: Opus, Grande Opera, "*Agricoltura celeste* o *interiore*" poiché i suoi ritmi, i suoi mezzi, le sue mete, ricalcano in tutto l'arte agricola.
L'Alchimia è la scienza della trasformazione interiore dell'uomo il cui fine è far germogliare l'individuo, che da "*albero secco*", simbolo di morte spirituale, possa così diventare "*albero fiorito*"[15], simbolo del Maestro realizzato. Senza pretendere di entrare nel vivo della scienza alchemica si deve però riconoscere che la storia di Cenerentola, come moltissime altre fiabe, non è priva di fondati riferimenti a questo antico sapere. L'Alchimia ci indica infatti, che a questo stadio della narrazione

---

[15] Christian Jacq, *Il viaggio iniziatico, ovvero i 33 gradi della saggezza*, 2010.

ci troviamo in una fase ben precisa che viene indicata con il nome di ***Nigredo***, o Opera al nero. È il primo dei cinque passi che condurranno alla realizzazione della Pietra filosofale[16]. Cenerentola è dunque anche un'alchimista. Lo dicono le fasi esistenziali che dovrà attraversare e lo dichiara la sua collocazione simbolica in cucina, come custode del fuoco che trasforma le sostanze e i corpi. L'alchimista completo è colui che ha terminato l'Opera, la trasmutazione della materia, della sua natura inferiore, e si è fatto simile a Dio: si è liberato di personalismi, psicologismi, egoismi, identità e storia individuale, sino a purificarsi nel vuoto sacro attraverso il quale opera il divino. La Pietra filosofale, meta alchemica, rappresenta proprio la definitiva **liberazione dalla soggettività**; è il carattere di permanenza con cui si sta al mondo per ciò che si è, in maniera oggettiva; esistere semplicemente: è l'anima che si è fatta nella com-passione di ogni forma del creato, nella consapevolezza di essere ogni maestria del creato.

Che lo si creda o no, siamo tutti chiamati a essere alchimisti: laddove l'Opera non venga agita consapevolmente, vale a dire quando non siamo noi ad attivarci per la trasmutazione, è la vita con le sue correnti divine a plasmarci. Il nome di ogni uomo viene prima o poi pronunciato da Saturno come da Plutone; siamo invitati ad accogliere queste potenze numinose dentro di noi e a lasciarle esprimere. Così spesso le loro voci risuonano nelle nostre vite come un tuono! E noi chiudiamo le finestre, la porta e il cuore per non ascoltare. Viviamo il cambiamento come una minaccia, terrorizzati dal perdere le convinzioni su noi stessi, le nostre abitudini o i comfort. La deità ci accosta metalli e sostanze in grado di corrodere, polverizzare, sublimare, fissare, calcinare, dissolvere, distillare, coagulare gli aspetti *patologizzati* della nostra psiche. All'Opera non si può restare insensibili: risponde il pianto tragico della sconfitta, l'urlo grave della frustrazione, il lottare arroventato dell'osti-

[16] Molte tradizioni riportano solo le tre fasi principali: Nigredo, Albedo e Rubedo. Altre fanno riferimento anche a due fasi intermedie: la Viriditas e la Citrinitas.

nazione, il tedio inerme dell'abulia, la cecità dei senza nome. **Vivere è saper lasciar andare ciò che ciclicamente muore**. Ma l'uomo è ormai ostile alla vita: ha confuso l'eternità con il provvisorio e si affanna ad assicurare pensieri ed emozioni, situazioni e persone, condizioni e tempo. Non sappiamo veder morire un'idea o un rancore, pertanto non vediamo nascere un entusiasmo o un perdono. Preferiamo trattenere nelle nostre esistenze un'opinione, un atteggiamento, un amico o un partner che non sono più in armonia con la nostra evoluzione piuttosto che organizzare un sacro vuoto pronto ad accogliere una nuova crescita. E così passiamo di sofferenza in sofferenza: vivere diviene una costellazione di dolori, una lunga sequenza di perdite e lutti, abbandoni e rinunce. Non sapendo lasciar andare ci sentiamo strappati ogni volta: non riconosciamo l'invito a proseguire il viaggio più leggeri; ci sentiamo piuttosto depredati e ridotti.
L'Alchimia invece, insegna proprio a **morire a se stessi**. Non è propriamente un'evoluzione nei termini in cui l'intendiamo solitamente: non c'è da acquisire poteri, bensì liberarsi dalle proprie debolezze e da tutti quanti i personalismi; dai desideri alle paure; dalle idee di se stessi alle proiezioni mentali; lasciare andare l'identificazione con un ruolo sociale o quella con il corpo; spogliarsi delle vesti dell'abitudine e del tempo. Va da sé che a intraprendere questo cammino non potrà mai essere lo stesso Io impegnato nella mortificazione. Una qualsiasi idea che abbiamo di noi stessi (sono una persona orgogliosa; sono una madre; credo nell'amore romantico, etc.) non rinuncerà mai di sua spontanea volontà a esistere. Non è votata al proprio suicidio. Ogni istanza psichica desidera continuare a vivere e vigorosamente resiste a ogni mutamento.
In che modo allora ci si libera da tutta questa materia grezza? Si è toccati dalla divina alchimia di un Crono o di un Pluto. Ci sfiorano appena e a noi non resta che lasciarli entrare, assecondando quelle correnti naturali che **trasformano la propria personale volontà in quella divina**, o che mutano la percezione di noi stessi quali artefici o vittime degli eventi in **verità impersonali agite da potenze celesti**.

È un lavoro, quello alchemico, in cui si è asserviti alla vita, senza resistenze o rifiuti: è un "*sì, lo voglio*" sempre a sbocciare sulle labbra.
Ciò che nasce deve morire: così è per ogni *persona* o idea di sé. Ciò che non è mai nato è ciò che non conosce fine: l'essere immortale che siamo chiamati da sempre a realizzare.
La Nigredo è proprio la morte dell'Io: la notte oscura dell'anima, quello smarrirsi in un caos primordiale, nelle proprie invisibili tenebre interiori, preludio alla rinascita spirituale. Cenerentola è ora in questa discesa al Nero: è la Luna Nera che non rischiara la notte più buia. Lascia che i propri desideri muoiano; accetta ogni volontà che non sia propria e che, per volere superiore, si esprime attraverso le voci che popolano il suo universo. Ogni Nigredo è l'atto in cui si uccide se stessi: è il sacrificio, il sacro fare per un ordine celeste. Il nero è la base di tutta l'Opera, tanto da entrare persino nella formazione del termine "*Alchimia*": l'egiziano "*Khem*" sta per *terra nera*, nome con cui veniva designato lo stesso territorio d'Egitto a causa del terreno limaccioso rilasciato dalle piene annuali del Nilo. Nero è l'umore dell'officiante in questa tetra fase alchemica: è depresso, angosciato, confuso, pessimista, esausto, bloccato, dubbioso, disperato. Eppure il nero stesso è un conseguimento: esso è il prodotto di un lavoro già iniziato, di un'anima già impegnata nella decomposizione e disgregazione di presunte verità cadute al suolo come foglie morte. A ciò che pareva sicuro e luminoso ora è inflitta l'oscurità degli inferi: la Nigredo dissolve tutto ciò su cui contavamo prima, dagli affetti all'idea stessa di realtà; scioglie i dogmi e affatica la vista, disorienta l'intelletto, umilia le consolazioni, disperde l'identità, denuncia l'urgenza del cambiamento e della trasformazione.
Eppure non è semplice **dismettere l'identificazione con il dolore**, prendere le distanze dai sintomi e operare una ***separazione***, un'analisi dei contenuti della Nigredo per avviare il mutamento. Questo avviene in **silenziosa osservazione** del flusso dei propri pensieri: come testimone imparziale si assiste all'avvicendarsi dei deliri mentali, delle seduzioni, delle mani-

polazioni, del logorante e illusorio dialogo interiore, i miraggi, le visioni, le proiezioni e Maya, che il distacco svela in tutta la sua fenomenica provvisorietà. **La disciplina del testimone** non conosce giudizio, né interpretazione. Si resta in osservazione silenziosa; si riconoscono i mentalismi tesi a sminuire ("*ho reagito male perché ero stanco e nervoso*"); non si avanzano ipotesi ("*se avessi fatto finta di nulla non avremmo discusso*"); non si cede al compiacimento di sé ("*dopo tutto quello che ho dovuto affrontare negli ultimi anni mi meritavo di divertirmi un po*'"); non si presuppone, non si hanno aspettative, non si finalizza una condotta. Il testimone osserva. Tace. Vede manifestarsi le proprie Ombre, le emozioni, i bisogni, i demoni, i fantasmi della mente (la matrigna, le sorellastre con le loro brame) e non supplica, non teme, non critica, non cessa di essere cosciente. Lentamente tutto ciò che è personale perde potere e si avvia così la disidentificazione con la macchina corpo. Ogni volta in cui l'osservazione di noi stessi resta intrappolata in un solo punto di vista, si realizza l'identificazione con il corpo di dolore, il terrore di non-essere. Se la luce del Sole potesse essere tutta concentrata in un solo raggio, probabilmente infiammerebbe ogni forma del creato. È per questo che esistono infiniti raggi: ognuno è un emissario di Luce, ognuno consente di vedere e di vederci. Nel riconoscere un oggetto, così come un aspetto di se stessi, prima di tutto noi ne cogliamo la luce che lo avvolge. L'immagine che si percepisce è sempre un'offerta e un emissario di Luce. Se si pretende che tutta la Luce stia in un solo raggio, si dà alle fiamme l'offerta di vedere e vedersi: si finisce per bruciare nell'inferno delle Ombre.
Quando giunge in soccorso il **potere dell'immaginazione** si riesce ad abbracciare una visione duplice del medesimo evento traumatico: i significati si moltiplicano e si aprono alle eventualità; il binario morto della parola riprende a viaggiare oltre le proiezioni mentali; la fissazione sulla certezza di un negativo opposto a un positivo cede il posto alla possibilità che la logica da sola non può incontrare. Il nero è un processo dialettico in cerca di nuovi territori in cui tenebra e luce convivono in sfu-

mature che non ignorano l'Ombra bensì la rianimano.
La Nigredo è la necessità dei semi (lenticchie e ceci nella fiaba) che per fornire nuova vita devono scendere nelle oscure profondità della terra: il seme è invitato a rinunciare alla propria forma, a disintegrarsi per favorire la crescita e dare frutti. E ci sono semi che non sono più buoni da piantare: questi vanno polverizzati affinché non germoglino ancora.
La sorte offerta agli uomini non è differente. Bisogna imparare a lasciare che terra e cielo e stagioni lavorino i nostri fianchi. Tirate via dagli occhi le garze purulente dell'Io, ci si accorge che non c'è realtà in grado di offrirsi alla nostra cieca visione fintanto che non si sia appreso ad auto osservarsi. E Cinderella attua questo ritiro dello sguardo dal mondo fenomenico per dirigerlo su se stessa. **La Nigredo è infatti associata all'archetipo dell'Ombra, a tutto ciò che di noi respingiamo**, rifiutiamo e di cui abbiamo repulsione. Ma è proprio nell'incontro con il proprio doppio di tenebra che crollano le vecchie idee di sé e si dischiude la trasmutazione.

**La Nigredo: la notte oscura dell'anima;**

**decomposizione di tutto ciò che in noi è mortale;**

**auto osservazione di: pensieri, seduzioni, moventi, desideri, paure, dialogo interiore, etc.**

**attivare il testimone silenzioso: senza giudizio, né interpretazione; senza finalizzare le proprie condotte, né avere aspettative;**

**il potere dell'immaginazione: ogni evento ha un carattere duplice, né positivo, né negativo.**

# CAPITOLO 5

Delle due nature

*"In amore non essere un mendicante, sii un imperatore. Dà e resta semplicemente a vedere cosa accade." (Osho, Con te o senza di te)*

Tutto il potenziale di Cenerentola risiede ora nell'Ombra. Difatti viene confinata in una buia cucina, immersa nella propria semioscurità; tenuta nascosta dalle stesse parti di sé che non vuole vedere come tali. Questo è ciò che spesso facciamo: **il nostro potenziale lo teniamo nascosto**, non lo offriamo né agli altri, né a noi stessi. Abbiamo sempre una scusa da addurre: la mancanza di denaro o di tempo; i problemi di salute o gli impegni famigliari; il trauma oscuro del nostro passato o altre presunte impossibilità. C'è sempre qualcosa di esterno che ci impedisce di accendere la Luce, di venire fuori dalla buia cucina. Eppure, la vera individualità, la singolarità irripetibile risiede proprio nell'Ombra. Nell'istante in cui l'uomo accetta nella propria dinamica psichica l'Ombra egli accetta di individualizzarsi. Nell'istante in cui si disobbedisce alle regole sociali o alla percezione che di esse abbiamo, si è individuo.

Ora Cenerentola è divorata dalla sua stessa Ombra; la matrigna e le sorellastre non la vogliono in salotto, non vogliono che appaia: "*Che vuole quella buona a nulla in salotto*?" "*Chi mangia il pane deve guadagnarselo: fuori, sguattera*!" Le tolgono i suoi bei abiti che sostituiscono con una vecchia palandrana grigia e, deridendola, la costringono ad abitare in cucina. Si tratta di un gioco sottile: ogni qual volta rinunciamo a integrare le nostre zone oscure, impulsi e talenti, e ci limitiamo nel vivere di futili piccolezze, l'Ombra ci rimanda, ovviamente, ciò che noi proiettiamo. E così mentre la nostra alchimista in erba viene occultata nel buio, le sorellastre fanno bella mostra di se stesse in ogni frivolezza socialmente accettabile. Il salotto è un luogo sociale, in cui si accoglie l'altro: affermare che Cenerentola è fuori luogo in salotto equivale a dire che non sa stare in mezzo agli altri! Attenzione, questo è quello che Cenerentola pensa di se stessa: "*non voglio vedermi né voglio esser vista per ciò che sono realmente*". Non saper stare in mezzo agli altri significa non saper confrontarsi con le proprie proiezioni. Quando l'Io diviene così frantumato, un frammento dolorante patisce l'estrema solitudine. L'isolamento è una sofferenza più tollerabile rispetto allo sguardo dell'altro (proiezione di se stessi) che si posa su di noi.

Eppure vi è un altro livello narrativo. Attraverso le voci della propria Ombra sussurra il divino: poiché **il Regno dei Cieli è dentro ognuno di noi**, la voce dello Spirito parla anche attraverso le nostre zone oscure, quelle rifiutate ed estromesse. Ma questo, per ogni Cenerentola, è ancora un Dio mascherato e irriconoscibile. Nelle parole delle sorellastre balbetta una Coscienza ancora bambina che invita a sottrarsi dalla socialità (il salotto) e a **raccogliersi in solitudine**, a distanziarsi dalle seduzioni del fenomenico; a smettere di far bella mostra di sé agli occhi altrui per rivelarsi a Dio. Le frasi: "*Buona a nulla*" e "*Chi mangia il pane deve guadagnarselo*" illuminano una tendenza tipicamente umana di contemplare le proprie presunte incapacità e usarle come scusa per non progredire. Sono tutti i: "*non ce la faccio; non sono capace; non fa per me; è più forte di me; sono fatto così; è inutile; etc.*" Essere "*buoni a nulla*" indica proprio l'essere bravi a fare cose il cui valore è nullo poiché si tratta di qualità stimate dall'uomo, nell'apparente dimensione materiale e, pertanto, illusorie. Si può essere talentuosi nel lavoro, nella gestione economica; persone di successo o molto argute e intelligenti; di cultura e raffinate, eleganti, dai modi gentili; o dei leader carismatici e intraprendenti, responsabili; dei bravi padri di famiglia o delle mogli fedeli. **L'Ombra ne-**

**gata attraverso cui si fa strada il richiamo del divino** denuncia proprio la vacuità di questo umano, festante, apparire il cui solo scopo è sottrarsi all'inevitabile appuntamento con il Regno che è in noi. E non ha alcun fondamento addurre le proprie consuetudini limitanti a giustificazione del disimpegno. Le parole pronunciate dalle sorellastre sollecitano a dar prova di noi stessi, a lottare contro le tendenze miserabili, contro le presunte incapacità; **contro lo scoraggiamento**, ovvero la rinuncia all'azione del cuore. E a farlo animati da fede di vittoria.

Vediamo bene che abbiamo **due livelli narrativi**: il primo è quello ***egoico***[17]: è la fiaba dell'ego sofferente che lotta contro le proprie proiezioni psichiche e che resiste alla vita opponendosi con una granitica e morente idea di sé. Questa è la storia di una dormiente che ha spento il suo fuoco interiore e ha rinunciato a se stessa al punto tale da non riconoscersi più se non nel ruolo di brava e docile bambina. Non ha sogni, interessi, né ambizioni poiché teme di scoprirsi diversa: è la favola della non accettazione di sé. Siamo in un ordine ancora psicologico in cui Saturno si chiama "*paura di restare soli, vocazione alla rinuncia, anaffettività, inadeguatezza, insensibilità, incapacità di far fronte alle avversità della vita*" e Plutone porta il nome di "*depressione e frantumazione del sé, paura della morte*". Qui **gli dèi hanno lasciato il posto alla malattia** e il processo di crescita viene imposto dall'esterno e subìto.
Il secondo livello narrativo è **la vicenda di un'anima** e dei suoi processi di trasmutazione. Non c'è rinuncia, piuttosto è il racconto di una scelta. La protagonista di questa seconda avventura accoglie il verbo numinoso che la invita a spogliarsi dei personalismi e di una storia individuale. Attraversa l'Opera al Nero o se ne lascia attraversare, nell'urgenza consapevole di lasciar morire ciò che in ognuno di noi è mortale: l'idea di per-

[17] "*Egoico*" è un termine che nella lingua italiana non esiste, seppur ormai comunemente adottato. Qui, come altrove (egoici, egoiche, etc), sta a indicare i comportamenti tipici dell'ego.

sona. E di risvegliarsi alla Coscienza divina. **La sofferenza qui ha un'origine celeste** e il percorso evolutivo è scelto autonomamente, accogliendo dentro sé e fondendosi con la volontà superiore.
La prima storia è dominata dal principio dell'eroe (o dell'eroina), la seconda da quello del mistico (o mistica). I due principi rappresentano le rispettive trame che si manifestano al di sotto o al di sopra del telaio: confusa e caotica la prima, nitida quella in superficie. La storia dell'anima si disegna con il tratto dell'ascolto alla vita e dell'accettazione, laddove il sogno dell'ego è un incubo di rifiuti, soprusi e perdite.
Si perverrà a un punto in cui le due strade dovranno inevitabilmente riunirsi. Accade nella vita di ognuno, anche solo per brevissimi attimi, di assistere alla sovrapposizione del proprio *aldiqua* personale con l'*aldilà*. È come veder attorcigliare i due serpenti sulla verga d'oro di Hermes a formare il Caduceo. A tal proposito Omero, nel XXIV canto dell'Iliade descrive così l'uso che Hermes fa del Caduceo: "*La bacchetta mediante la quale il dio incanta al suo piacere gli occhi dei mortali o sveglia coloro che dormono*".

Che di aneliti divini si possa parlare per Cenerentola ne è testimonianza la sua parentela con alcune figure femminili della mitologia greca e romana.
Cenerentola è parente di Cerere e di sua figlia Proserpina. Cerere era una divinità romana della maternità, della terra e della fertilità; nume tutelare dei raccolti come delle nascite. Il suo nome deriva dalla radice indoeuropea *ker*e significa "***colei che ha in sé il principio della crescita***". Il suo culto era associato a quello di antiche divinità come il *Liber Pater*, dio italico della fecondità: quando si celebravano i *Liberalia* agli adolescenti veniva accordato **il diritto di diventare adulti**. Liber proteggeva probabilmente la crescita degli uomini e lo sviluppo della vita umana, come presiedeva alla produzione dei campi. Cerere era sorella di **Vesta** (la Dea nel cui tempio le Vestali mantenevano acceso il sacro fuoco), **Giunone**, **Plutone**, **Nettuno** e

**Giove** e figlia di **Saturno**[18] e Opi. Sua figlia Proserpina è la versione romana della dea greca Persefone o Kore (*gr. κόρη, fanciulla*). Il nome potrebbe derivare dalla parola latina *proserpere*, emergere, a significare la crescita del grano. Infatti, in origine, fu senza dubbio una dea agreste. Proserpina fu rapita da Plutone, re dell'Ade, divenendo cosi la sua sposa e Regina degli Inferi. Anche la madre Cerere è legata al mondo dei morti attraverso il *Caereris mundus* (*il mondo di Cerere*), una fossa che veniva aperta soltanto in tre giorni particolari, il 24 agosto, il 5 ottobre e l'8 novembre. L'apertura del *mundus* era un momento delicato e pericoloso, non tanto per paura che i morti uscissero in massa invadendo il mondo dei vivi ma al contrario perché il *mundus* avrebbe attratto i vivi nel mondo dei morti.
Come Proserpina la nostra fanciulla viene rapita da Plutone e relegata nel mondo delle ombre (la convivenza con le sorellastre-Ombra è il suo inferno personale). **Di quegli Inferi ne è la Regina come un sognatore è sovrano inconsapevole del proprio sogno**. Con Cerere, la fanciulla dei Grimm condivide l'apertura del *mundus*, ma di questo ne parleremo successivamente.
In Grecia avevano luogo i Misteri Eleusini, un insieme di riti che si svolgevano in onore di Persefone/Kore e di sua madre Demetra. Solo gli iniziati potevano assistervi e dovevano mantenere il segreto sui riti tesi a promuovere la fertilità dei campi poiché intrisi di forti connotazioni magiche. La parte più importante del culto era la rappresentazione della ricerca da parte di Demetra di sua figlia Persefone rapita da Ade-Plutone, Dio degli Inferi; tale ricerca era scandita in tre fasi: la "discesa" (la perdita), la "ricerca" e l'"ascesa".
Addolorata per la perdita della figlia, Demetra minaccia di far cessare la vita sulla terra. A questo punto Zeus chiede al fratello Ade-Plutone di far tornare Persefone che così trascorrerà sei

---

[18] Alcuni tra questi dèi li abbiamo già incontrati; di altri faremo conoscenza più in là. Per ognuno di noi, come per Cenerentola, giunge il momento di accogliere il soffio di una divinità consanguinea: proprio nel plasma si affollano gli spiriti dei metalli, di stelle e pianeti, degli dèi. Nel sangue, cieli e terre e mari coincidono già. L'universo scorre attraverso i nostri "vasi" e nutre ogni cellula.

mesi l'anno in superficie permettendo la fioritura dei campi, e sei mesi nell'oltretomba che lasceranno la terra spoglia e infeconda. La vita dei campi torna ancora una volta come modello del cambiamento che il mistico o l'iniziato vive interiormente: la discesa dei semi nel sottosuolo, la disintegrazione della forma originaria per dar luogo alla crescita; la morte e la rinascita.
Come vedremo, Cenerentola vive un'alternanza simile: dapprima segregata nel buio degli Inferiche è la sua cucina, con abiti da Regina dell'oltretomba; sfarzosa al ballo diurno (non avviene mai in notturna); e poi nuovamente di ritorno nel regno oscuro. È l'eterna lotta tra la Luce e l'Ombra, tra la vita e la morte, tra la spinta all'autodeterminazione e alla crescita e la tentazione a regredire.

Abbiamo lasciato la nostra Cenerentola in cucina, nell'oscurità e ricoperta di cenere: un essere monocolore e monocorde; tutte le altre tonalità di colore o di armonica vanno a finire nella propria Ombra; tutte quelle altre tonalità sono i talenti che vengono taciuti e temuti. "*Chi mangia il pane deve guadagnarselo: fuori, sguattera*!" le dicono le sorellastre-Ombra. Per la morale cattolica Cenerentola sarebbe un'accidiosa.
Il pane è il simbolo del nutrimento essenziale: è fatto di terra (grano), acqua, aria per la lievitazione, fuoco solare e di trasformazione per la cottura. Tutti gli elementi primordiali si fondono nel cibo primordiale.
Gesù nasce a Betlemme ovvero "*casa del pane*". Per i Cristiani si tratta del corpo di Cristo o nutrimento spirituale: è il pane sacro della vita eterna ("*dacci oggi il nostro pane quotidiano*"). In ogni cultura o tradizione spirituale esiste, seppur con nomi diversi, il rito dell'*Agape*, della partecipazione ai misteri del *Pasto sacro* (dagli egizi, agli esseni, ai pitagorici, mitraisti, vichinghi, romani, monaci d'oriente e occidente, cristiani, sufi, templari, cavalieri della tavola rotonda, massoni, Rosa Croce, ermetici, etc). *Agape* in greco vuol dire amore disinteressato e smisurato; nella teologia cristiana indica l'amore di Dio per l'umanità, **il suo donarsi all'uomo**. Ma il termine veniva anche impiegato per indicare una

cerimonia cristiana dei primi secoli che prevedeva un banchetto eucaristico. Questo rito, la cui origine si perde nella notte dei tempi, viene ancora oggi celebrato presso le logge massoniche per affermare e consolidare il lavoro interiore. Tutti i partecipanti al rito offrono il proprio "*lavoro*" interiore per arricchire l'energia del gruppo e sostenere l'evoluzione di ogni presente. Si mangia in compagnia, ovvero *cumpanis*, e si trasforma l'energia materiale del cibo in nutrimento spirituale.
Nel vangelo di Giovanni troviamo le parole di Gesù:

> "*Io sono il pane vivo disceso dal cielo. Se uno mangia di questo pane vivrà in eterno e il pane che io darò è la mia carne per la vita del mondo*"[19][...] "*In verità, in verità vi dico: se non mangiate la carne del Figlio dell'uomo e non bevete il suo sangue, non avrete in voi la vita. Chi mangia la mia carne e beve il mio sangue ha la vita eterna e io lo risusciterò nell'ultimo giorno. Perché la mia carne è vero cibo e il mio sangue vera bevanda. Chi mangia la mia carne e beve il mio sangue dimora in me e io in lui. Come il Padre, che ha la vita, ha mandato me e io vivo per il Padre, così anche colui che mangia di me vivrà per me. Questo è il pane disceso dal cielo, non come quello che mangiarono i padri vostri e morirono. Chi mangia questo pane vivrà in eterno*" [20].

Nel rito dell'*Agape* massonica c'è l'offerta del "*proprio pane*" spezzato, cosparso con un pizzico di *sale*, al compagno seduto alla destra; poi si versa il vino nel calice del compagno seduto alla sinistra, controllando che, tanto il vino come il pane, non manchino mai. Spezzare e offrire il pane equivale simbolicamente a **offrire se stessi all'altro**; è un farsi in due, un atto corale di comunione in cui si esalta l'amore; offrire il proprio pane spezzato corrisponde a donare la parte migliore di se

[19] Gv 6,51.

[20] Gv 6, 53-58.

stessi. La condivisione del medesimo cibo è da sempre funzionale alla condivisione degli stessi principi: ci si nutre allo stesso modo, dunque si è *uguali*; è come condividere la stessa essenza, rinsaldare i legami di affinità tra un gruppo. Rivediamo la frase pronunciata dalle sorellastre: "*chi mangia il pane deve guadagnarselo: fuori sguattera*!". Cenerentola evidentemente non offre se stessa, il suo amore, la parte migliore di sé al gruppo famigliare. È sempre buona, umile, docile e gentile, è vero, ma sappiamo che si tratta non di amore per il prossimo, bensì di rifiuto per le proprie parti Ombra. Ed è a questo rifiuto che alludono le sorellastre: "*tu non lavori per la tua crescita interiore, **non stringi alleanze con le altre parti di te**; non offri te stessa e non riconosci ciò che ci unisce! Non riconosci la divinità che è in te e vivi al di sotto delle tue possibilità, perdendoti nell'esecuzione meccanica di mansioni gravose. Sei una serva, una schiava, non sei libera*". La nostra protagonista tiene per sé i suoi preziosi talenti; probabilmente come molti di noi, li teme, la spaventano le conseguenze, il giudizio. La bellezza implica un dovere: essa va esposta e rivelata. Questa è la vera Rivelazione che apre il cammino alla conoscenza di sé. Non sono le sorellastre a essere "*bianche in viso ma brutte e nere di cuore*". È Cenerentola a far bella mostra di sé nella proiezione delle sorelle, mentre il suo cuore resta segreto, ostile a rivelare la propria Luce. Ciò che è non è ciò che appare; ciò che si vede non è ciò che contiene. **I talenti e le virtù inespressi si devitalizzano**. Quante volte evitiamo di offrire le parti più preziose di noi stessi per egoistico timore? Condividersi o donarsi è un atto gratuito, altrimenti si parla di mercificazione. Non ha senso dedicare se stessi al prossimo "*solo se*", "*a condizione che*" l'altro mostri gratitudine, ci comprenda o ci compatisca, oppure si congratuli, ricambi con adulazioni.
Scrive Hillman:

> "*le perle vanno portate addosso. Le perle tenute nel cofanetto dei gioielli perdono la loro luminosità. Hanno bisogno della pelle umana; la pelle del no-*

*stro corpo è il miglior agente lucidante. Le perle vanno esposte, tirate fuori, immesse nella vita, portate in giro, mostrate, la loro bellezza vuole essere goduta, dare gioia*"[21].

Cenerentola è ancora una sguattera, cioè una schiava, è laddove sono tutti gli uomini fino a quando non scelgono di autodeterminarsi. Relegare Cenerentola in cucina è emblematico della prima fase alchemica in cui l'anima è ancora chiusa su se stessa, in cui ciò che accade viene determinato dall'esterno. La fanciulla non si rende conto di confinarsi da sola giù in cucina. Esattamente come in sogno non ci rendiamo conto di essere noi ogni personaggio e di essere il sognatore.
Ecco che infatti ha inizio la sua vita da servetta: deve alzarsi prima dell'alba per sbrigare ogni sorta di faccenda domestica; lavare, accendere il fuoco, cucinare, e ripetere sempre le stesse cose. Cenerentola è per abito, colore, atteggiamento e attività, un essere indistinto, un *Uroboros*, un serpente che si mangia la coda.

Pure vi è l'altra narrazione, la storia dell'anima che si mette al servizio della vita e che per sé non chiede nulla. È il *seva*[22] ovvero il **servizio disinteressato** che non ha aspettativa alcuna e non chiede ricompensa. È una prassi molto importante in parecchie tradizioni mistiche e spirituali. Servire gli altri è considerata una maniera per poter servire Dio nella consapevolezza dello spirito di unità di ogni forma del creato. E difatti è in concomitanza con la scelta di servire che Cenerentola viene spogliata dei suoi abiti ordinari e le vengono offerti gli abiti monastici della mortificazione. Il servizio, il cambio d'abito e l'umiltà dei modi e dello stile di vita richiamano in tutto la vita monastica di un iniziato. **Aderendo al voto di servizio Cenerentola si apre anche agli insegnamenti spirituali che si addicono a un'inizianda**. Ora fa parte di una triade, è la terza sorella e il numero tre è simbolo di perfezione e di legame con

---

[21] James Hillman, *Psicologia Alchemica*, 2010, pag. 253.

[22] Termine sanscrito per indicare il servizio disinteressato.

il mondo divino. Ma è ancora incompleta e necessita di superare diverse prove per conquistare la propria interezza spirituale.
È attraverso queste prove che Cenerentola inizierà a familiarizzare con le sorellastre-Ombra. Queste, infatti, prendono a gettarle ceci e lenticchie nella cenere intimandole di raccogliere e separare tutti i grani.
Cenerentola è la cenere stessa, un monotono grigio in cui si con-fondono completamente le due tonalità di bianco e nero, Luce e Ombra. Si tratta, però, di un'unione indistinta in cui nulla emerge, in cui è impossibile distinguere o scegliere.
La prima prova che la fanciulla dovrà affrontare nel suo percorso iniziatico consiste nel dividere i semi dalla cenere. Non si tratta solo di un'attività esteriore. Essa riguarda soprattutto l'interiorità' di Cenerentola: è l'osservare nel profondo se stessa (i grani sono nella *cenere*) e saper distinguere i propri pensieri dalle emozioni, saper compiere una scelta. È l'addestramento alla costruzione di un ordine interiore laddove prima regnava un caos indistinto. Cenerentola si avvicina per la prima volta a se stessa. Sino a ora sulla cenere (il proprio Sé) chiudeva soltanto gli occhi, ci dormiva. Adesso dentro quella stessa cenere deve aprire bene gli occhi e con grande attenzione apprendere che ci sono più elementi a convivere: ci sono i ceci (la Luce) e le lenticchie (l'Ombra), e vanno riconosciuti entrambi. Da un punto di vista alchemico, Cenerentola **impara a separare il vero dal falso**, come avrebbe detto Paracelso.
Rovistare nelle ceneri equivale a una **discesa negli Inferi**: ci si addentra nel proprio inferno personale; si cammina nel mondo delle ombre che sono le nostre memorie, le paure, le vergogne, gli impulsi inconfessabili. Ci si imbatte nelle proprie reali motivazioni e negli alibi laidi, come nelle facili tentazioni su cui inciampa l'orgoglio. Si urta contro il proprio irrinunciabile bisogno di approvazione o sicurezza e si scivola sul dubbio di non essere abbastanza. Gli esseri mostruosi e deformi che popolano questo Ade hanno il taglio dei nostri occhi; sulle labbra il nostro ghigno, nel passo la propria andatura. È un ritorno nell'utero a caccia dei fantasmi con cui siamo cresciuti: **quale**

**spettro è il movente delle mie azioni?** Cosa sto realmente cercando di ottenere?
Il gesto di affondare le mani nella cenere ha una doppia valenza: da una parte ci si cosparge della stessa natura mortifera dei defunti, e questa è la fase di mortificazione e putrefazione dell'ego; d'altro canto le ceneri richiamano la terra, la Grande Madre che è preludio di rinascita.
Per svolgere questo tipo di compito è necessaria attenzione e concentrazione dal momento che viene richiesto poco tempo per completare il tutto: nella massa confusa che è la psiche, i semi buoni vanno separati dai cattivi; ci sono istanze di noi stessi che non dovranno più crescere, né delle quali dovremo ancora nutrirci; altre vanno custodite con cura sino a quando non verrà la stagione favorevole per germogliare. Su questa con-fusione in cui opera **la capacità maschile di discernimento e separazione**, galleggiano assieme istinti e pulsioni, desideri e capacità, vittimismo e azione, vendetta e onestà, paure e idee, sensazioni e memorie, proiezioni e amarezze, traumi e virtù. Sono tutte mescolate assieme (come sotterrate nella cenere), in modo tale da rendere arduo liberarne le sostanze temperate. **Questo atto del conoscere, della discriminazione conscia, divide il mondo in opposti,** poiché l'esperienza del mondo diviene possibile (almeno per quanto riguarda la tradizione occidentale) solo attraverso le opposizioni. Qui ha inizio l'addestramento che agli occhi di Cenerentola deve essere stato proprio una inutile tortura. Ma l'Ombra è questa: chiede a gran voce di essere vista. E lo fa nei modi meno aggraziati.

**Combattere le tendenze allo scoraggiamento;**

**accettare l'invito divino con umiltà e obbedienza;**

**costruire un ordine interiore: separare il vero dal falso;**

**discernimento e divisione del mondo in opposti.**

# CAPITOLO 6

Maschile e femminile e prime Nozze Mistiche

> *"Si guardò intorno e nulla vide di diverso da se medesimo "QUESTO SONO IO", furono le prime parole che pronunciò. Egli ebbe paura. Perciò ha paura chi è solo. Ma poi pensò "Di chi dunque ho paura, se nulla vi è all'infuori di me". Quindi gli passò la paura. Egli non era contento. Perciò non è contento chi è solo. Egli sentì il desiderio di un altro. La sua grossezza era allora quella di un uomo e di una donna abbracciati. Egli si scisse in due parti. Così ebbero origine il Principio Maschile e il Principio Femminile." (Upanishad)*

***Un giorno, il padre volle recarsi alla fiera e chiese alle due figliastre che cosa dovesse portare loro. "Bei vestiti," disse la prima. "Perle e gemme," disse la seconda. "E tu, Cenerentola," disse egli, "che cosa vuoi?" - "Babbo, il primo rametto che vi urta il cappello sulla via del ritorno," rispose Cenerentola.***

Torniamo alla narrazione della storia. Non avete notato un grande assente?
Il padre.
In questa fase in cui tutto il mondo di Cenerentola è chiuso nel

femminile, con le sorellastre e con la matrigna, il padre, la figura maschile, deve essere allontanata.
Si tratta di un'altra integrazione che la nostra fanciulla non riesce a compiere. Immaginate la rabbia (inespressa e inconfessata) per il nuovo matrimonio e quante colpe da addossare al padre per averla gettata in una così miserabile condizione. Visto che dobbiamo allontanarlo, questo padre deve compiere un viaggio fuori città.
Partire è un po' morire e difatti anche la vecchia idea di padre deve essere lasciata andare da Cenerentola. Il viaggio comporta sempre un cambio di prospettiva e la proiezione psichica che la fanciulla ha effettuato su questo maschile non può sottrarsi al lavoro di trasformazione che ha ora avviato.

Ci sono tre modalità di integrazione tra il maschile e il femminile secondo la tradizione mistica, alchemica e religiosa. Sono tre tappe che riflettono l'unione tra la consapevolezza umana e mortale, con la sua controparte di Ombra, e la Coscienza immortale.
In alcune sue opere, Neumann[23] prende in esame questi tre gradi di unione spirituale: il *primo tipo di nozze mistiche*, o primo grado evolutivo, è quello in cui il rapporto con l'altro e con la realtà sono vissuti come se si vivesse ancora in un **utero chiuso in se stesso**, al contempo maschile e femminile, attivo e passivo; in cui **cielo e terra non sono separati come non lo sono coscio e inconscio, Luce e Ombra**. Quando l'Io è ancora contenuto nell'inconscio, l'essere umano esiste già fisicamente, ma non è ancora cosciente di essere: è nel non-essere. Qui non vengono percepiti i confini che separano il soggetto da ciò che lo circonda e lo nutre: il mondo. Tutto è in **con-fusione**. Ogni cosa viene colta come un'entità che deve accudire un uomo bambino, debole e bisognoso di protezione, e che attribuisce a origini esterne la causa di tutto quello che accade dentro di sé. In questa fase si ha culto della Dea Madre, anche della propria

[23] Erich Neumann, *Storia delle origini della Coscienza*, 1978; *La Grande Madre*, 1981; *Psicologia del femminile*, 1975.

madre biologica o delle immagini materne dentro se stessi. È la fase in cui Cenerentola piange la propria mamma tutti i giorni e vede la causa della propria condizione nella personalità della matrigna e delle sorellastre.
Scrive Neumann: "*La Grande Madre non è soltanto la Dea che decide della vita o della morte, o che determina uno sviluppo positivo o negativo; il suo atteggiamento è al tempo stesso un giudizio, una sentenza di alta corte*"[24]. Tale è per ogni Cenerentola l'atteggiamento della prima immagine del materno da cui si dipende completamente: una condanna inviolabile che disegna il proprio non-essere. È il terrore di autodeterminarsi e di essere liberi.
A questo grado di sviluppo Cenerentola non percepisce il padre in quanto elemento maschile, ma annesso, con-fuso al mondo femminile. La fanciulla è completamente identificata, fusa, in simbiosi con la madre. Questo le consentirà di sviluppare una certa empatia da adulta, ma al momento non le permette il cammino verso la scoperta del proprio Sé.
**L'elemento maschile è visto solo in quanto contributo alla fertilità femminile**: è un "*fecondatore*", ovvero uomo fanciullo, senza individualità; che può solo unirsi a una dea madre dalla quale non sarà mai in grado di emanciparsi. O ancora, può esser visto come anziano, sempre debole e comunque bisognoso di protezione (il papà di Cenerentola ha avuto fortemente bisogno di risposarsi con una donna energica e autorevole). Dal momento che le donne bloccate in questa fase evolutiva guardano all'uomo solo in quanto dotato di un potere fallico di riproduzione, le varie forme di maschile che incontreranno saranno del tutto intercambiabili. Nell'uomo non viene rinvenuta un'identità, una presenza. Analogamente, **la propria componente energetica maschile non viene attivata.**
Il mondo al femminile, quello delle madri e delle sorelle è un mondo che offre solidarietà, protezione, sorellanza, a chi ne faccia parte. Difatti Cenerentola è disposta a fare qualsiasi cosa per la sua famiglia femminile. L'elemento maschile adulto è ri-

[24] Erich Neumann, *La Grande Madre*, 1981.

mosso (a un certo punto nella favola del padre non si parla più) e/o deve essere allontanato. Questo maschile è vissuto come pericoloso, violento, portatore di morte e distruzione: ogni fanciulla in questa fase evolutiva teme il mondo dei desideri maschili, così come si teme la propria forza e il proprio potere decisionale. Ogni Cenerentola si sente desiderata e scelta solamente per caratteristiche femminili che però ancora non ha fatto realmente proprie: si accoglie l'altro poiché non si sa dire di "no"; si è gentili per sentirsi accettati. Questo femminile è seduttivo, sa sedurre l'uomo ma poi scappa davanti a un maschio poiché riesce a vederlo solo nel suo aspetto animale, bestiale che rifiuta di riconoscere e accettare dentro di sé. Quando invece è una donna ormai matura a collocarsi a questo livello di evoluzione, essa si comporta come madre accudente per l'uomo bambino o debole, ma crea in lui dipendenza e al contempo lo svaluta impedendone l'emancipazione. Siamo in una zona di unioni/relazioni, tra il maschile e il femminile, piuttosto formali, apparenti, all'interno delle quali la maschera dell'uno consente all'altro di mantenere la propria[25].

Veniamo ora all'immagine dell'uomo in questo primo spaccato evolutivo. Egli è **identificato con il proprio fallo: è in un amore narcisistico**, vale a dire che è in cerca dell'amore che gli altri possono nutrire per lui (tende verso un femminile che non sa riconoscere dentro se stesso); cerca di essere amato più che concentrarsi sulla sua capacità di amare. Mentre la bambina è completamente identificata con la madre, al maschio non è possibile questa totale simbiosi con un "tu" estraneo al proprio. Ciò comporterà, successivamente, una minore capacità empatica, tipica del maschile occidentale, e una tendenza più al confronto che all'incontro.

Questo maschile non ha ancora una sessualità cosciente, non è in grado di effettuare delle vere e proprie scelte (non solo in ambito sessuale bensì qualsiasi atto di scelta ne risulta compro-

---

[25] Il maschile che si incontra nella vita ordinaria, che si rifiuta o da cui si è affascinati, riflette sempre la propria componente di energia maschile non ancora integrata.

messo: dal rapporto con il cibo a quello professionale; dalle amicizie al prendersi cura di sé). Come la donna, l'uomo di questo grado evolutivo è totalmente inconscio. Egli è semplicemente attratto verso una donna poiché è lei che ha questo potere di attrarre (la causa di ogni cosa è ancora esterna a sé: sono le circostanze a tentare i sensi come può esserlo il cibo, altre sostanze o persone). La donna viene dunque vista come dotata di capacità ammaliatrici che fanno "*perdere la testa*": è lei che causa la perdita della Coscienza. Conseguentemente a questa fascinazione subita, l'uomo intrappolato nella prima fase di integrazione alchemica, può soffrire di un senso di colpa sotterraneo nei confronti della propria madre: questo si manifesta con un'inconsapevole incapacità di amare una sola donna. Ciò che predomina è una sorta di paura della castrazione o di essere divorato, annientato nella propria personalità se solo osasse legarsi intimamente a una donna: avvicinarsi al femminile equivale alla paura di perdere l'unica caratteristica maschile con la quale si identifica, il fallo. Per questo permette il contatto con il mondo soltanto al suo lato più animale e non cosciente. Egli non ha ancora sviluppato un proprio lato femminile in questo stadio (esattamente come Cenerentola non ha ancora integrato il maschile) dunque teme la passionalità, l'emotività di una donna: la teme ma non ne è toccato; non la (ri)conosce (questa è parte della sua Ombra negata). Quest'uomo fallico e fanciullo, che deve essere protetto, coccolato, ha (inconsciamente) una visione della donna come di una Grande Madre che, in quanto tale, può dare la vita, ma può anche riprendersela in qualsiasi istante. Pertanto, anche le relazioni saranno caratterizzate da attrazione e repulsione continua. Non avendo integrato la propria parte oscura con il resto della propria personalità cosciente, l'uomo in questa fase ha introiettato la figura femminile come quella di una madre terribile: una forma distruttiva che si manifesta come rifiuto di se stesso. Questo sabotatore interno si esprime in un senso di inadeguatezza, una impossibilità di riuscire, in una passività generalizzata, nella sistemica svalutazione del presente e del futuro; lascia nella depressione e nel rifiuto di qualsivoglia prospettiva positiva, quindi nella resistenza al cambiamento. Ogni tentativo di emanciparsi da questa situazione viene vissuto come un tradimento nei confronti della propria madre (ci si vota alla dipendenza piuttosto che volgersi all'autodeterminazione) che ormai è divenuta una parte dell'anima essendo nascosta nel sabotatore interiore, quindi, per il meccanismo della proiezione, è divenuta un'entità interiore che viene costantemente confusa e scambiata con entità e situazioni esterne[26].

È questa la fase del matrimonio alchemico tra il/la fanciullo/a e la Grande Madre. L'uscita da questo stadio, quindi il *secondo grado di nozze mistiche*, è permessa **dall'identificazione con la figura mitica dell'eroe solare**: colui che combatte contro il drago primordiale (le proprie paure, le passività, le resistenze, le rinunce, le abitudini) per conquistare il tesoro della propria individualità. È Cenerentola che scende nel mondo delle ombre allorché le viene intimato di estrarre dalla cenere, e separare, i ceci dalle lenticchie. **Per individuarsi è necessario che si uccidano metaforicamente le proprie figure genitoriali**: il conflitto con queste figure è, in realtà, soltanto il conflitto contro ciò che si oppone alla propria evoluzione di Coscienza. **È necessario accogliere e integrare** dentro di sé queste figure femminili o maschili, divoratrici o pericolose, allo scopo di superarle: Cenerentola (nella seconda fase) dovrà familiarizzare con la matrigna e le sorellastre sino a imparare da loro (integrazione dell'Ombra) l'arte della manipolazione, così come dovrà uccidere la vecchia immagine del padre per sostituirla con quella mercuriale. Difatti, introdurrà nella sua irreprensibile condotta l'arte della menzogna per recarsi al ballo regale: violerà così l'iniziale imperativo della madre. In questo modo Cenerentola attua il **superamento delle proprie figure genitoriali** e trova finalmente se stessa, la propria voce.

L'arrivo della matrigna è decisivo e trasformatore (come lo è il suo femminile): grazie a questa figura si disegna un primo tratto

---

[26] Anche qui, il femminile che si incontra rispecchia la stessa qualità non integrata della propria natura femminile.

dualistico nel quadro esistenziale della nostra protagonista: accanto alla madre dolce ed elementare c'è la madre "negativa" e terribile; entrano in scena le sorellastre, la zona Ombra di ogni Cenerentola che forza la dimensione "Luce" a guardare oltre se stessa. Laddove prima si viveva in un perenne appagamento, nel piacere incondizionato, ora si conosce il dolore: alla vita di superficie ora si oppone il sottosuolo della cucina; al colore spensierato degli abiti il grigiore di un solo indumento; a un padre attento fa da contraltare un uomo ora indifferente. Inizia il gioco delle coppie e degli opposti, prerequisito indispensabile all'integrazione e alla libertà di un individuo totale.

Dunque, affinché possa avere inizio il corteggiamento tra le due polarità opposte e complementari, è necessario verificare l'uscita da quella fase inconscia e indistinta di confusione uroborica, in cui, per la donna il maschile è annesso al femminile come mero elemento di procreazione o fragilità da proteggere e accudire, oppure escluso poiché ritenuto minaccioso e violento; per il maschile, invece, il femminile è inteso come rischio di essere annientati nella propria fallica personalità oppure madre terribile che si manifesta come rifiuto di se stesso.
L'incontro con l'altro, uomo o donna, è l'invito imprescindibile alla trascendenza: in quel "tu" che affonda i suoi occhi nei nostri, viene a galla un "Io" rimasto a lungo occultato e sepolto nell'oscurità degli abissi. Il relitto dell'Io non può essere lavorato e trasformato finché non emerga alla Coscienza. Ecco che l'incontro con l'altro (l'incontro, non l'altro) diviene il palombaro della propria anima.
Quando si parla di nozze mistiche o matrimonio d'anima, non si intende l'unione con un'altra persona. Piuttosto si tratta di un cammino di evoluzione della Coscienza che, passando per l'integrazione delle componenti maschile e femminile, conduce al ricongiungimento con il divino che è in noi ovvero il compagno della nostra anima (percorso che culminerà nell'unione tra anima e spirito). In questo viaggio, articolato in tre tappe, è l'amore a trasformarci radicalmente per realizzare noi stessi.

Si tratta in primo luogo di **distruggere la propria "*illusione di felicità*"**: ognuno di noi lega la felicità a un qualche obiettivo esterno come la bellezza, la coppia, il successo, il denaro, la guarigione da una malattia, il lavoro, una casa e una famiglia, etc. È chiaro che la felicità non è una sostanza contenuta in un oggetto del desiderio o in una situazione. Questo concetto è in verità noto a molti eppure non cessiamo di proiettare all'esterno e posticipare nella realizzazione di un sogno, il nostro stato di gioia pura. **L'estroversione di uno stato interno è un'illusione da cui è necessario liberarsi**. Il matrimonio mistico è un archetipo presente nel cuore di ogni uomo: è la gioia dell'eterno e dell'incondizionato, e tentare di rinvenirlo in un amore romantico, non può che condurre a sofferenza e frustrazione poiché tutto ciò che pertiene al regno della manifestazione è destinato a morire.

L'archetipo delle nozze alchemiche spinge ogni essere al suo conseguimento. In questo impulso mistico i più si confondono e scambiano la danza tra le opposte polarità, maschile e femminile, in un vortice di unione tra due individui.

I tre gradi di nozze mistiche rappresentano i tre momenti fondamentali nei quali si articola l'incontro tra l'anima (femminile) e lo spirito (maschile). L'anima, ovvero lo spirito individualizzato, inizia il suo cammino nella totale inconsapevolezza di sé e dell'altro. Nella prima tappa evolutiva si vive nell'indifferenziazione, inconsapevoli dello spirito divino, quella sacra vibrazione cosmica che permea e lega ogni cosa, riflesso universale di Dio. Mancare della Coscienza dell'altro equivale a non avere Coscienza di se stessi, poiché è soltanto grazie al riconoscimento dell'esistenza di polarità opposte che può darsi quel dialogo necessario al riconoscimento di sé. Per tutta la durata delle prime nozze mistiche l'anima è cieca e sorda al richiamo del divino che pure è la sua stessa natura: dunque è un'anima dormiente, incapace di sapersi e costretta solo a sognarsi.

**Prime nozze mistiche: l'anima è sorda al richiamo del divino; prigioniera in un sogno.**

# CAPITOLO 7

## Il messaggero degli dèi e le seconde Nozze Mistiche

> *"Innalzati oltre ogni altezza, discendi oltre ogni profondità, raccogli in te tutte le sensazioni delle cose create, dell'acqua, del fuoco, del secco, dell'umido. Pensa di essere simultaneamente dappertutto, in terra e mare e cielo: che tu non sia mai nato, che tu sia ancora embrione, giovane e vecchio, morto e oltre la morte. Comprendi tutto insieme: i tempi, i luoghi, le cose, le qualità e le quantità." (Corpus Hermeticum, Ermete Trismegisto).*

Il padre delle tre fanciulle annuncia la sua imminente partenza per recarsi a una fiera. Allontanare questo maschile dalla scena è condizione necessaria affinché si attui l'adozione di una differente prospettiva così come di una nuova integrazione: a partire sarà davvero la vecchia immagine del padre ma non sarà lo stesso a tornare carico di doni.

Per la nostra sognatrice ha qui inizio il riconoscimento della polarità maschile, presupposto indispensabile alle future nozze mistiche tra l'anima e lo spirito.

Ogni femminile è sempre la rappresentazione di un grado dell'anima, così come il rapporto che a esso ci lega ci informa sullo stato di dormiente rifiuto o di accettazione della stessa. In modo analogo, la relazione che abbiamo con l'energia maschile indica il riconoscimento dello spirito, che, in quanto polarità altra, si configura come prerequisito indispensabile alla Co-

scienza di sé, ovvero al "fare anima". E così lo spirito può darsi come manifesto solo se viene incontrato, ri-conosciuto dall'anima, la quale, per risvegliare e conoscere se stessa necessita di rapportarsi allo spirito.
Si apre dunque il secondo tipo di unione spirituale, che Neumann definisce come uno stato di Coscienza in cui si ha "***La liberazione della Prigioniera***" o "*La conquista del Tesoro*", ove ciò che si libera e ciò che si conquista è sempre l'anima, sino a ora rimasta prigioniera nell'incoscienza.
Il maschile rappresentato dal padre della nostra fanciulla subisce ora una notevole trasformazione: da semplice funzione al servizio del femminile (elementare marito della dolce mamma o della matrigna nella prima parte della storia) perviene a principio con il quale poter finalmente interagire e relazionarsi[27]. La prima fase fallica è dunque stata superata e la promessa sposa può **riconoscere nell'altro delle qualità complementari alle proprie** come intelligenza, forza o discernimento. Il maschile di cui si riconosce e si riceve l'essenza in questo successivo grado evolutivo, è interessato in un processo di forza creativa (la creatività sino a ora era percepita come prerogativa ad appannaggio femminile), il che dà avvio a uno scambio di sostanze tra le due polarità: il femminile cede elementi creativi e assorbe il discernimento come la forza e, viceversa, il maschile rilascia parte delle proprie qualità per assorbirne di femminili.
Neumann fa notare come in questo secondo stadio delle nozze mistiche, il personaggio dell'eroe divenga solitamente l'aiutante del mago con il quale si trova a combattere potenze avverse od oscure. Tale sarà l'andamento anche per la bella dei Grimm che in questa fase riceverà tra gli altri doni, proprio l'antica sapienza magica grazie alla quale entrerà in contatto

---

[27] È importante rammentare che non si sta parlando di un individuo di sesso femminile che impara a relazionarsi con l'altro di sesso maschile. La comunicazione che si avvia in questa fase ha luogo all'interno di ognuno di noi: tra il nostro femminile e il nostro maschile, intesi come qualità energetiche o istanze psichiche o, meglio ancora, quali gradi dell'anima e dello spirito.

con il mondo dei trapassati.
In questo consiste la liberazione dell'anima: dall'assoggettamento al maschile o al femminile terribili e nefasti (poiché rifiutati in se stessi e proiettati all'esterno come minacce), si passa al loro riconoscimento ed accettazione in se stessi, ovvero, possibilità di esplorare a fondo la propria Ombra ormai svelata.

Ogni individuo merita, nel corso della propria evoluzione, il conseguimento di questa tappa in cui **tra le proprie istanze maschili e femminili si realizza un equilibrio fondato sul vicendevole scambio relazionale di elementi**. Eppure, anche questo passaggio non è esente da pericoli sempre in agguato. In questa fase trasformativa, la qualità del femminile che cessa di essere l'ingenua eterna fanciulla prigioniera delle proprie inconsapevolezze, rischia di incontrare il maschile subendone però selettivamente gli aspetti di seduzione e fascinazione spirituale e astratta. Ciò comporta che talvolta si arrivi persino a negare i propri valori femminili per lasciare che a predominare siano invece quelli maschili. È il caso delle donne che annullano se stesse nell'illusione di un amore devozionale per un uomo (o viceversa), per una professione, per una causa o un'ideologia, un culto. In tal modo la vita si svuota del suo significato: viene nuovamente meno il gioco dialettico tra le polarità: materia e spirito, femminile e maschile, Coscienza e inconscio, morte e vita, etc.
Affinché si superi anche questo *empasse* è necessario realizzare quell'uccisione metaforica della figura paterna, prerequisito indispensabile per interiorizzarne e armonizzarne le qualità. Come si è già avuto modo di spiegare, il conflitto con la figura genitoriale (madre o padre) rappresenta un passaggio indispensabile all'individuazione. È bene tener presente che il contenuto contro il quale ci si imbatte, di cui il genitore diviene l'emblema, è in realtà soltanto ciò che si oppone alla propria evoluzione di Coscienza, vale a dire **la dipendenza fisica e psicologica dall'autorità genitoriale, dal proprio passato, dall'idea di sé**. Ciascun essere umano raggiunge l'età adulta

nel momento in cui realizza l'uccisione simbolica del proprio padre o della propria madre conseguendo un certo grado di autonomia di vita e di pensiero, la responsabilità personale e l'**autodeterminazione**. Con il parricidio e il matricidio edipici, **l'autorità esterna del genitore muta se stessa in autorità interna al giovane**. La "*liberazione della prigioniera*" passa dunque per il raggiungimento dell'autonomia, raffigurato nella lotta contro il drago o l'uccisione simbolica del padre/madre, ovvero l'emancipazione dal passato. Ciò che viene scansato, allontanato, *fatto fuori* è quanto ha sino a ora modellato la propria individualità: va da sé che il parricidio/matricidio simbolico rappresenta al contempo **un sacrificio di se stessi**. Uccidere il proprio ideale equivale a sacrificare la propria segreta identità per aprirsi a nuove fasi di trasformazione.
Nella nostra fiaba questo momento è rappresentato dal viaggio intrapreso dal padre della fanciulla: Cenerentola "*uccide*" un uomo di cui ignora l'identità e da cui, quindi, non si sente riconosciuta. L'allontanamento equivale infatti alla morte simbolica del genitore così come di un'idea di sé; mentre il ritorno del padre ci consegna un personaggio del tutto nuovo, o piuttosto la rappresentazione di qualità e caratteristiche che ora Cenerentola può riconoscere come proprie nella propria rigenerata identità. Il riconoscimento di una parte di sé annulla la necessità di proiettare ancora su figure esterne istanze della propria Ombra, nella consapevolezza che il Drago contro cui si è combattuto per liberare l'anima si nascondeva infondo a se stessi. Questa integrazione, questo assorbire l'Ombra nei confini del proprio essere, corrisponde all'Opera al bianco degli alchimisti.

Prima di andare via, l'uomo chiede alle tre figlie cosa volessero ricevere in dono al suo ritorno.
Teniamo ben presente che le sorellastre rappresentano ciò che Cenerentola rifiuta di sé: i desideri, le paure, il lusso, il divertimento, la leggerezza, il successo, il piacere, i vizi, i pregiudizi come i talenti. Trattandosi della parte estromessa è ovvio che non ha modo di evolvere: ogni volta che rifiutiamo un aspetto

di noi stessi, ci impediamo al contempo di curarne l'evoluzione. Escludere o respingere alcuni aspetti dalla nostra personalità, oppure ritenersi limitati, incapaci di qualcosa, equivale a **rigettare la Coscienza che Dio abiti pure in quegli spazi angusti**. È come mantenere una stanza della propria abitazione perennemente chiusa e al buio, a impedire che la Luce, entrandovi, ci mostri cosa realmente vi sia. Laddove percepiamo una nostra incorreggibile debolezza si estende un territorio che tratteniamo, con brama di possesso: una superficie inutilizzata e inutile, la cui stessa inutilità ci conforta poiché ne fa uno spazio soltanto nostro e, quindi, penosamente caro. Ogni volta che affacciandoci in noi stessi fuggiamo via inorriditi da vizi, ozii, debolezze e miserie, lì abbiamo messo Dio alla porta; lì facciamo Ombra. Pertanto, non possiamo aspettarci risposte sorprendenti dalle sorellastre. Esse chiedono vestiti e gioielli, tutto quanto possa rendere ancora più gradevole la loro apparenza.
L'Ombra chiede di essere vista in tutti i suoi deplorevoli vizi, di essere accettata, integrata. Quanto più la ignoriamo, tanto più edificheremo una sfavillante falsa immagine del Sé. Abiti e gioielli servono a occultare quel "nero" interiore delle due giovani, ma è pur sempre Cenerentola che parla (anche se attraverso due delle sue istanze psichiche) e chiede altre maschere per mettere a tacere la propria Ombra.
Ci sono camuffamenti davvero notevoli con i quali ingannare noi stessi: così come si può coprire l'insignificanza con l'umiltà, che appare un pregio ma copre una vergogna, si può truccare la paura dell'abbandono con l'empatia o la generosità, la vigliaccheria con il disinteresse, il bisogno di approvazione con il perfezionismo, la tirannia con il vittimismo, la mancanza di autodeterminazione con la completa dedizione all'altro.
Eppure, ora lo sappiamo, abbiamo a che fare con due narrazioni parallele: quella di cui è protagonista una mente ancora egoica e l'altra, la storia sussurrata dall'anima.
Non v'è, dunque, oscurità senza Luce e il gioiello che adorna l'Ombra per renderla più accettabile è in realtà anche un tesoro: quanta autodeterminazione ci vuole per mettersi da parte e de-

dicarsi agli altri? Il perfezionista che cerca approvazione in realtà ne dispensa in abbondanza: quanto deve avere in considerazione l'altro per tenere così tanto al suo giudizio? Quanta forza deve esercitare il vigliacco per mostrare disinteresse? E il finto empatico, terrorizzato dall'abbandono, non ha imparato forse a starsene solo affinché nessuno vada mai via?
L'Ombra ignorata chiede ri-spetto, etimologicamente parlando chiede di ri-vedere lo spettacolo della propria immagine, di ri-vivere noi stessi, viverci due volte. Non solo negli aspetti manifesti e nobili, quanto piuttosto in quelli macabri che abitano l'inframondo in cui affondano le radici della nostra sfera emozionale[28].
Non me ne vogliano lor signori i lettori se indugio nuovamente nella citazione di Hillman: "*le perle vanno portate addosso. Le perle tenute nel cofanetto dei gioielli perdono la loro luminosità. Hanno bisogno della pelle umana; la pelle del nostro corpo è il miglior agente lucidante. Le perle vanno esposte, tirate fuori, immesse nella vita, portate in giro, mostrate, la loro bellezza vuole essere goduta, dare gioia*"[29]. E allora la richiesta delle sorellastre è al contempo un monito alla regista del sogno, o meglio ancora: è un avvertimento che Cenerentola muove a se stessa. **I talenti e le virtù implicano la responsabilità di essere mostrati, offerti, condivisi**. La bellezza va esposta e svelata: la saggezza taciuta diviene presunzione; la voce strozzata si fa roca; la premura nascosta avvizzisce in indifferenza.
**L'uomo non può esimersi dall'insegnare**: l'esistenza che ciascuno di noi conduce è un esempio. Si semina e si educa con ciò che si dice e con quanto si fa. E al contempo si impara ciò che si insegna, poiché è quanto si ripete. La ripetizione informa: la vita è come la ruota del vasaio che girando su se stessa modella la nostra fisionomia spirituale. **Esponendo la bellezza, si produce bellezza**.

---

[28] Maestri di archetipica integrazione d'Ombra sono i celebri: uomo di latta, spaventapasseri e leone del *Mago di Oz*, i quali, dopo essersi misurati con le parti rinnegate del proprio Sé, guadagnano la padronanza su ciò che hanno sempre, seppur in modo inconsapevole, avuto; rispettivamente un cuore, un cervello e il coraggio. L. Frank Baum, *Il Meraviglioso Mago di Oz*, 1900.

[29] James Hillman, *Psicologia Alchemica*, 2010, pag. 253.

"*Portaci in dono altre virtù*" chiedono le sorelle-Ombra, "*la nostra grazia merita di essere impreziosita e offerta allo sguardo come al cuore altrui*". La Grande Opera si realizza attraverso la congiunzione degli opposti, **fare l'interno come l'esterno**, farsi trasparenza, essere Uno. E come tale offrirsi al mondo, all'altro. La virtù non va celata per timore di perdere ciò che abbiamo: è una diffusa tendenza egoica quella di cercare rifugio in quanto viene tenuto per sé. Come se offrire l'affetto esponesse quel sentire all'ossidazione e alla ruggine; come se esprimere la forza la svilisse in debolezza.

È vero. E non è vero.

Nell'apprendere il gioco delle polarità complementari ogni elemento porta con sé e svela il suo contrario. **Ciò che avviene è l'incontro con la proiezione** di quanto teniamo serbato dentro di noi: la mitezza che teme di esporsi incontra l'inclemenza; l'altruismo trova l'indifferenza; la dedizione scopre il rifiuto. Impariamo ciò che siamo da quanto proiettiamo sugli altri, quindi da ciò che crediamo essi siano. L'immagine di alterità che si pone dinanzi a noi non è mai ostacolo al cammino bensì espansione continua, appello a riconoscersi in altri toponimi.

La richiesta delle sorellastre di abiti e gioielli è in realtà un invito per Cenerentola a offrirsi al mondo come agente attivo e non più come schiava; a riconoscere in se stessa quelle meravigliose terre nascoste chiamate desiderio, affermazione, determinazione, che sino a ora si era vergognata di abitare, attraversare, oltrepassare.

Ma cosa mai potrà desiderare in dono la nostra eroina? Cenerentola chiede il primo rametto che sulla via del ritorno avesse urtato il cappello del padre.

Sembra un omaggio alquanto singolare. Cerchiamo di comprenderne il significato. Innanzitutto, "*la via del ritorno*" esprime il momento in cui la giovinetta potrà nuovamente vedere il padre, vale a dire vederlo in un modo del tutto nuovo. Si tratta di integrare quel maschile che fino a oggi ha rifiutato. È doveroso qui soffermarsi sull'archetipo della figura paterna, su quel principio portatore di realtà e orientamento al Sé e alla consapevolezza spirituale. In ognuno di noi vive un padre e una madre archetipici polarizzati intorno a elementi celesti e diurni l'uno, terreni e notturni l'altro. Il padre è colui che dà le regole per stare al mondo, che insegna a guardare la realtà e a trascenderla (principio spirituale). Mentre l'archetipo materno nutre, accoglie e protegge, con un movimento che potremmo definire centripeto; quello paterno invita all'esplorazione del mondo e di sé; una forza, dunque, di espressione centrifuga. Il padre con le sue ferree regole (è lui nella fiaba a imporre una nuova famiglia) si pone come limite da superare: invita di conseguenza all'autonomia e all'autodeterminazione. Ed è proprio questo trascendere i limiti che coniuga lo spirito di realtà con la Coscienza del Sé.

L'archetipo materno era ciò in cui Cenerentola restava immersa nello spaccato narrativo iniziale: una configurazione indistinta, analogica; quell'Uroboros primordiale, quel mondo sommerso post diluviale (la morte della madre) da cui nulla emerge; in cui conscio e inconscio restano in una energetica fusione, indistinguibili; in cui la vita ancora uterina (la penombra della cucina con le sue ceneri da inconscio lunare e tellurico a surrogare l'utero spento) esclude il principio maschile.

Quest'ultimo è colui che dall'indistinto primordiale emerge e invita a vedere, a scegliere per se stessi e quindi a ri-conoscersi e strutturare la propria individualità in un movimento che va **dalla con-fusione alla con-centrazione**.

Pensate alla *fusionalità* del discorso materno: "*resterò sempre con te*", come a dire "*saremo una cosa sola*". E ora, invece, considerate l'atto paterno di partire, andare via, educare all'autonomia, al fare affidamento su se stessi. Fintanto che Cenerentola resta chiusa nell'unione col femminile materno, resta anche incapace di relazionarsi con gli altri e con il mondo. Un sano incontro con l'altro richiede che dapprima si impari a star bene da soli con se stessi, a restare nella libertà (*Libera* era l'altro nome di *Cerere*).

La scelta del dono richiesto al padre, segna per Cenerentola l'inizio del risveglio consapevole e il suo autodeterminarsi:

"*Babbo, il primo rametto che vi urta il cappello sulla via del ritorno*". Per comprendere cosa sia quel rametto è necessario ora rivelare quale personaggio ha realmente fatto ritorno a casa sotto le mentite spoglie dell'uomo. Una nuova potenza divina sussurra all'animo di Cenerentola e, come sempre, la fanciulla è pronta ad accoglierne le voci.

**Mercurio** o Hermes per i greci, era la divinità dell'eloquenza e del commercio (il padre si reca a una fiera). La sua caratteristica principale era la bacchetta alata (il rametto) con i due serpenti attorcigliati nota con il nome di *Caduceo*. Le ali poste sulla verga d'oro sono quelle che la divinità ha sui propri sandali poiché è il rapido Messaggero degli dèi. Dal nome del dio Hermes deriva l'*ermeneutica*, ovvero **l'arte di interpretare i significati nascosti delle cose**. Il nume è maestro di comunicazione ma anche protettore del silenzio iniziatico; ha una mente vivace e sapiente ed è astuto nell'ingannare. È un dio curioso, sempre in viaggio e in continuo movimento. Protettore dei ladri: **egli ruba qualcosa a tutti gli dèi dell'Olimpo**, divenendo in tal modo uno dei migliori conoscitori dell'animo umano. È esperto in medicina; vigila sul sonno e sui sogni. Domiciliato in tutti e tre i mondi, cielo, terra e inferi, Mercurio rappresenta la nostra attività cerebrale di acquisizione ed elaborazione delle informazioni; è intelligenza scaltra e molto pratica, ingegno e rapidità; quella parte di noi che trova le soluzioni più adatte per conseguire una migliore qualità della vita. Ed è il dio dei maghi, della comunicazione con i mondi superiori. Il suo tocco divino è una mediazione tra le opposte polarità solari e lunari, cielo e terra, conscio e inconscio; un ponte tra il mondo divino e quello umano, difatti Hermes poteva scendere agli Inferie tornare indenne poiché psicopompo che accompagna le anime al mondo infero.

Come l'unione del seme maschile con il femminile permette la mescolanza dei due poli affinché la procreazione sia possibile e nasca una nuova vita, così, nel discorso alchemico, l'unione delle due nature nella Coscienza, operata dal tocco del dio Mercurio, consente di pervenire all'uomo integro.

Il rametto che Cenerentola riceve ha dunque la doppia valenza di bacchetta magica e di Caduceo[30] del dio Mercurio. In quest'ottica va anche letta la separazione che il viaggio introduce tra il padre e la fanciulla: non è nient'altro che la fase alchemica di liberazione del Principio Vitale, Mercurio stesso (carico di tutti i suoi doni), dalla prigione del corpo. **È l'anima che libera se stessa**.

Ecco cosa ha richiesto effettivamente la nostra fanciulla al Messaggero degli dèi, a colui che reca il messaggio del destino: **la sapienza ermetica** (da Ermete Trismegisto, identificato in Egitto con il Dio Toth e in Grecia proprio con Hermes) di derivazione egizio-ellenica.

L'ermetismo è un complesso di dottrine, tra cui mistica, filosofia, platonismo, esoterismo egizio, astrologia, gnosi, magia, alchimia, che tratta di interconnessioni tra l'Uno e il molteplice, tra la materia e lo spirito. Per gli ermetici solo la pura conoscenza della realtà avrebbe consentito all'iniziato di riunirsi all'Uno, al Principio Primo da cui tutto ha origine e realizzare così la vera natura dell'uomo. Secondo i dettami dell'Ermetismo, infatti, ogni cosa deriva da una Causa Prima che si manifesta differenziandosi in una varietà di forme (l'Universo

---

[30] L'origine mitologica del Caduceo è narrata nel mito di Hermes (figlio di Zeus e della ninfa Maia) in cui la divinità si trovò di fronte a due serpenti che combattevano tra di loro. Per porre fine alla lotta, egli gettò tra i rettili la verga d'oro regalatagli da Apollo: gli animali vi si attorcigliarono immobilizzandosi, dando luogo così al Caduceo che venne successivamente ornato con le ali dei sandali del dio greco. Lo stesso simbolo si ritrova in molti documenti, reperti e diverse tradizioni culturali (nella Bibbia, nei templi greco-romani, su tavolette vediche, in Mesopotamia, nell'esoterismo Buddista, così come presso fenici, Ittiti, Ebrei, Aztechi, Cinesi, Egizi). La verga alata venne anche attribuita a ermete Trismegisto come simbolo de suo sapere universale.
I due serpenti rappresenterebbero le due polarità (solare) del bene e (lunare) del male in equilibrio intorno a un centro divino che ne concilia gli opposti. Antenna di comunicazione con il divino, è l'asse del mondo che riordina il caos e determina l'armonia tra le forze uguali e contrarie: spirito e materia, Luce e Ombra, maschile e femminile, conscio e inconscio, vita e morte.
Oswald Wirth, *Le symbolisme hermétique dans ses rapports avec l'Alchimie et la Franc-Maçonnerie*, 1978.

fenomenico). Eppure, anche a partire dall'apparenza di tutta questa molteplicità, si può risalire all'Unità, poiché non v'è che un Unico Principio.
Nell'Universo la Causa Prima veniva identificata con il Sole, a rappresentazione di un Dio inconoscibile che con i propri raggi anima ogni creatura[31]. La meta cui tendeva il discepolo ermetico era la profonda conoscenza di Dio sino a una fusione totale con il divino.
La liberazione dell'anima (che avviene grazie all'integrazione dell'energia maschile, ovvero uno dei gradi dello spirito, e che coincide con il riconoscimento in se stessi di quanto si era sino a ora proiettato all'esterno) comporta inevitabilmente il risveglio interiore di antiche e sacre conoscenze da sempre serbate tra gli scaffali dell'anima. **Mettersi in ascolto della propria anima equivale a varcare l'accesso al sovrannaturale**. È qui che ha inizio la **comunicazione diretta con il divino**, la rivelazione di sacre verità inaccessibili all'intelletto e incomprensibili persino per l'erudito più caparbio. La prima conseguenza della liberazione dell'anima dalla Coscienza del corpo è **la rinascita dell'intuizione**, spesso indicata con la formula: "*entrate nel regno di Dio che è dentro di voi*". Qui, infatti, si fa l'esperienza della voce divina: finalmente ora si è in grado si percepire **la Parola dello Spirito**, quel grande *Consolatore* "*che il Padre manderà, nel nome mio, Egli vi insegnerà ogni cosa*"[32]. L'uomo che umilmente si libera dalla Coscienza cor-

---

[31] I testi principali dell'Ermetismo erano il *Corpus Hermeticum* e l'*Asclepio*, attribuiti a Ermete Trismegisto, scritti in forma di discorso e dialogo tra un maestro o saggio e un discepolo. La paternità dell'opera scritta in epoca ellenistica è incerta.

[32] Gv 14, 26. E ancora: Gv 14, 15-17:

> "*Se mi amate, osservate i miei comandamenti. E io pregherò il Padre, e vi darà un altro Consolatore affinché resti con voi eternamente lo spirito di verità che il mondo non può ricevere, perché non Lo vede, né Lo conosce: voi però Lo conoscete; perché dimora con voi, e sarà in voi. Non vi lascerò orfani [...]*".

*Gv 16, 13:*

> "*Quando però verrà lo Spirito di verità, egli vi guiderà alla verità tutta intera, perché non parlerà da sé, ma dirà tutto ciò che avrà udito*

porea e dall'idea di persona trovando in tal modo il suo mondo interiore, non sarà mai solo: egli ha una guida, un *Consolatore* sempre al fianco che espanderà la sua anima sino a poter contenere ogni cosa[33].

## Seconde nozze mistiche: riconoscimento del maschile (grado dello spirito) e liberazione dell'anima.

*e vi annunzierà le cose future. Non vi lascerò orfani."*

[33] "*Ricordo il versetto accennato: Dilatasti cor meum, nel quale si dice che il cuore si è dilatato. Tuttavia, mi pare che questi effetti, invece di nascere dal cuore, provengano da un punto più interno, come da una cosa molto profonda. Penso che debba essere dal centro dell'anima, come più tardi ho inteso, e più avanti dirò. Scopro in noi tanti segreti che spesse volte ne rimango stupita. E quanti altri ve ne devono essere!...*" Teresa d'Avila, Il *Castello interiore*, 1588.

# CAPITOLO 8

Viriditas: la bacchetta magica e il nocciolo.

*"Morii come minerale e divenni una pianta; morii come pianta e divenni animale; morii come animale e fui uomo. Perché dovrei temere? Quando diminuii morendo? E tuttavia, ancora una volta morirò come uomo per elevarmi con gli angeli benedetti; ma anche lo stato di angelo supererò". (Rumi)*

***Così egli comprò bei vestiti, perle e gemme per le due figliastre; e sulla via del ritorno, mentre cavalcava per un verde boschetto, un ramo di nocciolo lo sfiorò e gli fece cadere il cappello. Allora egli colse il rametto e quando giunse a casa diede alle due figliastre quello che avevano chiesto, e a Cenerentola diede il ramo di nocciolo.***

Hermes fa ritorno a casa e non potrebbe mai offrire doni differenti: l'antica sapienza ermetica, un complesso percorso iniziatico, il libero pensiero e il suo Caduceo o bacchetta magica che, come vedremo, rappresenta la svolta di tutta la fiaba.
Il rametto colto dal messaggero degli dèi appartiene a un albero di nocciolo. Il significato di tale pianta è così ricco di storie e tradizioni, così denso di simbolismo che nella versione di Disney poteva essere riprodotto solo dal personaggio della celebre

fata madrina. Troppo complesso il nocciolo: più che un simbolo possiamo considerarlo una costellazione simbolica che perfettamente si inserisce nell'archetipo di Cenerentola.
Per i Celti quest'albero lunare[34] è simbolo di saggezza e i suoi frutti rappresenterebbero la Luna così come la facoltà di rigenerarsi. Ed è questa saggezza e questa occasione di rinascita che viene ora donata alla nostra fanciulla. Per i Russi portare una doppia nocciola propizia la ricchezza; per gli antichi Romani regalare una pianta di nocciolo equivale a un augurio di prosperità e di pace; in Germania si credeva che le bacchette di nocciolo potessero costringere le streghe a restituire la fecondità ad animali e piante a cui l'avevano tolta. Fino all'era cristiana, nel corso dei matrimoni e cerimonie di fidanzamento le nocciole erano donate come augurio di fecondità: probabilmente ciò si deve alla grande quantità di polline e germogli che l'albero produce e che fanno sembrare come se la pianta non dovesse morire mai. Con il suo legno si foggiano le **bacchette magiche** e quelle con le quali i rabdomanti intercettano le vene d'acqua sotterranee. E proprio di antica arte magica qui stiamo parlando: come avremo modo di scoprire, questa magia per Cenerentola consisterà nella possibilità di **comunicare con altri mondi** e dimensioni, potere peraltro comune anche al Caduceo. Al legno di nocciolo veniva riconosciuta la capacità di **rivelare ciò che è nascosto**, di portare alla luce ciò che è sepolto (dote appartenente allo stesso Hermes che la nostra fanciulla farà sua proprio piantando il ramo).
Cenerentola che riceve questo ramo accoglie al contempo tutte le proprietà del nocciolo. Il legno, in quanto oggetto fenomenico, è solo un tramite dell'Energia Vitale, dapprima sopita ma che ora la giovane attiva in sé. In altre parole, Cenerentola diviene il nocciolo così come prima è divenuta Saturno, Plutone, Mercurio. Questo è ciò che accade a ogni essere umano che si lasci attraversare e accolga dentro sé le forze cosmiche, l'Ener-

---

[34] I Celti avevano denominato il nocciolo *Coll*, come il mese dedicato alla luna, sacro alle muse e alle sorellanze femminili dell'antica Europa. Ella Young, *Le Meravigliose Leggende Celtiche*, 2011.

gia Vitale che anima questa dimensione, **senza dover opporre le proprie personali resistenze** fatte di idee di se stessi, di attaccamenti alla propria storia o brame individuali. Ognuno, in fondo, è come un ramo spezzato del grande albero divino che dobbiamo vivificare e crescere dentro di noi.
La vera conoscenza avviene sempre, come ricorda l'ermetismo, per comunicazione diretta: è un'emanazione dalla mente divina nella sua corrispondente umana. Una volta prese le distanze dall'identificazione corporea e individuale, **Cenerentola è libera di accedere alla sua mente divina, alla voce interiore che abita in ognuno di noi**. Sino a ora questa sacra guida restava soffocata sotto i dettami della mente ordinaria: paure, bisogni, desideri, vizi, pregiudizi, impulsi, proiezioni, passioni, etc. Il ritorno del padre/Mercurio concilia le polarità opposte nella fanciulla e questo le permette di arrendersi a scelte non più dettate dall'orgoglio personale, bensì guidate dalla Luce divina.

Il nocciolo è dunque l'albero della saggezza, della magia bianca, della poesia, della medicina, il cui frutto, la nocciola, diviene la metafora della **verità che si cela dietro l'apparenza**, ove il guscio rappresenta l'illusione che bisogna infrangere per poter giungere al vero.
Altra particolarità della pianta è a sua fioritura poiché avviene solo in pieno inverno così come l'anima fiorisce dopo la sua lunga e gelida notte che Saturno protrae proprio a sua difesa. Per di più, questo arbusto è formato da tanti fusti che nascono da uno stesso ceppo i cui fiori maschili e femminili sono presenti allo stesso tempo: di colore giallo dorato i primi e rosso porpora i secondi. Anche in questa peculiarità è ormai facile recuperare un invito ad armonizzare le due polarità, maschile e femminile, presenti in ogni uomo. Così come i colori oro e porpora equivalgono alla meta alchemica di trasmutazione del piombo in oro e all'ultima fase evolutiva detta *Rubedo* proprio per il suo corrispondente color porpora.
Dalle radici del nocciolo si innalzano molti tronchi che però

non vivono più a lungo dei 40 anni d'età. Eppure, per via della continua germogliazione, i vecchi alberelli vengono ripetutamente sostituiti dai nuovi, sicché è impossibile determinare con precisione la vera età di un nocciolo: le sue radici potrebbero avere centinaia di anni, eppure la pianta è perennemente giovane. Ecco la capacità di rigenerarsi: la vita si offre, attraverso il nocciolo, come radice e nutrimento eterni. **Non importa la moltitudine di forme apparenti che prenderanno posto nella manifestazione: esse vengono e vanno via, come ogni oggetto fenomenico; pure ogni cosa è radicata nell'Uno, nella forza primaria da cui tutto ha origine e di cui tutto è l'espressione**.

Questo dono è per Cenerentola un invito a radicarsi nell'eternità della propria anima, soprattutto ora che grazie all'azione di Crono/Saturno e all'Opera al nero ha falciato via l'illusione di una storia di vita temporanea e personale.

Il sacro arbusto dispensa doni spirituali e intellettuali, espande le percezioni intuitive, difende coloro che cercano la sapienza: il nocciolo è una sorta di spirito dell'altro mondo che veglia su quanti ricercano la vera conoscenza[35]. È l'albero dei desideri puri, quelli lontani dal mondo materiale e dalla mondanità. Infatti, la nocciola rappresenta proprio il cammino di ricerca interiore: **per giungere al frutto puro della conoscenza bisogna infrangere la dura corazza egoica**, il guscio, a sua volta ricoperto da fogliame, ovvero l'abito (l'abitudine di essere ciò che si crede, l'idea di sé) di cui bisogna sbarazzarsi, l'esistenza apparente che cela il proprio essere.

Il nocciolo è dunque la manifestazione di un **eterno fanciullo** (*puer*) come di un **antico saggio** (*senex*): comunque libero dalle catene della mortalità. Per Jung, l'archetipo del *puer* (*puer aeternus*) rappresenta l'eterno fanciullo dall'istinto incontrollabile; l'inconcludente, il disordine e il caos delle passioni così come l'incapacità di adattarsi: per lui il lavoro non è mai quello giusto, così come il partner non lo è; non lo è la città in cui si

---

[35] Nelle leggende irlandesi, il sacro salmone della conoscenza si ciba proprio di nocciole. Robert Graves, *La Dea Bianca*, 1992.

vive o l'abitazione. Ai suoi giovani occhi ogni cosa è provvisoria tranne la difficoltà di calarsi nel presente: c'è un futuro sempre più roseo che l'aspetta e ciò implica il bisogno di un'assoluta, individualistica libertà a cui ogni legame sarebbe freno. Il *puer* patisce sempre la minaccia di essere annientato; il suo Io è incompleto e incompiuto; ha difficoltà a staccarsi dalla matrice originaria ed è sempre in una fantasiosa fase ideativa in cui tutto ricomincia daccapo, il che, d'altro canto, equivale anche alla sua **capacità di rinnovarsi**, alla curiosità e all'attrazione per il nuovo. L'archetipo del *puer* è associato proprio ad Hermes e Dioniso. Nel suo aspetto positivo è il bambino divino, l'eroe che dovrà crescere; un Hermes sempre pronto ad andare, a trovare nuove soluzioni; emblema dell'impulso alla realizzazione. Eppure, ormai lo sappiamo, c'è anche un altro aspetto che è proprio dell'uomo-bambino che si rifiuta di crescere. Nel suo lato femminile, questo eterno fanciullo è rappresentato da Kore, la giovinetta di Persefone, ovvero la *puella aeterna*. Jung sottolinea che il *puer* porta con sé anche il tratto della nostalgia per la separazione dalla madre e l'attrazione per la regressione a una fase inconscia: ancora troppo figlio e resistente a farsi genitore, a entrare nel mondo. A questa figura fa da contraltare il *senex*, associato con Crono: è l'uomo anziano, disciplinato, responsabile, razionale. **Questa coppia archetipica vive nella psiche di ogni uomo**.
Per Hillman, accanto al rapporto tra il *puer* e la madre vi è quello con il padre/*senex*:

> *Le figure puer possono essere viste come manifestazioni dell'aspetto spirituale del Sé e gli impulsi puer come messaggi dello spirito o chiamate dello spirito*"[36]. O ancora: "*Lo spirito eterno è autosufficiente e contiene tutte le possibilità. Mentre il Senex si perfeziona attraverso il tempo, il Puer è perfetto primordialmente.*[37]

---

[36] James Hillman, *Senex and Puer*, 1964.

[37] Ibidem.

Il *Puer* è, dunque, la "*nostra natura prima*", "*la nostra affinità con la bellezza, la nostra essenza angelica come messaggera del divino, come messaggio divino*"[38]; un contatto diretto con lo spirito. Eppure questo *puer* ha sempre fretta, è impaziente; incastrato nel rapporto incestuoso con la madre, ecco perché è soltanto nell'incontro con il *senex* che questo fanciullo può esprimere le proprie potenzialità. In una delle sue polarità il *senex* è freddo, lento, così come nell'altra è stabile e fermo, riflessivo, come un Saturno che conserva tutte le cose. Onesto, ma egoista: un buon vecchio saggio in grado di consigliare, ma anche un vecchio re vendicativo e sterile, restio al cambiamento come, del resto, lo stesso *puer* diviene incapace di cambiare e crescere. Dunque *puer* e *senex* hanno bisogno l'uno dell'altro per evitare di ammuffire nelle loro polarità negative così prive di qualità femminili. Ecco perché i due aspetti vanno integrati in ogni psiche, così come mostrato dalla loro compresenza nel simbolo del nocciolo perennemente giovane nella germogliazione eppure con le radici centenarie.
Quest'albero è l'essere che rifiuta la decadenza dello spirito incisa nella vita apparente, nell'accettazione della mediocrità. Maestro di visione profonda, che non esclude gli opposti: maschile e femminile, vita e morte, eternità e tempo, Luce e Ombra, evoluzione e regressione, bensì li armonizza nel continuo gioco del divenire; simbolo del più celebre albero biblico della Conoscenza del bene e del male, come del cabalistico albero delle Sephirot, ove i suoi frutti rappresentano le dieci sfere o strumenti di Dio, attraverso le quali l'infinito si rivela e continuamente crea il regno fenomenico e quello superiore.

Di questa sacra e complessa simbologia, così come della sapienza ermetica viene fatto ora dono alla nostra iniziata.
Perché proprio ora?
Del padre/Hermes viene detto che: "*comprò bei vestiti, perle e gemme per le due figliastre; e sulla via del ritorno, mentre cavalcava per un verde boschetto, un ramo di nocciolo lo sfiorò*

---

[38] Ibidem.

*e gli fece cadere il cappello*".
Per un "*verde boschetto*" precisa la nostra storia. E quel colore non è un mero aggettivo bensì annuncia un'altra fase evolutiva dell'*agricoltura celeste*: siamo usciti dalla Nigredo per entrare in quell'Opera al verde o ***Viriditas***, che sta per "*verdezza*" o essenza del colore verde.

***Allora egli colse il rametto e quando giunse a casa diede alle due figliastre quello che avevano chiesto, e a Cenerentola diede il ramo di nocciolo. Cenerentola lo prese, andò a piantarlo sulla tomba della madre, e pianse tanto che le lacrime l'innaffiarono. Così crebbe e divenne un bell'albero.***

La Viriditas è una fase intermedia tra l'opera al Nero e quella al Bianco, l'Albedo. Il verde[39] è il colore della vita che rinasce dopo l'inverno mortale della Nigredo. È la natura che torna a germogliare dopo un incendio (le ceneri in cui Cenerentola affonda le sue mani nell'inframondo della cucina) che ha devastato ma ha anche purificato. Questa è la rinascita interiore dell'iniziato, morto in ciò che di lui è mortale: **si muore al mondo per rinascere nello spirito**. Per Jung è proprio nella Viriditas che l'anima libera l'Io sepolto nella tomba dell'ego. L'Opera al verde ha il colore della natura intrisa del soffio divino: questa forza è ciò che vivifica, collega e unifica ogni cosa mai creata. Per questo la Viriditas rappresenta la salute universale, l'integrità, la bellezza; quel processo vitale che non si arresta mai ed è capace di riprodurre la vita anche attraverso la morte, proprio come espresso nella complessa simbologia del nocciolo.

***Cenerentola ci andava tre volte al giorno, piangeva e pregava e ogni volta si posava sulla pianta un uccellino che le dava ciò che aveva desiderato.***

---

[39] Verde smeraldo sono le tavole della *Tabula Smaragdina* o Tavola smeraldina di Ermete Trismegisto dove sono incisi i principi dell'arte alchemica.

L'albero sacro che cresce sulla tomba della dolce madre annuncia la vita che si rinnova e sancisce un primo importante **movimento di emersione** che porta Cenerentola dalla buia cucina (morte rituale) all'aperto (rinascita). Sui rami del verde arbusto usa posarsi un uccellino bianco in grado di esaudire tutti i desideri della fanciulla: tre volte al dì Cenerentola vi si reca pregando e ogni desiderio, di fronte al nocciolo, viene esaudito. La crescita di questo albero-Viriditas sancisce l'esordio di una **disciplina** più consapevole per la nostra iniziata: non più il muto eseguire i compiti affidategli da matrigna e sorellastre; ora la fanciulla sceglie di recarsi per tre volte al giorno sotto il suo albero e pregare. La solitudine (l'isolamento meditativo è uno dei doni di Hermes) è confortata da una nuova presenza, quella di un uccellino magico che segue Cenerentola nel suo percorso iniziatico. La nostra protagonista viene letteralmente ri-animata dopo la sua morte al dominio del mondo delle cose: sboccia in lei un nuovo sentiero che è quello della conoscenza di sé. Il nocciolo, su cui si posa l'uccellino bianco, non è soltanto una pianta, ma la vegetale presenza di una potenza divina, forse per questo Disney scelse la fata madrina per sostituirne e condensarne il senso.
L'atto di piantare un ramo nella terra è un gesto enormemente denso di contenuti simbolici: assistiamo all'incontro di un asse verticale e uno orizzontale, quindi un maschile che penetra nel femminile, l'asse celeste in quello terreno, lo spirito nella materia, la connessione tra il mondo sotterraneo (radici), quello in superficie (tronco) e quello celeste (uccellino). È qui che Cenerentola termina la sua fase di autodeterminazione: ha accolto il padre/Mercurio e i suoi doni dopo il viaggio di separazione; quindi avvia un processo di maturazione dentro sé del principio maschile celeste; ora può dare alla luce un nuovo Sé, rappresentato dall'albero Dio/Dea.
Anche questa ri-nascita viene onorata dal pianto: le prime lacrime erano versate per la morte della madre e segnavano al contempo una nuova vita per Cenerentola strappata all'utero con-fusionale e uroborico del proprio inconscio. Era il pianto

con cui la fanciulla salutava e scioglieva nel dolore la natura di un essere ancora indefinito. Queste attuali lacrime congedano un secondo utero tombale che era la cucina, il mondo delle proprie infestanti ombre, e accolgono le gemme verdi della vita che fiorisce dal radicarsi nell'anima. È un pianto rituale che si svolge tre volte al dì: volerlo precisare in cifre rimanda proprio alla sacralità impersonale dell'atto. Per tre volte al giorno la giovane piange e prega; prega e desidera, laddove i desideri non sono le brame dell'Io, quanto piuttosto pure aspirazioni di elevazione e richieste di protezione dalle tentazioni. Cenerentola era colei che non desiderava nulla per sé; esaudiva le richieste altrui ma non manifestava bisogno o richiesta alcuna. In questo consisteva la sua Ombra: nella paura di sentirsi egoista o malvagia, nel vivere per se stessa. Ora, pervenuta alla fase di autodeterminazione, la fanciulla osa desiderare.

Nell'immaginario collettivo la preghiera è una richiesta effettuata ai piani celesti. Lo è. Ma si discosta un po'da ciò che intendiamo per richiesta. Leggiamo assieme alcune parole del Buddha sul chiedere e su cosa chiedere:

> *Vi trovate lì, mani e piedi legati dal desiderio e dalla paura, e lì si trova la via rapida della Liberazione. Ponete numerose domande per sapere perché vi trovate legati e asserviti. Sono domande fuori luogo. Siate piuttosto desiderosi di sapere COME liberarvi.*

"*Come liberarsi dalle catene della schiavitù?*"
È questo che chiede Cenerentola. I tre momenti rituali al giorno si configurano come una disciplina, un apprendistato. Sino a quel momento la nostra protagonista **era una schiava al servizio della propria ingannevole mente**; non aveva momenti per sé stessa. Tre volte al giorno è come dire tre pasti al giorno: ove prima Cenerentola nutriva solo il suo corpo, e di avanzi, ora inizia a cibarsi di conoscenza, del come liberarsi. **Il tempo ora appartiene al divino** e l'anima, presa nel caldo abbraccio

del fuoco dello spirito, desidera elevarsi al di sopra di se stessa, così come desidera la solitudine, il raccoglimento.
Ancora sul pregare e chiedere:

> "*Tutto quello che domandate nella preghiera, abbiate fede di averlo ottenuto e vi sarà accordato*" MC 11,24.

> "*Se avrete fede e non dubitate, non solo potrete fare ciò che è accaduto a questo fico, ma anche se direte a questo monte: Levati di lì e gettati nel mare, ciò avverrà. E tutto quello che chiederete con fede nella preghiera, lo otterrete.*" MT 19, 22

> "*Chiedete e vi sarà dato, cercate e troverete, bussate e vi sarà aperto. Perché chi chiede ottiene, chi cerca trova, e a chi bussa sarà aperto. [...] Se dunque voi, che siete cattivi, sapete dare cose buone ai vostri figli, quanto più il Padre vostro celeste darà lo Spirito Santo a coloro che glielo chiedono.*" LC 11,9-13

Chiedere "*nella preghiera*" e "*nella fede*" non vuol dire chiedere cose (la felicità, il denaro, la salute, il partner, il lavoro); bensì, come dice il Buddha, equivale a saper fare le domande giuste: "***come** ricevere lo Spirito Santo? Chi sono io? Come posso liberarmi (da desideri, dubbi, paure)?*"
Chiedere senza dubbi, nella fede dunque, è chiedere fuori dal mentale (la vera sorgente del dubbio), quindi fuori dall'ordine delle cose, degli psicologismi, dei personalismi e dell'avere. Siamo qui nell'ordine dell'essere, per la dissoluzione del mentale o *corpo di dolore*[40] che tiene l'uomo in schiavitù. Ed è questa la sola richiesta possibile in fede o preghiera.
Correva l'anno 1558 quando Santa Teresa d'Avila, nel suo celebre "*Il Castello interiore*", paragonava l'anima proprio a un castello diviso in sette dimore o mansioni, sette modi di essere o atteggiamenti d'amore per Dio. La religiosa affermava **che**

---

[40] Eckart Tolle, *Il Potere di Adesso*, 1997.

**al castello si entra soltanto attraverso la preghiera**, ovvero l'invito di Dio che ci chiama e l'obbedienza dell'anima che vi risponde. Rientrare in se stessi (regno interiore) e cercare Dio sono equivalenti e si realizzano allo stesso modo: instaurando **un dialogo amoroso che ha inizio con l'orazione**. Con la preghiera matura l'**umiltà**, che è "*unguento di ogni ferita*" e al contempo si è condotti al conoscimento di sé, vale a dire la **liberazione dalle distrazioni mondane**.

Cenerentola è ora nella sua scuola iniziatica in cui apprende il **distacco dall'ordine materiale e dal mondo fenomenico**; impara a desiderare di essere libera dalle proprie paure, dalle brame, dall'Ombra; libera di mettersi al mondo; di autodeterminarsi, di rigenerarsi: finalmente integra e non più scissa. Affrancata dal passato, responsabile, cosciente di Sé.

Cenerentola sta dunque chiedendo:

*"Chi sono io?*
*Sono la mia storia?*
*Sono questo corpo?*
*Sono i miei sogni, le mie paure?*
*Sono la mia mente?*
*Sono i miei pensieri?*
*Sono le idee che ho di me stessa?*
*Come liberarmi dalle tentazioni?"*

E su ognuna di queste domande, di cui evidentemente riceve dallo spirito le risposte, Cenerentola medita, tre volte al giorno. Da ognuna di queste false realtà, sotto il nocciolo sacro, si purifica nel pianto.
Ha purificato la mente da tutti i suoi fantasmi (con le mani nella cenere); è venuta fuori dalla propria oscurità (la cucina buia); ha eretto il suo tempio (nella luce del giorno sotto il suo albero) e ora vi si reca tre volte al giorno. Segue la propria disciplina con impegno, perseveranza, dedizione e onestà; chiede la forza di **sapersi desiderare diversamente**; prega per sapere come

realizzare il Sé; dedica tutto il suo tempo libero a un'opera di comunione con il divino, con il Dio/Dea che lei stessa ha cresciuto dentro di sé ed eretto nel giardino[41].

**Fintanto che si è impegnati a realizzare soltanto i nostri progetti terreni** – affaccendarsi nella dimensione del divenire – **non si riuscirà mai a effettuare una reale trasformazione interiore** che ci radichi nel centro del cuore; non si perverrà neanche ad accogliere la Grazia che invita al cambiamento.

A ben guardare, Cenerentola sta sperimentando le quattro discipline monastiche: della *solitudine* (si ritaglia i suoi tre momenti quotidiani di completo ritiro), della *semplicità* (vive con un solo abito e dorme sulla cenere), della *sottomissione* (obbedisce a ogni comando impartitole) e del *servizio* (la sua vita è dedicata a servire gli altri e Dio). L'adepta conduce un profondo percorso iniziatico attraverso: l'umile *preghiera* (inginocchiata sotto l'albero), lo *studio* (desidera apprendere il "*come*"), la *preparazione* (piantare il ramo e innaffiarlo delle proprie lacrime) e la *meditazione* (la comunicazione con l'uccellino).

Nello stato estatico della preghiera e della meditazione, Cenerentola, come ogni devoto, risveglia in sé la **percezione intuitiva dell'anima, della realtà celata oltre i sensi e oltre la mente raziocinante**. In ciò consiste il "**risveglio**" spirituale: nella rinascita (seconda nascita) di una forma al contempo di conoscenza e Coscienza che non necessita di esperienza alcuna; è trasmissione diretta, intuitiva, della realtà trascendente. La Coscienza dell'anima non è più avvinghiata al piano materiale, al mondo sensibile, bensì attua una disciplinata inversione ridestandosi alla percezione dello spirito che di sé pervade tutto il creato.

Analizzando la gamma di condotte messe in atto dalla nostra

---

[41] Il giardino in cui è peraltro sepolta la madre della nostra neofita è un altro suo luogo interiore, al cui centro, nel "cuore" è collocato ciò che sino a questo momento occupava di dolore ogni spazio sottratto alla crescita evolutiva. Il cuore di Cenerentola era, sino a poco prima, chiuso nella morsa della perdita e della mancanza: questa assenza era l'unico feticcio cui la fanciulla riuniva se stessa. Ora invece, la bella dei Grimm apre un varco tra se stessa e il divino.

eroina sino a ora, viene in mente un'analogia con la Devi o Śakti indiana, la Madre Divina o espressione femminile di Dio che sintetizza tre aspetti divini del femminile, rappresentate dalle dee *Durga*, *Lakshmi* e *Sarasvati*. *Durga la battagliera*, lotta nel cuore umano **contro le tendenze animali dell'inerzia, la pigrizia e l'ignoranza** ("*che vuole quella buona a nulla in salotto?*" "*Chi mangia il pane deve guadagnarselo*" dicono le sorellastre alla fanciulla).

*Lakshmi* **purifica e innalza la mente** (la purificazione di Cenerentola ha inizio con la Nigredo e con il rovistare nella cenere per dividere i ceci dalle lenticchie: è il lavoro con la propria parte oscura).

*Sarasvati*, è la **Conoscenza del Sé** (che nella nostra fiaba inizia accogliendo le energie mercuriali).

Se ancora fosse troppo complesso riuscire a scorgere la dedizione alla realizzazione iniziatica nella nostra fiaba, potremmo comunque fermarci a considerare le tappe di Cenerentola in un'ottica psicologicamente evolutiva: siamo partiti dall'indistinta con-fusione con l'elemento femminile e materno (il maschile era escluso), in cui la protagonista si sentiva vittima degli eventi esterni; in un secondo momento la nostra fanciulla che non riusciva a vedere se stessa, né ad accettarsi, familiarizzava con la propria Ombra (sorellastre) sino ad apprendere circa la sua natura duale (ceci e lenticchie); successivamente si palesava un nuovo maschile che chiede di essere integrato: è il ritorno del padre che viene visto in una nuova prospettiva, non più causa della propria caduta in disgrazia ma supporto alla rinascita che la condurrà all'individuazione. Chiunque non si affermi come individuo rimane assoggettato alle richieste della collettività: il processo di individuazione esige che ogni uomo identifichi la sua controparte psichica e che ne annetta a sé le qualità positive, elaborando al meglio il versante negativo.

Queste, per sommi capi, le tappe bruciate dalla nostra Cenerentola.

**Viriditas;**

**radicarsi nell'anima: autodeterminazione e individuazione;**

**l'anima si ridesta con i doni della saggezza, conoscenza, magia;**

# CAPITOLO 9

Il mundus: la discesa agli Inferi e il dio dei mari.

*"... si apre la volta di sotterra – specchio della volta celeste, in cui s'inciela come radice il caput divino dell'uomo-infinito – ed è in queste viscere spalancate che il vir seppellisce le proprie scorie terrestri per poi trasformare il piombo nell'oro." (Plutarco)*

In cima ai rami del sacro nocciolo si trova un magico uccellino bianco in grado di esaudire tutti i desideri puri della nostra Cenerentola. Nella letteratura zoroastriana, l'uccello simbolizzava *Kar-shipta* "*colui che dimora in cielo*"; il suo canto veniva interpretato come **l'espressione di un Dio**. Gli antichi Magi rappresentavano **la divinità interiore dell'uomo** come un uccello. Nell'Albero della Conoscenza del bene e del male "*gli uccelli dimorano e fanno i loro nidi*". Ne *La Dottrina Segreta*[42] della Teosofia, *Hamsa*, l'Uccello della Sapienza, è l'Uccello Eterno dal cui battito di ali nasce la Vita, lo Spazio illimitato. La *Fenice*, il *Simurg*, la *Sfinge*[43] sono tutti uccelli.

---

[42] Helena Petrovna Blavatsky, *La Dottrina Segreta*, 1888.

[43] La Fenice o araba Fenice, è l'uccello mitologico noto in Egitto come in Grecia e definito anche uccello di fuoco poiché in grado di rinascere dalle proprie ceneri.
Il *Simurg* nella mitologia persiana, era l'uccello che viveva sull'albero dei semi in grado di produrre tutte le piante selvatiche e posizionato accanto all'albero dell'immortalità. Si trattava di un rapace che appariva anche come forma divina.
La sfinge è una figura mitologica egizia dotata di ali, talvolta raffigurata con testa di falco.

L'uccello invocato da Cenerentola è un aspetto più elevato di sé stessa, un tramite divino; è la voce della natura, il grande principio femminile che salva la nostra fanciulla dalla sua prigione sotterranea, dalla propria inconsapevole esistenza. È la divinità vivificata dentro sé: la mente divina che risiede in ogni umano essere e che lo collega al piano celeste; **la Parola dello spirito**. Quest'uccellino che discende a esaudire le richieste è la Coscienza; è Cenerentola che ha conseguito una **visione esterna di se stessa**: vede un corpo agire e sa di non essere quel corpo. Lo vede compiere azioni e sa di non essere lei la causa di quelle condotte. Questo essere alato è colui da cui parte ogni conoscenza e persino la nostra stessa facoltà di conoscere.

L'iniziata ha conficcato il rametto di nocciolo sulla tomba della madre e nutrendolo per tre giorni con le proprie lacrime, ne ha cresciuto un albero sacro su cui è posto l'uccellino che accoglie ogni sua preghiera. Ricordiamo che Cerere era collegata al mondo dei morti attraverso il *Caereris mundus* (in Cenerentola questo collegamento avviene tramite il ramo conficcato nella terra sulla tomba della madre) il mondo di Cerere (ove "*mundus*" ha anche la valenza di mondare, purificare), una fossa che veniva aperta nel suo santuario soltanto in tre giorni particolari (consideriamo che piantare un ramo equivale a scavare una fossa). Questo pozzo era consacrato agli dèi *Mani*[44] e realizzato simbolicamente come se fosse un *utero rovesciato*, controparte della volta celeste (la tomba della madre morta è, a tutti gli effetti un utero capovolto poiché non è in grado di dare alla luce ma riposa nel buio della terra, di per sé altro utero che accoglie i defunti). La fossa restava chiusa per tutta la durata dell'anno: il 24 agosto, il 5 ottobre e l'8 novembre il mundus veniva aperto rimuovendo il *Lapis Manalis*, la pietra che ne ostruiva l'accesso. In tal modo **le anime dei defunti invadevano la quotidianità dei viventi** rompendo i confini tra il mondo delle ombre e quello umano. Ogni attività

[44] Per i romani si trattativa delle anime dei defunti, benevolenti abitanti dell'oltretomba.

ufficiale doveva essere interrotta poiché minacciata dai segreti degli Inferi che in queste occasioni venivano alla luce, potendo i defunti aggirarsi liberamente per la città. Aprire il mundus aveva un forte carattere iniziatico, in quanto la purificazione che si metteva in atto era il primo, necessario, passo che precedeva l'inizio di una nuova vita[45]. Levare il coperchio di pietra che occludeva il pozzo era ritenuto anche propiziatorio per favorire le piogge (con cui il pianto di Cenerentola è in analogia) proprio in virtù dell'avvenuta comunicazione con gli abitanti dell'oltretomba che concedevano il cambio di stagione: **la vita si rinnovava grazie alla morte**, così come **il mondo visibile poggiava su quello invisibile**.

Gli iniziati come Cenerentola attraversano una fase di mortificazione, la Nigredo, che li accomuna alle ombre dei defunti e, come i trapassati, essi vivono confinati in isolamento (la buia cucina): inadeguati alla vita, avvolti in umori depressivi, presi nel vortice della degradazione (la psiche rinuncia alla propria illusoria unità) e della putrefazione, alla stregua di un cadavere; separati da tutto, distanti come solo un defunto sa esserlo. La Nigredo è la fase alchemica governata da Saturno, pianeta del piombo: lento come il tempo per l'anima del trapassato; pesante come la salma inerme; paralizzante come il rigor mortis. Questa è la morte dell'Io, dei suoi desideri, delle sue pulsioni. Eppure **lo stesso veleno rappresenta la cura, il simile cura il simile**: l'esistenza decomposta di cui la psiche marcisce è soltanto l'inferno da attraversare.
La morte si vince morendo.
Ogni Cenerentola che accetti a occhi aperti la propria discesa agli inferi, si prepara a rinascere. Al regno dell'invisibile si accede osservando, osservandosi: l'attenzione vigila su spettri e ombre sino a riconoscerli dapprima come aspetti di noi stessi, infine **esercitando il distacco**. Difatti, se è possibile testimoniare di un'emozione o di una sensazione è perché non si *è* quella suggestione. Chi si è dotato di un'osservazione distaccata

[45] George Dumézil, *La religione romana arcaica*, 1966.

passa attraverso l'inframondo per poterne uscire illeso. Chi si veste di morte per affondare nella vertigine dell'invisibile, conquista la visione di sé. Il mondo oscuro è tale solo per chi non ha occhi per guardarlo: bisogna farsi Ombra simile alle ombre per accedervi e fare ritorno. Il nero va conquistato, non temuto. Cenerentola va oltre: scavando un'apertura nell'inframondo opera la liberazione dei suoi abitanti, nello specifico della madre defunta e di tutti i fantasmi a essa connessi.
A tal proposito, Hillman ricorda che:

> *in virtù dell'amore che ci lega alla famiglia d'origine e – nel caso questa sia presente – alla famiglia adottiva, noi ne assumiamo le idee fondamentali e ci facciamo carico di compiti ereditari. Fin dal momento del nostro concepimento noi riceviamo dai nostri avi un progetto di vita. In questo progetto di vita si esprimono compiti di compensazione del destino familiare, cioè compiti di risarcimento nei confronti degli avi. I nostri avi, dunque, sono dentro di noi, sono aspetti della nostra psiche, dialogare con gli avi è interrogare le profondità psichiche, è fare anima. I nostri avi, in quanto rappresentanti dell'invisibile, ci mostrano ciò che è nascosto, segreto, profondo. Gli avi ci parlano del nostro progetto di vita, della nostra missione nel mondo. In quanto immagini psichiche, ci svelano il mito che stiamo mettendo sulla scena della vita vivendo*[46].

Avendo la nostra cultura perduto il contatto con Ade e con il mondo infero, è la psicologia del profondo il luogo in cui troviamo oggi il mistero iniziatico, il lungo viaggio di apprendistato psichico, **il culto degli antenati**, l'incontro con demoni e ombre, i patimenti dell'inferno. La fanciulla libera la propria natura femminile, l'identificazione con la madre buona e docile; **lo spettro del senso di colpa** che nasce nella disobbedienza o nell'autonomia; **la paura del distacco**, il tormento

---

[46] James Hillman, *Il Sogno e il Mondo Infero*, 2003.

della solitudine e dell'abbandono. Conficcando il ramo[47] donatole da Hermes/padre sulla tomba della madre, la giovane apre un canale di comunicazione tra l'inframondo, abitato dalle potenze che regolano la vita dopo la morte, e la dimensione umana. La morte è contagiosa, perciò non può restare tale: le ombre vanno sciolte dalle catene che esse stesse venerano. L'asse verticale del ramo conficcato permette il gioco dell'*unione*: le voci nascoste possono ora sussurrare alla Coscienza e trasmutarsi in tal modo in consapevolezza.
Attraverso **l'immaginazione disciplinata** si rinnova il legame con gli antenati, ora divenuti benevoli dispensatori di conoscenza. In che modo l'immagine-in-azione partecipa alla costruzione di nuovi significati? Che vuol dire che libera la morte dalla morte?
Ogni individuo che abbia attraversato il suo inferno conosce il **potere seduttivo della sofferenza**: il dolore si propaga come un'infezione, il nero si espande come acrilico sulla tela, sino a tingere ogni cosa come se fosse la stessa cosa. L'immaginazione si presta a colorare gli sfondi come i dettagli di nuovi significati: una ferita diviene un'apertura; una lontananza appare ora come libertà; un vuoto crea spazio per la creatività; una delusione aumenta il senso di realtà.
Laddove riposava il dolore e la perdita Cenerentola coltiva l'affermazione, l'autodeterminazione, l'individuazione: ciò che era morte ora è nascita e nuova crescita; può sbocciare, può fiorire! Così è per ognuno di noi. E questa fiaba è un libretto di istruzioni come ce ne sono tanti.
Se questo non bastasse, veniamo a scoprire che l'albero magico che cresce è abitato da forze celesti rappresentate dall'uccello bianco: l'infero si è fatto ultraterreno, la privazione diviene dono, la perdita è conquista!
È avvenuta una **trasformazione** importante nella nostra iniziata: **il dolore si è mutato in consapevolezza**, il nero nell'az-

---

[47] Nell'Eneide, Caronte è restio a traghettare i vivi verso l'Ade, ma poi la Sibilla gli mostra il ramo d'oro, chiave d'accesso agli Inferi e gli presenta l'eroe Enea. Virgilio, *Eneide.*

zurro dei cieli. *De-intensificare* gli attaccamenti emotivi rende la propria attenzione progressivamente più disponibile a percepire il regno interiore, ovvero l'unione di anima e spirito, mentre pone il corpo in un volontario stato di "morte". Così si realizza la pace interiore, l'*unio mentalis*, un ricongiungimento degli opposti nel superamento del corpo: al di là degli eventi che hanno fatto della psiche una ferita, ora si scopre l'anima, **il significato impersonale**, nascosto in ogni cosa. L'unione tra tutte le cose di tutti i mondi (terreno, ultraterreno e infero) viene vissuta come stato mistico in perfetta osservanza delle memorabili parole di Ermete Trismegisto: "*È vero senza errore e menzogna, è certo e verissimo. Ciò che è in basso è come ciò che è in alto, e ciò che è in alto è come ciò che è in basso, per compiere i miracoli della Cosa-Una*"[48]. L'anima apprende che tra mondo fenomenico e spirito non v'è opposizione ma specularità: il primo manifesta il secondo: il corpo manifesta la mente, la materia rende visibile lo spirito; le stesse energie ed elementi chimici che troviamo nelle stelle si trovano anche nei nostri organismi.
Ora ciò che era piccolo si fa grande (come il rametto che diviene albero); quanto era occultato ora appare evidente (le radici si fanno fronde); quello che era lontano diventa vicino (la madre defunta). L'anima riscrive la storia ma non è più una narrazione personale, psicologica: ha fame di altezze e profondità a cui l'Io da solo non avrebbe accesso (in questo compete l'uccellino bianco, la mente divina a cui Cenerentola si è risvegliata); osserva dall'alto e opera un distanziamento che muta il pianto in

[48] *Tavola smeraldina*, attribuita a ermete Trismegisto. Si tratta di un testo, forse ritrovato in Egitto prima dell'era cristiana e tradotto in latino nel 1250. Con questo concetto si esprime una delle più antiche verità sul misticismo, la legge di analogia e corrispondenza attraverso la quale l'uomo può venire a conoscenza della Forza creatrice dell'universo comprendendo se stesso. Secondo la filosofia ermetica il macrocosmo ripete se stesso nel microcosmo; ogni cosa è fatta della stessa sostanza pertanto, ogni cosa riflette il tutto. La separazione è dunque un errore percettivo dal quale siamo invitati a liberarci. Il celebre aforisma allerta anche sulla qualità dei propri pensieri, poiché ciò ricade nella nostra sostanza materiale.

respiro, vivifica la percezione. È all'opera un'immaginazione ragionata che **trasforma il *desiderare* in *considerare***; si impara a soppesare, a meditare, a riflettere. È così che Cenerentola diviene una Demetra/Persefone[49] a tutti gli effetti: signora del regno delle ombre che viaggia indenne tra i tre mondi[50]. E come per il mito, in cui Hermes fu inviato da Zeus a chiedere a Plutone di liberare Persefone e offrirla nuovamente alla luce, anche nella nostra fiaba è Hermes/padre a fornire la bacchetta magica della rinascita che prosciolga la giovane dal regno oscuro.

È il mondo infero che l'inizianda porta alla luce a garantire la crescita dell'albero: se consideriamo gli abitanti dell'Ade quali proprie personali oscurità, possiamo comprendere come la conquista di una simile saggezza possa sostenere una tale evoluzione. Ci troviamo dinanzi all'archetipo dell'eroe (Ercole, Polluce, Ulisse, Enea, Orfeo, Dante, Pinocchio, Biancaneve e moltissimi altri) che deve attraversare il mondo invisibile o regno nascosto per conoscere il proprio destino e la propria missione. Capita che non sia la discesa nell'inframondo la vera prova, bensì **il saper ritornare**[51]. Ciò equivale infatti all'uscita dalla condizione di inconsapevolezza, al saper **restare impassibili dinanzi alle facili seduzioni dell'oscurità**. In molte narrazioni di questi viaggi iniziatici, l'eroe deve prima di tutto purificarsi dalla frivolezza dei valori materiali e conseguire una serie di virtù (esattamente come avviene per Cenerentola): prerequisiti iniziatici sono l'acquisizione del **controllo di sé** (l'opera di Saturno), del **potere sugli impulsi** (Plutone) e della

---

[49] Il culto greco di Demetra si trasferì in Italia associandosi all'antica Cerere con sua figlia Proserpina o Persefone.

[50] La discesa agli Inferiè detta *catabasi*, che in greco sta per "*scendere nell'Ade*".

[51] La Sibilla Cumana diceva a enea:

"*Enea, germe del cielo, lo scender ne l'Averno è cosa agevole ché notte e dì ne sta l'entrata aperta; ma tornar poscia a riveder le stelle, qui la fatica e qui l'opera consiste. Questo a pochi è concesso, e a quei pochi ch'a Dio son cari, o per uman valore se ne poggiano al cielo. A questi è dato come a'celesti*". Virgilio, *Eneide*.

**conoscenza** (l'ausilio di Hermes e Nettuno). Si ricordi la nota formula alchemica sintetizzata nell'acronimo *V.I.T.R.I.O.L.*[52], a cui a volte si fanno seguire le lettere *V.M.*: "*Visita Interiora Terrae Rectificando que Invenies Occultum Lapidem, Veram Medicinam*", ovvero "***visita l'interno della terra e rettificando (con più purificazioni) troverai la pietra nascosta, che è la vera medicina***". L'invito a penetrare le profondità dell'inframondo per trovare la *pietra* Filosofale, la scintilla divina che trasforma il vile piombo in oro, è un appello a **lasciarsi guidare dalla virtù** per sondare la propria anima, purificarla e renderla invulnerabile, nonché inattaccabile dai nemici ordinari contro i quali combattono i più. Difatti, chi torna dal mondo invisibile ha mutato per sempre il suo sguardo sulla vita, pertanto non ha più attaccamenti o brame, non teme perdite, non possiede più idee di se stesso da difendere o da cui fuggire. Ha sconfitto tutti i mostri e ne ha fatto alleati. Cenerentola, come ogni iniziato che abbia attraversato il regno sconosciuto rendendolo noto, è simile alla fenice che risorge dalle proprie ceneri.

Il Tartaro greco, o mondo degli Inferi, non rappresenta soltanto la dimensione del proprio oscuro invisibile. **Nell'inframondo abita l'intero inconscio collettivo dove risiedono tutti gli istinti inferiori**: la sete di sangue e vendetta, la brama di uccidere, l'odio, la violenza più atroce, la vergogna di se stessi, la colpa, etc. La discesa nel mondo delle ombre comporta il doversi specchiare in se stessi. L'apertura del mundus di Cerere era ritenuta molto pericolosa proprio poiché i vivi rischiavano di essere attratti nel mondo dei defunti dal quale non avrebbero fatto ritorno[53]. Non è sufficiente riconoscere gli abitanti del Tar-

---

[52] "*Il VITRIOL è anche un acido in grado di sciogliere l'oro, pertanto è in grado di produrre trasformazioni. L'ortografia francese antica, vitryol invita all'interpretazione anagrammatica: l'or y vit, l'oro vi vive; come a dire che il Sole filosofico si è incorporato nello smeraldo meraviglioso*". Eugène Canseliet, *L'Alchimia – simbolismo ermetico e pratica filosofale*, 1964.

[53] Anticamente queste feste erano collegate al lavoro stagionale nei campi: la vendemmia, la raccolta, l'aratura. Il 24 agosto (festa di San Bartolomeo) rappresentava una sorta di confine temporale: finiva l'estate e ci si preparava all'autunno.

taro quali propri spiriti in ossequiosa esecuzione dei nostri dettami; osservanti fedeli della propria politica esistenziale; parti costituenti la nostra conflittuale, fittizia, personalità. Nei gironi infernali s'affannano quegli **aspetti di noi che abbiamo rifiutato di trasformare**: lì abbiamo inviato l'intransigenza dopo averla uccisa e prima che evolvesse in determinazione; lì la rabbia s'aggira come spettro poiché l'eliminammo senza vederla mutare in forza; il seme putrescente della vendetta non fiorì mai in perdono; lo sterile senso di colpa non diede mai alla luce l'amore per se stessi. Camminano nascosti, incartati nell'oblio: fantasmi, avvoltoi di noi stessi che ogni volta ricacciamo nei crepacci del tempo. Cenerentola è un'esorcista che ora libera se stessa dall'entità dell'abbandono e ne fa indipendenza; accoglie lo spettro dell'umiliazione e ne fa umiltà; con la paura del rifiuto plasma la vocazione alla ricerca di sé. **Liberare gli invisibili** che ognuno di noi ha reso tali, implica restituire loro l'accesso al mondo dei viventi quel tanto necessario affinché non restino semi sterili ma cedano il passo a promesse di germogli. Così avviene a ognuno di noi: quando la vita si fa immobile e la ripetizione dell'identico sembra tirare giù come se ci prendesse nel centro di un vortice, giunge il momento di propiziarsi i "mani", i defunti benevoli e gli avi. A loro vanno le nostre offerte e le richieste di perdono.

Cosa mai dovranno perdonarci?

Di averli "fatti fuori" da noi stessi; di averli lasciati senza nutrimento, ridotti a squali affamati di sangue e senza la pace del sonno. Il Pantheon funebre degli avi è costituito dall'eredità che abbiamo lasciato affondare assieme alle loro carcasse. Esiste una **memoria transgenerazionale**, una memoria di gruppo, una memoria di famiglia, come esiste una memoria culturale, una cellulare e anche una memoria di *Sang Real*. Essa fa capo ad antenati comuni. È delicata e trasparente come una pergamena in seta che avvolge quegli archetipi preesistenti a ogni esperienza, invisibili e indivisibili. È come una linea ereditaria mentale che si traccia sommando alle proprie risposte emotive tracce di analoghe memorie ancestrali senza distinzione di tempo[54]. Così il Tartaro richiama o rapisce l'eroe: qui si incontrano le ombre, i propri relitti affondati da riportare alla luce il tempo necessario per mutarli in tesori. Dopodiché non è concesso voltarsi indietro e cedere al fascino oscuro dei fondali: lentamente si riemerge. E lo si fa grazie al distacco. Il mundus poi va richiuso: ciò che è morto è morto. Ora bisogna curare ciò che da questa morte ha tratto vita (l'albero che cresce sulla tomba). È qui che molti eroi si perdono: la morte li seduce e li attrae a sé. Lo spettro della vendetta sembra promettere ricchezze che non ha ma che allettano e trattengono il viandante. Lo insegnano molte tradizioni: **mai voltarsi indietro nel cammino di ritorno dall'Ade**. I lamenti funebri della rabbia, della paura, del vittimismo, della solitudine, dell'inadeguatezza, incantano come voci di sirene fino a confondere la via del ritorno. Senza un'adeguata fermezza, un albero maestro, la danza macabra degli invisibili spazzerebbe via ogni Ulisse alchemico in noi. A Cenerentola, Hermes fa dono di ferme radici: sono i due serpenti che si intrecciano intorno alla verga d'oro, la **visione unica di bene e male**, positivo e negativo, maschile e femminile. Di qui a poco giungerà anche Nettuno dispensando generose offerte alla nostra iniziata.

Per Plutarco accanto al mundus cresceva il sacro corniolo[55]

[54] A tal proposito si vedano, tra gli altri : Bert Hellinger con le sue *Costellazioni Familiari*; Anne Ancelin Schützenberger con *La Sindrome degli Antenati* o ancora *Ho'Oponopono,* un'antichissima tecnica di guarigione hawaiana. Preghiera Ho'oponopono:

> "*Divino Creatore, padre, madre, figlio, tutti in uno... Se io, la mia famiglia, i miei parenti o antenati abbiamo offeso la tua famiglia, i tuoi parenti o antenati in pensieri, parole, fatti o azioni dall'inizio della nostra creazione fino a ora, Io chiedo il tuo perdono... Lascia che questo perdono ripulisca, purifichi, liberi, tutte le memorie, i blocchi, le energie e le vibrazioni negative e tramuti queste energie indesiderate in pura luce... E così è.*" Aunty Mornah Nalamaku Simeona.

[55] Il corniolo è un arbusto i cui rami sono di colore rosso; molto longevo, plurisecolare con i fiori dotati di organi di riproduzione sia maschili che femminili; il frutto è come una piccola ciliegia oblunga, rosso scarlatto o gialla. Secondo alcune leggende la croce su cui venne crocefisso Gesù era di legno di corniolo. Da notare, per quanto riguarda l'affinità con la fiaba

(l'equivalente del nostro nocciolo) nato da un'asta che Romolo lanciò così in profondità che nessuno riusciva a estrarla[56]. Da quel foro la terra produsse una grande pianta che divenne sacra ai romani[57].
Varrone[58] riferisce a proposito del mundus e dei suoi abitanti come di dèi inesorabili, da pregare con insistenza (Cenerentola torna tre volte al dì a pregarli). Il mundus è la rappresentazione dell'intero universo proiettato in scala microcosmica nel tempio di Cerere, così come l'albero di nocciolo lo è nella nostra fiaba: è l'ombelico del mondo, l'*Axis Mundi*, o l'Uomo Solare che eleva al cielo ciò che ha radici nel profondo, **armonizzando i propri Inferie la propria volta celeste**. A tenere in equilibrio queste due polarità complementari è il cuore dell'uomo tornato alla purezza originaria dell'essere divino: colui che ha mondato le proprie profondità e ora rivolge al cielo i suoi pensieri più puri.

**L'Inferno è il luogo di sepoltura delle proprie colpe** e per Cenerentola il varco per l'Ade si apre attraverso la relazione con la madre defunta. **Dove si è nascosta la colpa?** Nel suo rifugio preferito: **in una forma d'amore speciale**.
Ogni qual volta instauriamo una relazione speciale con una persona speciale stiamo percorrendo la via della separazione. La relazione d'amore speciale (che sia con un partner, un genitore, un amico o un animale da compagnia, un'idea) è sempre un modo per separarci dal divino. Il proprio Sé, incapace ancora di vedersi, si ritiene incompleto e dunque colpevole di una mancanza, pertanto, cerca nella relazione la sua interezza. Tuttavia, quando ci si trova nella relazione speciale, si dà via il proprio Sé per scambiarlo con quello dell'altro ("*Sii sempre docile e*

di Cenerentola, che Corniolo viene da corno, o falce di luna crescente. Ed è ciò che rappresenta la nostra fanciulla: una luna che sta rinascendo; luna crescente è quella zoppa che ha perso una scarpina.

[56] Oltre all'analogia con la storia di Cenerentola, è facile anche vedervi un'affinità con la leggenda di re Artù e della spada nella roccia.

[57] Plutarco, *Vita di Romolo*, in *Vite Parallele,* 96 - 120 d.C. circa.

[58] Ambrogio Teodosio Macrobio, *Saturnalia*, 430.

*buona, così il buon Dio ti aiuterà e io ti guarderò dal cielo e ti sarò vicina*"): si tenta di sacrificare il proprio Sé che non si accetta e non si vuole, barattandolo con quello che si crede di preferire. Dunque amiamo quella persona speciale del cui Sé speciale potremmo impossessarci, o dai cui occhi speciali pretendiamo di essere guardati come esseri speciali. È il trionfo dell'ego!

La colpa si manifesta nella *forma* dell'amore. Con la cieca visione di se stessi che ci induce a ritenerci incompleti e con la rinuncia a se stessi, **si condanna all'esilio il divino che è in noi**. La *se-duzione* (l'essere condotti verso un altro Sé) esercitata da un altro Sé sul proprio, affonda le radici nell'inganno dei sensi: "*lei/lui mi fa sentire in questo modo; lei/lui mi fa provare queste sensazioni*". In quegli sbalordimenti sensoriali si cela tutta l'insoddisfazione di sé, la presunta incompletezza, le illusorie mancanze; e di esse la colpa; e per esse l'odio. La non conoscenza del Sé fermenta sotto la patina grassa e pesante dell'odio per se stessi a cui l'illusione di un amore speciale occorre come bilanciamento. Ecco perché per molte persone la relazione speciale diviene una vera e propria necessità per sopravvivere: è la trincea in cui si è al riparo dalle minacce dell'odio per se stessi, e a questo scopo deve assolvere la presenza (materiale o ideale) dell'altro. **Cercare amore fuori da se stessi è già di per sé una conferma della percezione di colpa o di odio dentro sé**.

Cenerentola va alle radici di quest'odio: aprendo il suo mundus porta la luce nell'oscuro riparo della colpa. L'inferno è la geografia delle passioni ardenti e delle paure congelanti: nell'inframondo ardono perennemente le fiamme eppure i corpi sono gelidi. La passione (la cui etimologia è patire, soffrire) non è amore: brucia e consuma ma non scalda, non vivifica. La relazione speciale con la defunta madre era il solo modo che la fanciulla aveva per vedere se stessa in una versione accettabile, ovvero lo sforzo di essere sempre *docile e buona*. Tuttavia, una tale idea di sé presuppone la convinzione in un suo contrario: una natura intrinseca colpevole e non incline alla bontà. Ogni

qual volta si eriga qualcuno a giudice del proprio Sé, quando si demanda ad altri e non al Cielo di posare lo sguardo su noi stessi per dirci come siamo o come dovremmo essere, allora si rinnega non solo se stessi: si rinuncia a Dio. E si è davvero orfani.
La fanciulla dei Grimm scava fino all'origine della sua colpa[59] e liberando dalla fossa della memoria il fantasma gelido della relazione speciale (con la madre) fa di una sterile tomba un terreno fertile. L'albero che ascende verso il cielo con il suo uccellino magico rovescia per sempre la volta celeste capovolta del mundus: non più, dunque, la supremazia di un oscuro sepolcro a cui offrire la propria mortale condizione, bensì le vette dell'Olimpo con cui da ora intrattenersi per poter finalmente conoscere se stessi. Le lacrime versate al suolo si mutano in preghiere rivolte al cielo; la colpa si fa sacro desiderio di unione.

Come è possibile che una fanciulla sino a poco fa dedita alla mesta obbedienza e tutta presa a svolgere umili lavori domestici ora azzardi del tempo tutto per sé in cui pregare e desiderare, in cui disobbedire ai propri limiti? Un altro nume sopraggiunge a scuotere Cenerentola e lo fa con la violenza di un mare in burrasca che urta e sconvolge e disperde la rotta. È **Nettuno**, dio dei mari e delle acque, dell'inconscio e delle intense emozioni; invisibile agitatore delle profondità psichiche in cui si ricaccia tutto ciò che si teme, che non si osa e che ogni volta però affiora a galla: contenuto incosciente ma fondamentale e imprescindibile. Nettuno è anche il dio delle metamorfosi, delle trasformazioni che agiscono all'improvviso come mosse dagli istinti affondati, dai relitti psichici abbandonati. È una forza indomita,

---

[59] Ninetta è la Cenerentola siciliana di *Gràttula-Beddàttula* (Italo Calvino, *Fiabe italiane*, 1956) che si fa calare dalle sorelle in un pozzo per prendere un ditale e si accorge da una fessura della presenza di un giardino delizioso, con ogni tipo di fiori e frutti. Anche questo pozzo richiama il mundus di Cerere: via attraverso la quale si accede agli Inferima anche strada celeste. Lo stesso Plutarco chiama il mundus "Olimpo" congiungendo così il mondo degli dèi a quello dei trapassati, poiché equidistanti da quello dei vivi.

irrequieta e insoddisfatta, **a cui solo la spiritualità può donare tregua**. Guai a ignorare il richiamo di questo archetipo che spinge a esplorare le profondità della psiche e delle emozioni per accedere al mistero insondabile che giace nel profondo di ognuno di noi. Nettuno ci invita a **trascendere i limiti personali**, ad abbandonare ogni ruolo, ogni maschera, ciascun'idea di noi stessi e a riunirci con la nostra verità trascendente. L'archetipo del dio rimanda all'acqua, alla capacità di **scorrere attraverso**, di penetrare ogni profondità e riemergere; di aggirare gli ostacoli senza opporvisi: è l'**arrendersi con fede** alla forza vitale, è smetterla di esercitare il controllo su se stessi e sull'esistenza pur di evitare di guardare in faccia il proprio terrore. Nettuno, come l'acqua, ci spinge avanti senza il timore di perderci. A questa funzione assolve anche il nocciolo, albero maestro di una nave che rimane a galla nonostante la bufera: mentre Cenerentola è invitata a sprofondare negli abissi psichici rappresentati dal mundus, le solide maestrie di Nettuno emergono dalla terra e la sostengono nel presente, la ancorano a se stessa. Gli interventi del nume spesso sono accompagnati da un senso di disorientamento, di perdita di punti di riferimento il cui scopo però, non è la confusione o il dubbio, quanto piuttosto **l'apertura a orizzonti maggiori che si schiudono proprio aldilà dei confini noti dell'Io** (la crescita del nocciolo). In realtà Nettuno è la frattura di ogni confine: spinge all'unione, alla comunione, e in questo **viene meno il senso individualista dell'Io**. In quanto potenza dei mari, egli disintegra le barriere dell'Io affinché ci si possa riconoscere quali **gocce in un oceano**: parti dell'Uno desiderose di ricongiungerci al divino, risvegliate alla Coscienza dell'Assoluto. Quando cadono le sagome dell'identità personale ci si può smarrire, non si sa più dire di sé, non sappiamo più chi essere: questa è la tempesta. Eppure è la salvezza. L'oblio di sé è simile ai confini incerti dei mari e delle acque oppure a quelli dell'immaginazione: Nettuno/Poseidone è padre del cavallo alato Pegaso, l'archetipo stesso dell'immaginazione che può farci volare da un luogo all'altro senza incontrare limiti spaziotemporali. A Cenerentola ora è data la possibilità di guardare il mondo e se stessa con gli occhi di Nettuno: gli oggetti vibrano, si deformano, si sfocano, mutano forma e prospettiva, come se li si guardasse mentre sono immersi in acqua. È il gioco dell'immaginazione che svela nuove fluide possibilità laddove tutto prima era solido e statico, definito e morente. **Il nume anima le forme morte così come ora la fanciulla ri-anima la propria relazione con il passato e con la madre defunta**, con un Sé che fino a poco prima era ingabbiato nell'idea di una brava bambina ubbidiente, mentre ora può osare chiedere e desiderare. L'acqua (proprio come le lacrime, soluzione salina e nettuniana) scioglie (**solve**) gli elementi della psiche e li mescola tra loro; li travolge e li feconda conquistando nuovi assetti: come burrasca improvvisa fiorirà, di qui a poco, in Cenerentola il desiderio irrinunciabile di andare al ballo, di esplorare nuovi mondi e nuovi modi; di manipolare, di mentire, di disobbedire; di non essere più soltanto un'idea di se stessa. Nettuno è anche il legame tra tutte le cose, visibili e invisibili: la psiche stessa, o l'anima, è come il mare che contiene ogni cosa, l'origine come la fine della vita; che sostiene o che inghiotte; che nasconde o rivela; dona e sottrae; che sfianca e vivifica; libera o incatena; incanta o svela.

La discesa nell'inframondo è normalmente preceduta da una trasgressione naturale, infrazione o peccato originale che precede la caduta: si coglie un fiore, si spezza un ramo o si asporta un frutto o lo si morde (impossibile non ricordare la cacciata dall'Eden, o la Bella e la Bestia, Raperonzolo, Biancaneve, etc). L'artefice del peccato è solitamente una figura che equivale al Mago (Hermes è il dio della magia che Disney traspone in una fata) che poi rapisce (fa suo) il/la protagonista del racconto. Magico è pure l'uccellino bianco che vive sul nocciolo di Cenerentola: egli è il signore del potere che viola la Grande Madre (tomba e sottosuolo) per estrarne ciò che presto sarà metallo puro. In Biancaneve, la strega condensa in sé la figura trasformatrice della matrigna e quella iniziatica di Hermes: la mela che offre alla fanciulla è il frutto che le rapirà i sensi incoro-

nandola regina dell'oltretomba, proprio come il melograno (altro frutto proibito che conduce alla morte) che con un tranello Ade offrì a Kore/Persefone affinché tale atto segnasse per sempre il suo destino come moglie del re infero. La discesa di Biancaneve nel suo inferno personale è sostenuta dalla presenza dei sette nani, emblemi di numinose maestrie, così come di colpe e vizi capitali da mutare in virtù[60]. Sono loro che vegliano la morte della graziosa fanciulla rinchiusa in una bara di cristallo. Si noti che il cristallo è l'equivalente di uno specchio in cui Biancaneve è tenuta a riflettersi, ovvero a incontrare la propria natura mortale che i sette saggi le indicano e a purificarla sino a renderla trasparente proprio come il cristallo stesso. Il rapimento non ha connotazioni negative (nella Bella e la Bestia lo scenario è quello di un castello sfarzoso; in Cenerentola Hermes fa sua Cenerentola attraverso l'insegnamento dell'ermeneutica e trasponendo in lei le proprie eccellenze): solo luoghi di tesori da trovare e in cui trasformarsi, di morti e rinascite o di sogni fiabeschi.
Nel mito di Proserpina (Persefone), la fanciulla coglieva i fiori sulle rive del lago Pergusa, a enna: questa è la violazione che pagò con il rapimento iniziatico da parte di Plutone. L'accesso agli Inferi di solito lascia dietro sé una traccia: una scarpina cade nel luogo del passaggio! Ecate, la dea lunare degli Inferi lascia pure un sandalo nell'Ade; Giasone il condottiero perde la scarpa sinistra provenendo dall'altro mondo; il diavolo (Ecate) con una scarpa sola dichiara il suo dominio sull'inframondo, come i principi e le principesse che deponevano le loro scarpe su un terreno per dichiararlo di loro possesso. Il *monosandalismo* indica una doppia supremazia: quella sul mondo invisibile indicata dalla calzatura mancante, non visibile, appunto (ai defunti vengono tolte le scarpe); quella sul mondo

[60] I sette nani rappresentano i sette vizi capitali da trasformare in virtù. Scavare nelle miniere e scavare la dura roccia per estrarre gemme preziose equivale a scendere negli Inferi per trasmutare la materia grezza dei peccati in diamanti, rubini, zaffiri: la superbia in umiltà; l'avarizia in generosità; la lussuria in castità; l'ira in pazienza; la gola in temperanza; l'invidia in carità; l'accidia in diligenza.

terreno è dimostrata dal piede vestito. Perdere una scarpa equivale dunque alla conquista di un doppio punto di vista o di una **nuova percezione che non si volge al manifesto**[61].
La scarpa deposta sul suolo segna il dominio su quel territorio: Cenerentola sarà la Regina del palazzo sulla cui scala perderà la propria calzatura.
Arriva un momento per ognuno di noi in cui è necessario trovare il coraggio di riconoscersi signori, padroni, **artefici del proprio personale inferno**: autori responsabili e non più vittime sacrificali. Questo equivale a non avere più fantasmi o mostruose creature da cui dover scappare, quanto piuttosto saper cavalcare il drago (rettili e uccelli sono parenti stretti e Cenerentola impara a domare l'uccellino bianco come a dominare il mondo sotterraneo): ammaestrare le proprie forze distruttrici, figlie e madri del caos; conoscere le proprie pulsioni e vedere di cosa si nutrano.

> ***Ora avvenne che il re diede una festa che doveva durare tre giorni, perché suo figlio potesse sceglersi una sposa.***

Il castello del Principe si configura dunque come un Ade[62], o piuttosto come un Olimpo: un oltremondo iniziatico il cui varco è stato aperto proprio piantando il ramo di nocciolo[63]. E difatti è proprio a questo punto della storia che veniamo a sapere della decisione del re di indire una gran festa di tre giorni per trovare moglie al figlio: il Principe.
Notiamo immediatamente che la festa ha la durata di tre giorni. Il numero tre torna spesso in questa narrazione (tre sono le volte al giorno in cui la nostra protagonista si reca in preghiera sotto

---

[61] Come non ricordare il celebre Piccolo Principe: "*l'essenziale è invisibile agli occhi*", Antoine de Saint-Exupéry, *Il Piccolo Principe*, 1943.

[62] Giuseppe Sermonti, *Alchimia della Fiaba*, 2015.

[63] Seguendo le care orme di Santa Teresa d'Avila il castello è l'anima stessa di ogni Cenerentola, il luogo in cui avviene il fidanzamento, l'unione mistica tra la stessa anima e lo spirito.

il nocciolo sacro, tre saranno le volte in cui Cenerentola piangerà, tre le volte in cui dovrà separare semi dalla cenere). Questa indicazione numerica ci è sufficiente per comprendere che siamo sempre in uno schema iniziatico.

**Discesa agli Inferi e liberazione degli invisibili;**

**Unio mentalis: anima e spirito uniti nel superamento del corpo;**

**l'invito divino.**

# CAPITOLO 10

Il Sacro Fuoco

*"Il cammino interiore è simile al lavoro che una volta facevano gli uomini per accendere il fuoco. Si batte e si ribatte una pietra contro l'altra, senza stancarsi, finché scocca la scintilla. Per nascere il fuoco ha bisogno del legno ma per divampare deve aspettare il vento. Cerca dunque sempre il fuoco nella tua vita, attendi il vento, perché senza fuoco e senza vento i nostri giorni non sono molto diversi da una mediocre prigionia." (Susanna Tamaro, Più fuoco, più vento)*

***Anche le due sorellastre erano invitate, così chiamarono Cenerentola e dissero: "Pettinaci, spazzola le scarpe e assicura le fibbie: andiamo a ballare alla festa del re."Cenerentola ubbidì ma piangeva, perché anche lei sarebbe andata volentieri al ballo, e pregò la matrigna di accordarle il permesso. "Tu, Cenerentola," disse questa, "non hai niente da metterti addosso, non sai ballare, e vorresti andare a nozze!"***

L'invito al ballo reale non manca le due sorellastre che, prontamente, richiedono i servigi di Cenerentola per apparire al loro meglio: "*Pettinaci, spazzola le scarpe e assicura le fib-*

*bie*". Si noti l'enfasi sulle scarpe che vanno assicurate.
Le sorelle non possono permettersi di perdere una calzatura al ballo: solo Cenerentola può. Scopriamone le ragioni.
È ancora in uso presso molte tradizioni, l'antica convenzione di non calzare i defunti depositati nella bara. Questa accortezza ha una duplice valenza: se per un verso i morti "riposano" e quindi non devono indossare le scarpe, d'altro canto l'assenza di calzature era giustificato con la volontà di rendere al caro estinto più agevole il suo viaggio nell'aldilà, in quanto nodi e costrizioni avrebbero legato l'anima al corpo e reso impossibile di proseguire il viaggio. Le sorellastre-Ombra richiedono invece che le scarpe vengano ben assicurate ai piedi; non intendono affatto discendere negli abissi dell'invisibile per liberare la propria anima. L'ombra vive di attaccamenti: tutt'altro che libera!
Il monosandalismo di Cenerentola come di molti altri personaggi legati alla sfera mitologica e divina che vanno e vengono dall'inframondo, conferma di trovarci di fronte a un essere che deve **affrontare una prova decisiva che prevede la morte o il superamento di limiti umani nel contesto iniziatico della rinascita**.
Le sorellastre dichiarano, con la loro affermazione di sapere di che natura è il regno in cui si terrà il ballo: **l'Ombra, così come il corpo che rappresenta, non è in grado di far autonomamente ritorno dalla dimensione dell'invisibile**; capacità che invece pertiene all'anima liberata dai legami terreni e materiali. Al contrario: le nostre zone oscure vivono proprio nel terrore di non essere viste o accettate per ciò che realmente valgono.

Il fatto che alle sorelle sia pervenuto l'invito ci dà un'indicazione importante: sono in età da marito. Eppure abbiamo intuito che non si sta parlando di un matrimonio ordinario, quanto piuttosto di nozze alchemiche o nozze sacre. Dunque, di che età si tratta? È l'età in cui si esce dalla spensierata giovinezza per diventare uomini e donne, individui adulti, consapevoli e autosufficienti, responsabili e autodeterminati. **L'età in cui l'anima s'è fatta matura**. Ognuno di noi riceve questo invito, presto o tardi

nel corso della propria esistenza. Il viaggio dell'eroe non richiede una specifica età anagrafica più di quanto non esiga coraggio e intelletto, entrambe virtù del cuore. D'altronde sappiamo tutti quanto la fanciullezza possa protrarsi o non finire mai: in molti casi l'invito è stato ripetutamente declinato.
A questo punto assistiamo a una nuova evoluzione nel personaggio della protagonista: Cenerentola piange (ed è il terzo pianto) poiché vuole andare a nozze. Per la prima volta implora, supplica di essere portata assieme a sorellastre e matrigna, eppure, questo desiderio le viene negato: "*Tu, Cenerentola, non hai niente da metterti addosso, non sai ballare, e vorresti andare a nozze!*"
La matrigna considera due aspetti che a una lettura superficiale possono sembrare dettagli circostanziali. Ma non lo sono. **Non avere l'abito adatto e non conoscere i passi giusti**: questi i requisiti necessari per le nozze alchemiche, poiché non è di un ordinario matrimonio che qui si sta parlando. La matrigna dice proprio: "*andare a nozze*"! Non al ballo.
Non avere l'abito adatto vuol dire non aver ancora conseguito alcune tappe, non essere ancora del tutto pronti per accedere a un nuovo spaccato iniziatico. È una Luna cinerea Cenerentola, non ancora piena: non si è ancora liberata completamente, difatti obbedisce e supplica, piange. Per il momento resta in abito da sogno.
Quest'ultima affermazione potrebbe disorientare: "*ma come?*" direte voi, "*l'abito da sogno non è quello indossato al ballo*?" Nient'affatto. Il sogno è quello in cui Cenerentola è ora prigioniera. Lo è ancora.
"*Tu, Cenerentola*", dice la matrigna. Potete sentirlo come rimarca quel "*Tu*"? "*Tu-Cenerentola*", è come se dicesse a ognuno di noi: "***c'è ancora troppo Tu in te***". Sei ancora solamente un *Tu*. Questo vuol dire avere un solo abito, quello con cui ci ha abbigliato l'insieme di consuetudini del mondo che abbiamo conosciuto sino a ora. Un "*Tu*" non ha scelto cosa indossare, altrimenti sarebbe un "*Io*". Un "Tu" viene additato e illuminato sempre da un "*Io*" che sta parlando o che ha parlato

in passato. Allo stesso modo la Luna non brilla di luce propria: piuttosto viene illuminata dal Sole. Il *Tu-Cenerentola* che è in ognuno di noi non sa ancora scegliere cosa indossare, si lascia vestire da quanto gli viene proiettato addosso: crede all'illusione della propria storia personale, reagisce ad aspettative, frustrazioni, paure. I moventi che ne determinano l'azione sono infiniti soli di un mondo finito[64]. La bella iniziata si è da poco liberata dall'immagine con cui la madre morente l'aveva vestita: ora sa chiedere, supplicare, vuole andare al ballo; tuttavia, **non sa ancora come vedere se stessa, in che modo guardarsi**. La Luna è regina della notte e dell'inverno ma il Sole estivo la costringe a sprofondare**: il *Tu lunare* (la persona) di Cenerentola può vedersi solo attraverso la luce di un *Io solare* (la Coscienza divina) a cui deve però ancora congiungersi, che deve ancora integrare in sé**. A questa unione la fanciulla non è preparata. L'abito sudicio esprime infatti una sostanza ancora grezza, un minerale ancora rinchiuso nella terra, non estratto. La giovane ha attraversato una prima fase di purificazione dalla materia (corpo fisico e mentale); ora, dopo le numerose distillazioni e prove a cui si è sottoposta deve temperare la propria anima al fuoco della virtù: imparare a stare nel

---

[64] Una nota storia zen racconta:

"*un maestro zen vide 5 dei suoi studenti di ritorno dal mercato, in sella alle loro biciclette. Quando arrivarono al monastero, l'insegnate chiese agli studenti: «perché andate in bicicletta?» Il primo studente rispose: «la bicicletta sta portando questo sacco di patate. Sono contento di non dover portare il peso sulla schiena». L'insegnate disse: «tu sei un ragazzo intelligente. Quando sarai vecchio, non camminerai curvo come me». Il secondo studente rispose:«mi piace vedere altri posti, guardare gli alberi e campi lungo il sentiero». L'insegnate lo elogiò: «i tuoi occhi sono aperti e in grado di vedere il mondo». Il terzo studente rispose: «il ritmo della pedalata fluida libera la mia mente e il mio corpo». L'insegnate lo applaudì: «la tua mente rotolerà con la facilità di una ruota». Il quarto studente rispose: «in sella alla mia bicicletta vivo in armonia con la natura, l'ambiente e tutti gli essere senzienti». L'insegnate disse: «stai pedalando sul sentiero d'oro della compassione». Il quinto studente rispose: «io vado in bicicletta per andare in bicicletta». L'insegnate seduto ai piedi del quinto studente rispose: «io sono il tuo studente».*

mondo senza appartenervi[65]; **trovare i moventi delle proprie condotte non più nell'esistenza terrena bensì in quella celeste**. La disperazione e la riflessione della Nigredo hanno isolato e ridimensionato l'egopatia della fanciulla, spogliandola di ogni abitudine (abito) mondana. A questo punto si rende necessario un nuovo apprendistato che permetta di **accostarsi al mondo pur senza restarne sedotti e contagiati**.

Mi vengono in mente le decine e decine di obiezioni che ho accolto negli anni sulla poltrona blu del mio studio:

> "*credo di aver compreso: quando sono solo/a riesco a dare pienamente voce alla mia anima, così come ad ascoltarla. Sono presente a me stesso/a e non mi lascio distrarre dall'incessante borbottio della mente. Ma quando poi sono in mezzo agli altri, che non la pensano come me, mi faccio condizionare, ipnotizzare, divento come loro... ma so, io sento, di non essere soltanto questo corpo, questa mente e i suoi automatismi. Eppure, assorbo le loro sostanze e non proteggo le mie... È come se perdessi i miei confini interni e agissi solo per compiacere. Nella solitudine sono io, «Io Sono». Ma nel mondo sono un «Tu».*

L'Alchimia è l'Opera del fuoco dell'amore: è il calore che rende possibile la trasformazione della materia e la fissazione delle sostanze; che eleva gli elementi mutandoli da impuri a puri. Un desiderio è una forza che avvampa: se i principi non sono preparati a riceverne l'intensità o se la fiamma non è disciplinata si hanno fuochi di paglia, spettacolari lampi destinati a bruciare

---

65 "*Io non sono più nel mondo*" Gv 17, 11; "*Ma ora io vengo a te e dico queste cose mentre sono ancora nel mondo*" Gv 17, 13; "*Essi non sono del mondo, come io non sono del mondo*" Gv 17, 16; "*non siete del mondo, ma io vi ho scelti dal mondo*" Gv 15, 19.

in un baleno o scintille inconsistenti. È importante non solo conoscere la giusta temperatura del forno in cui cuocere le nostre sostanze (umori, istinti, pulsioni, fobie, scissioni, talenti, virtù, etc.) ma altresì bisogna tenere vitale la fiamma, conoscere i tempi necessari di esposizione al calore, non da ultimo, scegliere un contenitore adeguato a sopportarne la gradazione.
Ecco perché ora Cenerentola deve imparare a **disciplinare il proprio desiderio** di andare a nozze e svincolarlo da motivazioni egoiche, purificarlo; ecco perché non viene e non verrà soddisfatto dalla matrigna. **Non c'è nulla che non vada in un desiderio se questo resta libero dall'attaccamento** ai suoi frutti, dalla passione, dal piacere; dall'ottenere una conferma all'idea di se stessi o una nuova idea di sé; dal possesso e dal potere; dall'attrazione o dall'avversione. **Padroneggiando "*il gregge dei sensi*"[66] si può eseguire qualunque azione per la purificazione del proprio sé**. Sono soltanto i sensi che operano sugli oggetti sensibili: chi è signore di se stesso è alleato di se stesso; non è scisso tra brame e timori: resta puro e integro. L'atto libero da qualsivoglia attaccamento non genera tracce, non produce karma, non contamina la sostanza di colui che esegue e non può, in alcun modo, nuocere ad altri.
**Il desiderio ha bisogno di crescere, di focalizzarsi, di trovare la sua direzione**: non l'oggetto di ambizione accende il sacro fuoco; il conseguimento del fine, anzi, ne spegne il moto. La brama dell'oggetto da conseguire funge soltanto da innesco. Il desiderare, l'ardere e l'ardire si accendono di natura (divina) e come fiamme mirano sempre verso l'alto. Il rifiuto della matrigna, come vedremo, ha il preciso scopo di incendiare e alimentare la fiamma interiore di Cenerentola fin dove può sopportarne il calore, fino a cuocerne e raffinarne le sostanze.
Quanti "no" abbiamo ricevuto nel corso della nostra esistenza? Li abbiamo chiamati: rifiuti, fallimenti, frustrazioni, interruzioni, opposizioni, abbandoni, assenze, ritrattazioni, disconoscimenti, ferite, lutti, delusioni, tradimenti, sogni infranti.
È per queste false attribuzioni che scrivo.

---

[66] Bhagavadgītā, canto VI, 24-25.

**I “no” della vita sono spesso inneschi supplementari** affinché la combustione segua un andamento disciplinato e durevole; la fiamma si faccia viva e capace; il calore sciolga la materia fissa e coaguli i fluidi. Il fuoco va preparato, alimentato, curato. Una fiamma che avvampa troppo in fretta si consumerà prima di aver terminato l’opera. Il fuoco della passione, a esempio, non tempera ma eccede in gassose e fugaci evaporazioni. Ogni impresa richiede tempi e temperature differenti: il materiale indurito (il passato ispessito) necessita di calore lento e continuativo per essere distillato, sublimato, illuminato.
**Ognuno di noi può variare la temperatura del proprio fuoco interiore in relazione a quanta disposizione si abbia di mettersi al servizio dello spirito**. L’alchimista accumula fuoco dentro sé man mano che intende e accoglie la discesa dello Spirito Santo. Quando questa energia sia stata sufficientemente raccolta (tanto da aver trasformato già la materia grezza dell’individuo) è necessario che venga irradiata nell’ambiente circostante e sulle persone. In tal modo, lo stesso processo che ha modellato il Mago ora opera sugli altri. Questo è il doveroso impegno per ogni individuo che si avvicini all’*Opus*: **l’Alchimia non si fa per se stessi, bensì per il Pianeta tutto**. Santa Teresa d’Avila colloca questo stato alla quinta mansione del castello interiore: qui Dio diviene la nostra stessa dimora in cui Egli giungerà per unirsi a noi. Prova dell’amore per il divino e del desiderio di questa unione è il proprio atteggiamento nei confronti del prossimo: **l’amore per l’altro manifesta e testimonia l’amore che abbiamo per il divino**; al contempo, l’amore che nutriamo per Dio dà radici e fondamenta a quello che offriamo al prossimo[67]. Accogliere lo spirito dentro di noi implica senza riserve che venga irradiato attorno ai noi: “*amerai il prossimo tuo come te stesso*”[68].

[67] Teresa d’Avila, *Il Castello Interiore*, 1588.

[68] “*Amerai il Signore Dio tuo con tutto il cuore, con tutta l’anima e con tutta la tua mente. Questo è il più grande e il primo dei comandamenti. E il secondo è simile al primo: amerai il prossimo tuo come te stesso. Da questi due comandamenti dipende tutta la Legge e i Profeti*”, Mt 22, 37-40.

Scopo ultimo dell'Opus è annullare completamente il proprio ego, **fabbricare un sacro vuoto dall'interno e colmarlo del Fuoco Solare**; lasciare che sia lo Spirito Santo a riversarsi in noi. Per arrivare a tanto si attraverserà dapprima una fase in cui la materia inferiore venga purificata (Nigredo) affinché gli spigoli della personalità non esplodano in egoiche irrequietezze dovute all'incomprensione di quanto stia accadendo. Quando il fuoco si accumula, nel neofita si assiste a tutta una serie di condotte esplosive: collera, aggressività, ribellione, sensualità, impeti, irrequietezze, violenza. Chi osi trattenere o si senta costretto a contenere queste fiamme scivola inesorabilmente verso la regressione, la nevrosi, l'autodistruzione, l'autocombustione.
**Il sacro fuoco va canalizzato e offerto, elargito: attraverso l'arte, la cura del prossimo, l'educazione, la lotta all'Ombra collettiva o all'inconsapevolezza di massa**. Esso implica sempre un servizio da prestare.
Pervenire a essere se stessi è come essere un infinito guardaroba: un abito per ogni aspetto, per ogni sfumatura concepibile nella natura umana. Ognuno di noi è potenzialmente quel caleidoscopio di bellezza e orrore. Ogni Cenerentola vi ha accesso ma per lo più tutte le sfumature non dipinte giacciono sulla tavolozza inespresse. Alcune di queste tonalità le riteniamo deplorevoli, altre inarrivabili; certe sono inaccettabili, vergognose, indegne, terrificanti, vigliacche, inappropriate, oscene, e così via.
**In ognuno di noi c'è uno stupratore e un assassino**. Questo non deve offenderci. È il terrore e il rifiuto di vedere queste figure del vigliacco, del bimbo ferito, della prostituta, dentro di noi che ci impedisce di conoscerci e di superarle, che affretta l'urgenza di gettare acqua sul fuoco nascente. La protagonista della nostra fiaba **ha esplorato il mondo sotterraneo delle proprie deformi mostruosità ma ancora non si è liberata dei moventi terreni che muovono i fili di quelle maschere**. Teme il proprio fuoco solare come il calore lunare, gli incendi

---

Questo è il duplice comandamento dell'amore, il comandamento più grande, che lega l'amore per Dio all'amore per il prossimo.

della forza maschile e il tepore di una fiamma femminile. La prima fase dell'Opera, infatti, rileva la predominanza di tratti maschili: si cade verticalmente nella voragine della Nigredo, così come Cenerentola viene fatta scendere in cucina, poi nel proprio inferno, infine nel mundus. Di qui a breve, assisteremo alla fioritura di un carattere femminile dell'Opus: l'accoglienza, il ricevere dentro di sé che ha già mosso i primi passi nell'incontro con l'Ermetismo e procede nell'identificazione con l'anima e l'incontro con Venere.
Siamo infinite possibilità. Non bisogna arrivare ad ammazzare per assistere alla manifestazione dell'assassino che è in noi. Si può scorgere quell'omicida ogni qualvolta avremmo voluto uccidere qualcuno in preda alla rabbia; o quando farla finita ci è sembrata l'unica soluzione a una disperata lista di problemi; quando abbiamo ucciso la nostra speranza o i nostri sogni, la curiosità o l'entusiasmo, l'energia femminile o quella maschile. In modo analogo, ci siamo prostituiti ogni qual volta abbiamo venduto noi stessi, la nostra dignità, le idee o il proprio sentire per un vantaggio da ottenere. Abbiamo elargito favori a persone che tenevamo in disprezzo per assicurarcene di maggiori; abbiamo negato noi stessi vendendo ciò che non siamo per quieto vivere o per ambizione; abbiamo ceduto completamente alla reiterazione di un ruolo (la madre, la commessa, il ragioniere, il figlio, il marito) al mercato delle certezze facili. Si può mercificare la propria onestà, il coraggio, la tenerezza, persino la consapevolezza in cambio di comode zone di comfort.
Riuscire ad avere tanti abiti vuol dire questo: **aver visto i moventi terreni e averli sacrificati al fuoco della conoscenza; dopo aver fatto ciò, qualsiasi azione perde il suo peso, diviene pura e, pertanto, si è liberi di indossare ogni abito, di recitare ogni ruolo**.

Quando si entra in un tempio tibetano ci si può stupire notando le riproduzioni di idoli mostruosi e uccisioni, maschere ripugnanti, personaggi bestiali e terrificanti, rappresentazioni della morte e degli aspetti più oscuri dell'esistenza. Sono figure cariche di energia colte in un movimento sfrenato o violento. Questa è la zona dinamica della saggezza, in cui vivono pulsioni e paure che nella vita ordinaria siamo facili a scansare. Sono gli ostacoli che impediscono all'iniziato di progredire sul proprio cammino spirituale: il negativo deve essere integrato esperendone la carica energetica (la combustione) ma senza più l'attaccamento per la situazione che ha provocato l'emozione. La percezione del fuoco divino in sé per Cenerentola è ancora molto debole. Lo capiremo da un appunto sul focolare di cui è custode: la fiamma è flebile e così la sua Coscienza non può portare luce nel mondo. È ancora un *Tu* che non sa dire *Io* allo stesso modo in cui si dice: gioia, pace, amore, libertà.

La scintilla divina che si è offerta senza restrizioni a ognuno di noi, si è donata incondizionatamente dicendo: "*fa di me ciò che vuoi*", e continua a dirlo. "*Fa di me ciò che vuoi: che tu vesta l'abito dell'assassino o i panni della prostituta, gli stracci del saggio o la seta di un re, che danzi come un tiranno o come un bambino, io sarò in te.* ***Fa di me ciò che vuoi***". E **fu il più grande atto d'amore nell'eternità**.
E la memoria non lo contiene. E non si può comprendere.
Così Cenerentola resta a sé sconosciuta, incompleta: **conosce le cause delle sue pulsioni e dei suoi atti ma non conosce ancora se stessa nell'agire senza causa alcuna.**
Come ricorda Raphael:

> "*Il sonno ha velato e affievolito il tuo Fuoco radiante, il tuo Oro. Occorre che ti svegli e ti riconosci nel tuo splendore e nella tua immortalità. Il mondo lunare* (quello di Cenerentola, ndr) *per quanto allettante, ti conduce all'oblio e nelle false enfasi di eccitazione. Non sostituire al Sole sfolgorante il debole riflesso della Luna. Occorre che tu separi l'Immortale dal mortale, il Reale dall'irreale*"[69].

---

[69] Raphael, *La Triplice Via del Fuoco*, 1999.

Nella Bhagavadgītā, il beato Krishna afferma che vi sono due vie, una chiara e una scura, che i viventi possono percorrere: attraverso una si accede al non ritorno e all'Assoluto. Questa è la via del fuoco, della luce, del giorno, la via solare; attraverso l'altra, la via del fumo, della notte, la via lunare, si torna nuovamente in altre incarnazioni[70]. La via solare è propria di coloro i quali dominano se stessi, ovvero che hanno "*chiuso le porte dei sensi, bloccando la mente all'interno del cuore*"[71]. La via lunare pertiene a quanti lasciano che le proprie intenzioni e azioni abbiano cause nel mondo manifesto: essi agiscono sempre per attrazione o repulsione, desiderio o paura, cupidigia, ira, invidia, etc. **Sono quanti firmano le loro azioni convinti di esserne gli agenti volontari**; sicuri di poter determinare gli eventi e trarne vantaggio; illusi che si possa trovare piacere, potere, felicità negli oggetti sensibili: "***Colui che vede che gli atti sono prodotti dalla natura e altresì che il Sé non è agente, quegli vede giusto***"[72].

L'ascesi alchemica di Cenerentola, il cammino verso la realizzazione del Sé, manca ancora di un'azione incisiva: di **duttilità** (adattabilità, arrendevolezza, ovvero farsi strumento nelle mani del divino). A tutto ciò la matrigna aggiunge anche il fatto di non saper danzare la vita.

Ogni Cenerentola che non sappia rispondere con i passi giusti all'inascoltata melodia della vita non sa celebrarla. Nel ballo si è in **unione**: le danze invitano alla formazione di un corpo unico, sono un lungo abbraccio; **nella percezione di un mondo fatto di corpi separati Dio è invisibile**. Sapersi abbandonare, **lasciarsi condurre il passo**, volteggiare **come se fossimo la vita stessa**[73] (al contempo la musica, la danza e il danzatore),

---

[70] Bhagavadgītā canto VIII, 24-26.

[71] Ibidem 12-13.

[72] Ibidem ,canto XIII, 29.

[73] Pensiamo per un momento alla danza mistica dei dervisci, il *samà*, il cui obiettivo è proprio l'estinzione dell'Io, rappresentato dal tipico copricapo che simboleggia la loro pietra tombale. L'estasi mistica passa attraverso tre movimenti a riproduzione del cosmo e dell'unione tra Dio e l'uomo, e un ultimo movimento che riflette l'accettazione della materia . Il primo movi-

riconoscersi come tale: in ogni sgradevole intonazione, in ogni filo d'erba, nel guscio lucente dello scarabeo, nel gelo che uccide la stagione, nel letame che nutre, nella frustrazione di un bocciolo sterile o di un sorriso non ricambiato, in un volto ferito dalle rughe, in uno schiaffo ruvido di paura; nella perfezione di ciò che è, e che non sarebbe potuto essere differente. Riconoscersi.

"***Tu**, questa cosa non la sai neppure ancora vedere*!" La matrigna, l'antico femminino ancora troppo sopito nel cuore di ogni Cenerentola, questo lo sa. Difatti interviene con la sua mitologica maestria.

**Aumentare l'intensità del desiderio dell'anima per lo spirito;**
**essere nel mondo ma non appartenere al mondo: purificarsi dai moventi terreni;**
**il distacco;**
**accumulare in sé il fuoco dello spirito e irradiarlo: "amerai il prossimo tuo come te stesso";**
**essere lunare: "Tu"; l'agire è mosso da cause terrene (bisogni, paure, brame, etc.); mortale e irreale;**
**essere solare: "Io"; l'agire ha Dio come unica causa; dominio di sé; eterno e reale;**
**chi sono quando agisco senza alcuna causa personale?**

---

mento nella via sufi è il pentimento: si inizia con un'opera di purificazione dai peccati compiuti in "parole, opere e omissioni", per poi proseguire liberando il cuore dai desideri mondani, dedicandosi solo al divino. Nella danza sufi si inscena anche l'allontanamento dalle tentazioni e dall'affermazione del proprio Io. L'andatura dei dervisci sostiene l'orma lieve della gioia e della purezza; è l'espressione dello stato del cuore liberato dell'ansia per la sopravvivenza fisica. Questi ultimi sono i passi che Cenerentola, al momento, non ha imparato a muovere.

# CAPITOLO 11

La prova di Venere: Albedo e lunificazione

*"Povera gente! L'Arte non è sbriciolare la propria anima; è di marmo o no, la Venere di Milo?" (Paul Verlaine, Epilogue, da Poemi saturnini).*

***Ma Cenerentola insisteva e la matrigna finì col dirle: "Ti rovescerò nella cenere un piatto di lenticchie e se in due ore le sceglierai tutte, andrai anche tu."***

Quella che è ancora una fanciulla insiste: "*portatemi al ballo!*" Deve aver detto proprio così: "*portatemi*". Ma come si può?
"*Ti rovescerò nella cenere un piatto di lenticchie e se in due ore le sceglierai tutte, andrai anche tu*". Così insegna la saggia matrigna. Questa volta non si tratta di saper distinguere Ombra e Luce, lenticchie e ceci. Bensì *separare* lenticchie dalla cenere, ovvero ciò che è seme vitale in grado di auto rigenerarsi dalla polvere mortale, i resti del mondo materiale. Non c'è dubbio che tale operazione richieda una severa concentrazione, pazienza, caparbietà, perseveranza, disciplina, per essere portata a termine e in così breve tempo. "*Dentro la cenere, dentro di te: nel fuoco di cui oggi sei solo un ricordo, piccola Cenerentola, cerca dentro di te; scegli e porta alla Luce*; *purifica:* ***separa l'azione*** **(lenticchie)** ***dalle cause personali*** **(cenere)** ***che muovono ad agire***".
La parola "*lenticchia*" deriva da "*lente*", forse per la sua forma. Si associa, dunque, a qualcosa che invita a vedere più chiara-

mente, ad accorgersi di cosa stia realmente accadendo.
"*Apri gli occhi – svegliati - e guarda meglio*" sembra dire la matrigna. Facciamo attenzione: sia Cenerentola che la matrigna sono entrambe istanze che si trovano all'interno della stessa psiche, della nostra psiche. Lì vive l'antica saggezza, l'intuizione, la schiava, la sacerdotessa, il burattino, la vestale, la bella addormentata, la Bestia, Biancaneve e Barbablu.
**In ogni nostro respiro chi è che sta respirando? Chi è che pensa il mio pensiero?**
Dopo l'iniziazione avvenuta tramite il tocco di Nettuno, Cenerentola non può più camminare alla cieca, deve saper scegliere. Non basta la curiosità o la smania a incendiare il sacro fuoco che muove alla conoscenza. **È necessario saper vedere accuratamente dentro se stessi e distinguere gli impulsi fatui causa di caduta della Coscienza dai moti dell'anima ispirati e temprati dalla Grazia**. Nettuno apre gli orizzonti: ora bisogna imparare a guardarli e a navigarvi verso.

Il primo archetipo femminile incarnato dalla nostra fanciulla è *Estia*, dea casta del focolare, figlia di Crono e Rea ed equivalente della romana dea Vesta. Il suo simbolo è il focolare domestico che riscalda e su cui si cuoce il cibo, il santuario della concordia; il suo ruolo è quello di santificare la casa. Estia è colei che non cede alle seduzioni della rivale Afrodite nel suo tentativo di risvegliarla a un piacevole desiderio facendo innamorare di lei Poseidone e Apollo[74].
Ora Cenerentola/Estia si trova nuovamente faccia a faccia con la dea Afrodite/Venere. Non a caso la matrigna le intima di separare le lenticchie: la stessa prova con i semi viene impartita in un celebre racconto proprio da Venere a Psiche[75], cui accor-

---

[74] Ovidio (43 a.C.-17), *Fasti*

[75] Nel mito di Amore e Psiche narrato da Apuleio nell'*Asino d'oro*, Afrodite metterà davanti alla bellissima Psiche un piatto di ceci, fave, lenticchie e semi di papavero, chiedendole di separarli. La fanciulla supererà la prova grazie all'aiuto delle formiche. È il mito della crescita dell'anima. Psiche è l'ultima di tre sorelle, un po' è la sorte che è toccata a Cenerentola: minori poiché incomplete. La dea Venere nel mito è in analogia con la matrigna: la

rono in aiuto delle formiche. Venere è un archetipo femminile alquanto differente da Estia: rappresenta l'amore, la bellezza, ispira gli artisti affinché diventino messaggeri della Grazia divina. In quanto dea dell'amore, qualità armonizzante per eccellenza, Venere rappresenta anche l'equilibrio tra maschile e femminile; come podestà della bellezza, ispira l'armonia tra le parti, la giusta proporzione degli elementi. Come astro ha delle fasi di differente luminosità, proprio al pari della Luna (ovvero, Cenerentola stessa) con la quale condivide il dominio sulla sfera dei sentimenti e della sensibilità. Il tocco della dea spinge a risvegliare il proprio fuoco femminile interiore: del resto abbiamo a che fare con *Cenerentola*, dunque con la cenere, ovvero, il ricordo del fuoco.
Le ultime tappe iniziatiche muovono, dunque, dall'**acquisizione della saggezza** (Hermes) alla **caduta dei confini dell'Io** (Nettuno), per giungere ora alla bellezza, intesa come **armonia tra le parti** (Venere, appunto) e non di ciò che viene percepito dai sensi. Ogni neofita conosce quella ineguagliabile bellezza della vita che si coglie e di cui si gode dopo essere morti al mondo materiale, dopo aver varcato i limiti del proprio mondo visibile e sondato l'invisibile. La bellezza è salvifica e la salvezza si ottiene tramite la conoscenza e la rivelazione divina: in un mondo fatto di forme e nomi, nell'inganno dell'apparenza non v'è peccato alcuno, pertanto ognuno sarà perdonato, non già del male compiuto, che nulla è mai stato fatto, ma dell'errore di percezione[76].

---

sfidante che spinge all'azione e quindi al cambiamento. Psiche dovrà ricongiungersi al suo compagno Amore affrontando quattro prove.
Celato sotto un'apparenza mostruosa e perversa, Eros seduce Psiche e la fa prigioniera nel castello della lussuria acconsentendo solo a incontri notturni, nel buio della ragione: desiderio istintuale e intelletto sono dunque tenuti separati; corpo e impulsi dominano i terreni del cuore. La curiosità di Psiche porta a infrangere il divieto e a illuminare il volto di Eros. Questo causa la fuga del dio e le dure prove che Venere impone a Psiche per potersi ricongiungere all'amato. Dunque, la curiosità non basta a penetrare il mistero; è richiesto un percorso di elaborazione, purificazione, iniziazione e individuazione prima di giungere all'unione degli opposti.

[76] "*C'è una zona di confine del pensiero che sta tra questo mondo e il*

Dea del desiderio come della seduzione, Afrodite ci mette in guardia, sprona a guardare bene: ciò che spesso ci attrae (o rifiutiamo) di una persona o di una situazione non è una caratteristica dell'altro, quanto piuttosto ciò da cui noi siamo sedotti. L'etimologia del termine "*sedurre*" (dal latino *ducĕre*, *condurre*, più il prefisso *se*, *via*) è *condurre via* (da sé). **Quando siamo sedotti siamo allontanati dal nostro centro**, dal fuoco interiore; ci limitiamo a scintillare accesi dai bagliori del mondo esterno la cui vertigine ci disperde. Ciò che seduce è dunque seducente nella misura in cui ci allontana da ciò che siamo. **È l'essere rapiti, portati via da qualcosa**.
*Desiderare* (deriva dalla parola latina *sidus*, stella, con il prefisso *de*, che indica *privazione*, *mancanza* o *distanza*) ha un'etimologia molto affascinante quale *sentire la mancanza delle stelle*, *stare sotto le stelle e attendere*: **è il tendere verso qualcosa da cui si percepisce separazione**.
Ed è proprio grazie a questa attesa, resa possibile dalla sequenza dei "*no*" che Cenerentola riceve, a permettere che si accenda e cresca in lei il sacro fuoco. Prendersi cura di innalzare la temperatura sino alla gradazione necessaria per ciascuna impresa, equivale a ridurre quella distanza tra noi e le stelle. Dunque, maturare lentamente la direzione del desiderio crea un moto naturale che va dal desiderare al *considerare* (ove *sidus*, stella, è preceduto da *con*, che indica *comparazione* oppure sta per *insieme*) ovvero osservare quelle stelle[77] ma da vicino, standо alla loro stessa altezza (*con*, insieme) uguagliandole: **è l'avvicinarsi a qualcosa sino ad accorgersi di essere già quella cosa**. **In Venere si acquisisce dunque, il movimento del desiderio così come il principio di fusione**. In tal modo,

---

*Cielo. Non è un luogo, e quando la raggiungi è separata dal tempo. Questo è il punto di incontro dove i pensieri sono riuniti: dove valori in confitto si incontrano e tutte le illusioni vengono deposte accanto alla verità, davanti alla quale vengono giudicate non vere. Questa zona di confine si trova subito dopo la porta del Cielo*".
Foundation for Inner peace, "*Un corso in miracoli*", 1975.

[77] È curioso che sia proprio la "stella del mattino" o "stella della sera" a educare al *de-sidus* (desiderare) e al *con-sidus* (considerare).

la dea si fa guida della metamorfosi dell'anima sostenendo il processo di presa di Coscienza: induce a riflettere sulla natura delle proprie sensazioni, emozioni, pulsioni e desideri[78]; insegna che guardando ogni cosa con amore (non con desiderio) la si sollecita a crescere e migliorare percorrendo al contempo la strada della nostra stessa evoluzione poiché si giunge a scoprire che quell'amore è **la propria reale natura che solo il riconoscimento dell'unione può rilevare**. Se, dunque, Cenerentola, sarà pronta ad amare e non più solo a lasciarsi capricciosamente tentare ("*piangeva, perché anche lei sarebbe andata volentieri al ballo, e pregò la matrigna di accordarle il permesso*") potrà finalmente riconoscere e trasformare i propri talenti da offrire nel mondo.
Rovesciando le lenticchie nella cenere, la matrigna/Venere pone Cenerentola come dinanzi a uno specchio implacabile in grado di **restituirle la responsabilità e il potere di quanto le è imprescindibilmente proprio (la facoltà di amare) senza più doverlo proiettare sul mondo intorno (l'oggetto del desiderio)**. Dunque il tocco di Venere offre la possibilità di imparare a vedersi nella verità della Luce rischiarata da un fuoco interno che va aizzandosi alimentato dalla consapevolezza di Sé.
Non solo. Il moto fusionale di cui l'astro divino si fa propulsore (così come il *con-siderare*) ci riporta a un altro momento del percorso alchemico: l'*unio mentalis, l'unione mentale*. Ciò equivale alla conoscenza di se stessi, ove il Sé non è l'ego, non è il corpo: non si tratta di conoscere la propria personalità, bensì scoprire **il divino nascosto in ognuno di noi**; non ciò che ci distingue dall'altro ma ciò che è inalterabilmente identico in noi e nel prossimo; ossia Colui che agisce e di cui si è il tramite manifesto.
L'amore è una delle forme più alte di conoscenza: è sapere di essere, ove "*essere*" ed "*essere amore*" coincidono. **Questa elevata capacità di amare si realizza allorquando si è in**

---

[78] Venere è colei che sposa Dionisio, Dio dell'eccesso e del piacere fine a se stesso, per temperare, canalizzare e trasformare la sua esuberante energia vitale in consapevolezza, comprensione e Coscienza di relazione.

***unione***, liberi dalle distanze e dalle opposizioni che caratterizzano le dinamiche del bisogno, della curiosità, della seduzione, del desiderio e del potere (soggetto che brama/oggetto da conquistare)[79]. Si tratta dell'unione di anima e spirito sottratti alle turbolenze delle emozioni, degli impulsi e dei desideri, dunque non subordinati al capriccio della sfera corporea. La maggior parte di noi si guarda intorno e continua a vedere corpi e persone poiché questo modo di percepire è l'unico che ci consenta di mantenere il potere personale: "*sono più intelligente di lui; sono più fragile di lei; etc.*" Si sacrifica l'unione sull'altare dell'idea di se stessi. Ciò che si vede con gli occhi appartiene al corpo, così ciò che si ode con le orecchie o si tocca con le mani. L'idea di essere un corpo mortale gestisce tutta la conoscenza (Coscienza corporea) basata sulla differenza e sulla diversità. In quest'ottica c'è sempre qualcuno che vale di più e altri che hanno sbagliato; alcuni vincono e altri sono costretti a perdere; si è prede o predatori. In questo quadro di separazione non si può cogliere l'essenza divina che è in noi poiché non siamo in grado di specchiarci nella Luce che l'altro ci offre. **Quando i sensi non sono più aggrovigliati tra i confini materiali di un corpo** e si perviene a riconoscere nel prossimo la stessa scintilla divina che è in noi (*ama il prossimo come te stesso*) allora si raggiunge quella divina fusione di anima e spirito.
Questa la prova offerta da Venere.
E la fanciulla risponde all'iniziazione attivando i suoi talenti.

> ***La matrigna le rovesciò le lenticchie nella cenere, ma la fanciulla andò nell'orto dietro casa e chiamò: "Dolci colombelle mie, e voi, tortorelle, e voi, uccellini tutti del cielo, venite e aiutatemi a scegliere le lenticchie:***
> ***Quelle buone me le date,***
> ***Le cattive le mangiate."***
> ***Allora dalla finestra della cucina entrarono due co-***

---

[79] Per santa Teresa d'Avila la parte centrale dell'orazione "*non nel molto pensare, ma nel molto amar*". *Il Castello interiore*, 1588.

***lombe bianche e poi le tortorelle e infine, frullando e svolazzando, entrarono tutti gli uccellini del cielo e si posarono intorno alla cenere. E le colombelle annuirono con le testine e incominciarono, pic, pic, pic, pic, e allora ci si misero anche gli altri, pic, pic, pic, pic, e raccolsero tutti i grani buoni nel piatto. Non era passata un'ora che avevano già finito e volarono tutti via.***

Colombe, tortore, uccellini sono i talenti che Cenerentola ora attiva e invia coscientemente nel mondo. Sono i suoi sensi ridestati da Venere. Notiamo che rispetto alla prima prova inflitta dalle sorellastre, ora la fanciulla non affonda le proprie mani nella cenere. Ed è proprio in questo che consiste il superamento della presente tappa iniziatica. Le sue carni non sono più quel veicolo grezzo da purificare nel sacro fuoco. L'attuale rinascita in *Albedo* (le colombe bianche segnano così l'entrata nella seconda delle tre principali fasi alchemiche) le conferisce un nuovo "abito" che matura proprio sotto il delicato tocco di Venere. Laddove nella Nigredo vigeva la regola della rinuncia e della mortificazione ora vale invece il **risveglio della materia corporea nella luce dell'amore divino**. I volatili che portano a compimento la prova rappresentano il nuovo stadio di elevazione dei sensi dell'iniziata: delicati come lo sono gli uccelli, aggraziati, festanti (in opposizione al tono supplichevole di Cenerentola prima di conseguire questa iniziazione) e distaccati, distanti dal coinvolgimento con la materia; sempre tesi verso il cielo (in precedenza i sensi della fanciulla erano tutti orientati verso il basso e la terra; invischiati nella sostanza pesante: dalle attività svolte nella cucina alle faccende domestiche, dal rovistare nella cenere al conficcare il ramo nel suolo).
Questi uccelli sono le guide dell'anima: soccorrono, aiutano, elevano, spezzano l'infelicità, avvicinano alla fiducia e alla fede; introducono la bellezza. Gli uccellini sono il veicolo del supremo principio della natura: il loro canto è il linguaggio stesso della vita. Il loro arrivo che si ripete e si ripete – e colombe, e

tortore, e uccellini; e poi ancora colombe, tortore e uccellini – con ali festanti che si librano, battono, frusciano, sventolano; becchi che pinzano, piluccano, estraggono, distinguono, annunciano l'incontrastato ribadirsi del rinnovamento. Il desiderio di andare a nozze si tramuta così da idea fissa che imprigiona e soffoca con il fuoco della passione (come la psiche quando è incatenata in una fissazione) in scintille granulari, in consapevolezza rugosa e minuziosa, precisa, attenta, che procede per passi continui aperti all'immaginazione, alle fantasie che si avvicendano e vicendevolmente si mutano, volteggiando intorno alla partecipazione di **una pluralità psichica, la cui peculiarità è data dalla compresenza di una mente umana (corpo, sensi) e una divina (com-unione)**. La vita non giace, pulsa forte persino nel riposo; si prepara all'esposizione, è favorevole ai sensi, alla fusione, al contatto. La vita risponde se interrogata, accoglie la preghiera; se invocata offre sostegno. Gli uccelli che entrano in casa rapiscono all'aria e al Sole il mistero dell'eterno cambiamento; l'irresistibile fascino del movimento che l'esistenza dondola come generosi fianchi. Il Regno dei Cieli varca la finestra della buia cucina ("*il regno di Dio è dentro di voi*"[80]): si impone allo sguardo, l'incanta e lo incatena. E gli occhi si lasciano penetrare. Con delicata decisione la vita lì si apre un varco: accede e non acceca; resiste alle immagini della memoria che incontra aggrappate nel fondo nero dell'iride e **scioglie i sensi dagli stagni della percezione**, libera dal traffico corporeo l'intuizione così come disgela l'idea che ciò che avviene nell'anima sia a opera personale. Difatti, Cenerentola non agisce soggettivamente sulle lenticchie: il suo desiderio è operato dai magisteri divini, dallo spirito del mondo. Proviamo per un attimo a visualizzare la scena: la nostra fanciulla è probabilmente a terra, in ginocchio, dinanzi a tortore e uccellini che beccano incessantemente tra la cenere. Dunque, Cenerentola resta fisicamente immobile: **rinuncia (sacrifica, fa sacro) all'azione soggettiva, completamente arresa (duttile) alla fede nella vita e nello spirito**. E lo spirito guida i suoi sensi liberandoli

[80] Lc, 17, 21.

dalla prigione del mondo materiale e innalzandoli a sé. Non è forse un atto meditativo quello descritto in questo passo?
**Esiste un *fare* e un *sacro fare***: il fare è quello della persona, è l'agire individuale che mira a soddisfare scopi personali. Il sacro fare consiste proprio nella rinuncia (sacrificio) ai propri moventi o obiettivi per incarnare una volontà superiore che è quella dettata dallo spirito.

Le tortore equivalgono al livello più alto di **amore e fedeltà**, quello per la vita, appunto. La colomba indica simbolicamente il canale della **consapevolezza**, un elevato aspetto del Sé portato proprio dall'iniziazione con le lenticchie. Inoltre, questo volatile rappresenta la **purezza**: funge da tramite fra la condizione fisica e l'apertura alle dimensioni superiori dello spirito. Nell'antica Grecia è appunto l'uccello consacrato a Venere e simbolo di pace, di armonia fra gli opposti (spirito e materia). La dea, così come il pianeta, Venere, il cui metallo è il rame, offrono se stessi alla fanciulla nelle qualità tipiche di questo elemento: eccellente conduttore di calore e di elettricità; duttile e malleabile, arrendevole; infinitamente riciclabile pur senza perdere le caratteristiche originali; esposto all'aria sviluppa una patina verde (un'ossidazione vivificante) che protegge il metallo; può essere impiegato per creare numerose leghe con altri metalli ciascuna delle quali offre nuove proprietà.
Superando la prova con l'ausilio delle colombe – emanazioni spiritualizzate del suo corpo[81] – Cenerentola ha fatto propri gli insegnamenti offerti dalla dea; **è ora pronta a uscire dall'isolamento, finalmente intrisa di amore per la vita**: l'anima ha domesticato le furie della passione liberando se stessa nei voli dell'immaginazione; la Coscienza si è liberata dalle limitazioni corporee. Infine, la presenza delle colombe bianche è il segnale del definitivo ingresso nella fase alchemica dell'**Albedo**.
*Albedo* sta per *bianchezza*: è l'Opera al bianco, la seconda fase principale della Grande Opera, dopo la Nigredo (come abbiamo

---

[81] La colomba rappresenta anche l'occhio spirituale che i devoti assorti in meditazione vedono al centro della loro fronte.

visto, in alcune tradizioni, tra le due fasi principali si colloca una sorta di ponte che è la Viriditas). Si tratta dello **stadio di purificazione**: la materia informe scaturita dalla Nigredo viene distillata dalle impurità che la rendono pesante piombo ed è preparata per la successiva fase della *Rubedo*.
Ora l'anima viene liberata dai limiti corporei e intellettuali: il piombo, corazza mentale o ego, è tramutato in *argento* in vista del successivo scioglimento della materia (*solve*) che poi sarà ricomposta in una sintesi superiore (*et coagula*)[82].
L'Opera al bianco è la fase della trasformazione e della rinascita di un Sé che si è liberato dal giogo delle passioni e dei sensi corporei a cui subentra **l'organo di senso principale, quello del cuore da cui erompe un incondizionato amore per la vita**. A questa fase sono associati: il pianeta Venere come la Luna; la purezza del colore bianco come la riflessività dell'argento; la femminilità come la Luce in quanto conoscenza della verità. Il fulcro della consapevolezza si sposta dal cervello al cuore con il conseguente passaggio dalla personalità all'anima. Lo scopo dell'Albedo è la creazione *dell'argento vivo* o *elisir di lunga vita; è* Luce della conoscenza che segue le tenebre del sacrificio avvenuto nell'Opera al nero. Cenerentola ritrova la sua bianca luce lunare[83].

---

[82] *Solve et coagula* è il motto alchemico con il quale si esprime la dissolvenza (solve) degli stati negativi del corpo e della mente per giungere alla *Pietra Filosofale*, e la coagulazione (*coagula*) degli elementi dispersi in un tutto integrato, in una nuova sintesi.

[83] Per Jung è in questa fase di Opera al bianco che l'archetipo dell'Anima si rivela agli uomini e l'Animus alle donne. Nel discorso junghiano, la psiche è duale (o doppia), vale a dire che ogni condotta o sentimento include il suo opposto: l'asservimento coesiste con la prepotenza, l'odio con l'amore, il conscio con l'inconscio. La psiche di ogni individuo porta con sé una componente maschile e una femminile, seppur ciascun individuo esprima un'energia dominate, lasciando in secondo piano il suo opposto. Per Jung l'Anima è la componente femminile presente in ogni uomo: veicolo di maternità, accoglienza, fecondità, unione, protezione, affettività, cura, mantenimento; l'Animus è quella maschile che abita la psiche di ogni donna ed equivale a padre, seme, durezza, forza, sicurezza, razionalità, controllo, calcolo, decisione, programmazione, distinzione. Anima stimola l'amore, l'unione, l'intuizione, la compassione; mentre Animus stimola il

In Alchimia Il bianco argento lunare precede il rosso oro solare. Questa *lunificazione*[84] equivale a una depurazione della materia che al contempo le conferisce una natura più durevole. L'anima è ora coinvolta in immagini, passioni, fantasie ma senza lasciarsene passivamente agire, senza commuoversi, senza attaccamento alcuno. Domina invece, la facoltà del saper discriminare, del mettere a fuoco. L'argento è un metallo lucente, sensibile alla luce, brillante e solido, ottimo conduttore e sa riflettere: "rispecchia" le qualità che la psiche ha conquistato sinora nel suo processo evolutivo, come la lentezza misurata del piombo di Saturno, l'integrazione plutoniana, l'agilità del mercurio ermetico, l'intuizione di Nettuno, la duttilità del rame venusiano. Allo stesso modo la Luna riceve tutte le influenze planetarie, come il bianco contiene tutti i colori[85]. Ne consegue, in Cenerentola, la Coscienza di un'immaginazione precisa, concreta, robusta, come la durezza che l'argento dovrà conferire all'oro. La *lunificazione* è un rispecchiamento: come l'argento lucido e lucente riflette proprio come se fosse la superficie di uno specchio, questa giovane di Luna candida rimanda ora le immagini che ha ricevuto e assimilato precedentemente; con Coscienza le porta alla luce. L'oscurità in cui getta ogni psicologismo individuale, ogni egoico personalismo, ogni plumbea pesantezza saturnina, viene liberata e fatta brillare dalle proprietà astrattive dell'argento: dal sollievo di sapere che **quanto accade è solo un riflesso della nostra psiche**, della nostra immaginazione mentale. Il rigore di questa lucida rifles-

Logos, la distinzione, la ragione, l'individuazione. Dunque l'Animus compensa l'energia femminile, mentre l'Anima equilibra quella maschile (come nel Tao la vita scaturisce dall'unione di due energie complementari). Si tratta in realtà di due archetipi presenti nell'inconscio collettivo da sempre: eppure l'uomo cerca di relegare nel proprio inconscio la sua componete femminile; la donna fa analogamente con la sua parte maschile. Possono manifestarsi in ogni attimo sotto le spoglie di eventi, situazioni, metafore, rappresentazioni artistiche, sogni: si proietta all'esterno ciò che si desidera, si teme e si rifiuta: ciò che si è relegato nell'inconscio. Carl Gustav Jung, *L'Io e L'inconscio*, 1928.

[84] James Hillman, *Psicologia Alchemica*, 2010.

[85] Ibidem.

sione apre alle verità dell'anima, dove tramonta l'illusione di un'identità legata alla carne, alle passioni, agli attaccamenti, agli stati affettivi, e il mondo appare come mero riflesso di un'idea di se stessi.
Come ricorda Hillman:

> "*senza uno strato sufficiente di argento, cadiamo nell'errore di credere [...] che le immagini siano date dall'oggetto immaginato; invece, le immagini appaiono soltanto in uno specchio che abbia un fondo d'argento, capace di rimandarci l'immagine riflessa di noi stessi, noi stessi come immagine*".

Il mondo è dunque l'immagine in azione di un'idea di sé; è il riflesso della propria psiche, o per dirla con un celebre *lila* induista: "***l'universo è lo specchio in cui si riflette il Sé***".
Quanto argento contenuto in una sola frase!
L'universo visto dunque come immagine riflessa da un Sé che vi riflette se stesso: è riflessivo!
È una visione volta verso l'interno quella in cui appare l'universo (verso Uno): universo, specchio e Sé sono tutt'uno, esattamente come ciò che è visto, ciò che vede e il vedere stesso. Per cui si giunge ad affermare, in consonanza con la filosofia ermetica, in analogia con l'Avedanta, in affinità con la tradizione buddhista, in eco della tavola Smeraldina, che tutto ha origine e tutto ha fine nell'uomo: "Abula a intra[86]" ovvero "muoviti dall'interno" o "muoviti verso l'interno", che altro non è se non la sacra via interiore che conduce alla conoscenza di Sé, alla meta dell'Opus alchemico dove mondo manifesto e Sé coincidono e si intercondizionano.

L'incontro di Cenerentola con Venere invita a lavorare sui sensi. La dea è l'emblema della Luce divina che si palesa nella

---

[86] Motto contenuto nel "De Pharmaco Cattolico", testo alchemico del 1665 scritto da Johannes De Monte-Snyder.

stella[87] a cinque punte, immagine dell'uomo mediatore tra Dio e l'Universo. Nel momento in cui l'iniziato abbia domato la materia corporea, Venere dona nuova luce ai suoi sensi (cinque sono le punte della stella e cinque sono i sensi; cinque il numero della Quintessenza, lo spirito che mette in comunione ogni cosa; cinque i petali della rosa mistica, il fiore di Venere), affinché come fari lo guidino non più verso il mero appagamento del desiderio fisico, quanto **piuttosto si volgano all'unico vero oggetto di piacere incondizionato che è Dio**, l'essenza divina racchiusa in ognuno di noi. È il riconoscimento della vera bellezza (dono della dea, appunto) che ognuno di noi esprime e che permette all'adepto di saziarsi in una reciproca comunione di sguardi con il divino che è in sé. È **la *copula mundi***, l'integrazione di Sole e Luna sostenuti da Venere/amore ed Eros/desiderio. La dea attiva la **relazione di riconoscimento** attraverso il risveglio dei sensi interiori (non estroversi e attratti dalle cose del mondo); vivifica il legame con noi stessi collocando la percezione non più nella periferia dei sensi corporei, ma al centro del cuore, dove l'amore assurge al contempo a emanazione, impressione e conoscenza.

**Separare l'azione dai moventi personali;**
**l'amore come unico movente e forma più alta di conoscenza;**
**Albedo;**
**fare e sacro fare;**
**"l'universo è lo specchio in cui si riflette il sé".**

[87] Nel corso di otto anni, il moto del pianeta Venere visto dalla Terra forma una stella a 5 punte con il Sole al centro e la punta rivolta al basso. Il movimento del pianeta è detto "*danza di Venere*": è singolare che la matrigna/Venere riprenda Cenerentola proprio sulla sua incapacità a danzare.

# CAPITOLO 12

La Luce è una soltanto: lo zolfo e la Citrinitas

> *"Io non l'ho più questo bisogno, perché muoio ogni attimo io, e rinasco nuovo e senza ricordi: vivo e intero, non più in me, ma in ogni cosa fuori." (Luigi Pirandello, Uno, Nessuno e Centomila)*

***Allora la fanciulla, tutta contenta, portò il piatto alla matrigna e credeva di poter andare a nozze anche lei. Ma la matrigna disse: "No, Cenerentola; non hai vestiti e non sai ballare; non verrai." Ma Cenerentola si mise a piangere, e quella disse: "Se in un'ora riesci a raccogliere dalla cenere e a scegliere due piatti pieni di lenticchie, verrai anche tu." E pensava: "Non ci riuscirà mai." Quando la matrigna ebbe versato i due piatti di lenticchie nella cenere, la fanciulla andò nell'orto dietro casa e gridò: "Dolci colombelle mie, e voi, tortorelle, e voi, uccellini tutti del cielo, venite e aiutatemi a scegliere: Quelle buone me le date,***
***Le cattive le mangiate."***
***Allora dalla finestra della cucina entrarono due colombe bianche e poi le tortorelle e infine, frullando e svolazzando, entrarono tutti gli uccellini del cielo e si posarono intorno alla cenere. E le colombelle annuirono con le loro testoline e incominciarono, pic, pic, pic, pic, e allora ci si misero anche gli altri, pic, pic, pic, pic, e raccolsero tutti i grani buoni nei piatti. E non era passata mezz'ora che avevano già finito e volarono tutti via.***
***Allora la fanciulla, tutta contenta, portò i piatti***

***alla matrigna e credeva di potere andare a nozze anche lei. Ma la matrigna disse: "È inutile: tu non vieni, perché non hai vestiti e non sai ballare; dovremmo vergognarci di te." Così detto se ne andò con le sue due figlie.***

L'iniziazione impartita dalla matrigna/Venere si ripete ancora una volta, **come a fissarne l'esperienza**. La sfida di Venere si fa più ardua: ora chiede alla fanciulla di riempire ben due piatti di lenticchie buone in una sola ora. Nuovamente Cenerentola ricorre all'ausilio dei suoi sensi sublimati (colombe, tortore, uccellini) e supera brillantemente anche questa prova, aspettandosi di poter finalmente andare al ballo. Ma la donna dice: "*È inutile: tu non vieni, perché non hai vestiti e non sai ballare; dovremmo vergognarci di te.*"
"*Perfida megera!*" Penserete, voi.
Eppure è saggezza quella espressa dalla matrigna/Venere. È come se le dicesse: *sei ancora qui a chiedere di poter venire con noi! Non sei in grado di andare per la tua strada; non hai realmente conosciuto chi sei. Manifestati per ciò che sei!*" Questo è il senso dell'apparente diniego della saggia donna; in realtà trattasi dell'ennesimo invito alla trasmutazione di sé. Che puntualmente avviene.

Il pianeta Venere è stato chiamato sia "*Stella del Mattino*" sia "S*tella della Sera*". In realtà si tratta sempre dello stesso pianeta che viene definito in base al suo manifestarsi in prossimità con il Sole: prima che sorga o dopo il tramonto. Eppure, a lungo ci si è illusi che si trattasse di due corpi luminosi distinti. Solo una volta ogni otto anni, che corrisponde alla durata del suo ciclo, Venere è visibile vicino al Sole nello stesso giorno sia al mattino che alla sera. La Stella del Mattino sorge a est e anticipa la luce del Sole che sta per nascere. Per tale motivo si è meritata l'appellativo di *Lucifero*, ovvero "portatore di luce" e della vita, in contrapposizione a *Vespero* che sorge a ovest

quando anticipa la sera. Tradizionalmente Lucifero è lo strumento stesso della conoscenza[88], raffigurato nella stella a cinque punte emblema della forza della natura, dell'energia sessuale, dell'anima incarnata. È la prima scintilla di Coscienza che appare nel mondo addormentato, vale a dire **il percepire se stessi,** estrarre la Coscienza dall'inconscio **affinché si smetta di cercare al di fuori ciò che risplende all'interno**. Questo è il senso della prima prova che la matrigna/Venere impone alla graziosa fanciulla: attraverso l'iniziazione Cenerentola scopre dentro di sé la forza dello spirito; il connubio tra confine e illimitato, tra opacità e luce, tra passione e volontà, tra dimenticanza e presenza. Lucifero si accende per ridestare dal sogno. Ed ecco che si perviene alla seconda prova (due iniziazioni come due sono le "stelle" che appaiono accanto al Sole. Eppure *la luce è una soltanto)*: pure nella notte più nera Vespero rammenta il bagliore e indica il cammino dell'uomo verso se stesso**, affinché non si inganni a cercare fuori da sé il maestro o la guida**. **Lucifero accende la conoscenza in Sé**; **Vespero la illumina di Coscienza**. Nulla più resta al di fuori di se stessi: né ombre, né talenti, né Maestri.
**Dunque perché supplicare ancora di essere portata al ballo?**

> ***Rimasta sola, Cenerentola andò alla tomba della madre sotto il nocciolo, e gridò:***
> ***"Scrollati pianta, stammi a sentire,***
> ***d'oro e d'argento mi devi coprire!"***
> ***Allora l'uccello le gettò un abito d'oro e d'argento e scarpette trapunte di seta e d'argento. Cenerentola indossò l'abito e andò a nozze.***

Soffermiamoci un istante su quel "*rimasta sola*". Non si tratta di una mera allusione al fatto che sorellastre e matrigna

---

[88] Il frutto della conoscenza è storicamente la mela che, se tagliata a metà, mostra proprio una stella a cinque punte formata dai suoi semi.

si siano recate al ballo. Questo è il momento in cui per la prima volta **Cenerentola letteralmente dissolve dinanzi i suoi occhi le immagini esteriori di ciò che vive dentro di sé** (*la luce è una soltanto*) seppur finora tenuto scrupolosamente separato. Ricordiamo le ultime parole della madre in fin di vita: "*finché sarai buona io ti sarò accanto e Dio ti guarderà dall'alto*". L'esilio della potenza divina in un regno tanto lontano dal proprio Sé è indice di una Coscienza dormiente. Grazie all'ausilio di Venere, ora Cenerentola può andare incontro a se stessa in qualità di divina emanazione, dunque consumare ogni distanza che la separa da Dio.

Dissolte dunque le tre donne, la ragazza le coagula in sé: vede se stessa brillare come una e molteplice e non più frammentata di inconsistenti riflessi. L'Albedo schiude dunque una presa di Coscienza per cui diventa nitida l'egemonia della vita psichica sul mondo: **l'Io del soggetto si espande su tutti gli aspetti della realtà manifesta.**

Finalmente, la nostra fanciulla può rivolgersi a gran voce (con *tutta* la sua voce) alla sua essenza divina, lì sotto l'albero della vita dove realizzerà l'armonia tra lo zolfo e il mercurio alchemici: "*D'oro e d'argento mi devi coprire*".
L'oro è il metallo emblema dell'ultima trasmutazione alchemica così come è il colore del Sole e del giallo zolfo; mentre argenteo è il mercurio come lo è il manto della Luna. L'abito bicromatico rappresenta **l'armonia raggiunta tra le due polarità maschile (zolfo) e femminile (mercurio), i due centri spirituale (Sole) e psichico (Luna)** di cui la saggezza (oro) sarà il prodotto. Difatti, veniamo informati che: "*Cenerentola indossò l'abito e andò a nozze*", vale a dire che ora è pronta per la successiva fase iniziatica[89].

[89] La fase dell'Albedo è anche detta *sposa* e come tale Cenerentola va a nozze. È la fase intermedia tra la rinuncia (Nigredo) e il Regno (Rubedo).

Con l'introduzione del colore giallo tipico dello zolfo, ha lentamente inizio una fase intermedia della Grande Opera, la ***Citrinitas***, o opera al giallo. Questo stadio coincide con il giorno pieno (così come la Nigredo con la notte, l'Albedo con l'aurora e la Rubedo con il tramonto). La Citrinitas porta alla guarigione[90] e al consolidamento, all'equilibrio, alla responsabilità e alla fertilità. Il processo psichico che si manifesta nella gialla luce sulfurea consiste in una corruzione: qualcosa va a male ed è l'Albedo che si sta lentamente consumando, sta ingiallendo. La fiamma dello zolfo accende un nuovo movimento verso il mondo delle cose. E in quanto fuoco che avvampa esso brucia, consuma, trasforma: la materia sottoposta allo spirito del fuoco diviene gialla, prima di raggiungere l'incandescenza della *Rubedo*. Gli abiti e le scarpe della fanciulla sono giallo zolfo, il colore della determinazione, dell'essere assertivi, **motori di se stessi**: non a caso è proprio ora che la fanciulla riesce a recarsi al ballo a insaputa di matrigna e sorellastre. In alchimia lo zolfo è considerato l'equivalete dello spirito, nonché materia prima del Sole o dell'Oro Filosofico. In alcuni scritti è ritenuto maschile, infiammabile, associato al Sole e dotato della capacità di coagulare. Simbolo del fuoco, dell'individualità, dell'attività e della Coscienza. È un non metallo, poiché in grado di guadagnare, attirare a sé elettroni da altri atomi. Il suo moto è estroverso, segue la direzione dell'interesse invitando alle distanze verso la freddezza riflessiva dell'Albedo. Dapprima i sensi della nostra iniziata sono stati ritirati dagli oggetti del mondo fenomenico che esercitava un'attrazione irresistibile chiamata desiderio; in una seconda fase si apprende che tutto quanto si percepisce all'esterno non è altro che Luce propria: la realtà esterna è un riflesso di Sé; ora Il pianeta intrapsichico del bianco argento lunare si colora di un nuovo sguardo teso verso l'esterno, all'altro, che per la prima volta può essere percepito per ciò che è, **non più soltanto mero riflesso di se**

[90] Lo zolfo alchemico viene anche definito acqua santa per la capacità di produrre cambiamenti vivificanti (James Hillman, *Psicologia Alchemica,* 2010).

**stessi, bensì particella divina**. Laddove il mondo era sepolto sotto il manto omologante della psiche individuale ora si è condotti all'incontro: un luogo esterno da cui riflettere su se stessi per conquistare una nuova visione.

Cenerentola è ora nel suo irriconoscibile (nuova visione) splendore vestita di zolfo e mercurio: complementare allo zolfo, quest'ultimo è invece un metallo, seppur liquido, di color argenteo, femminile, altamente volatile (in questa sua peculiarità è ben rappresentato dal dio Hermes con le sue ali sui calzari) e difficile da trattenere. Equivale all'anima ed è associato alla Luna, alla passività, all'acqua.

Apparentemente la bella dei Grimm ha disobbedito alle parole della matrigna. Eppure, ritirate le proprie proiezioni mentali e aperti gli occhi sul vero, ha ancora senso affermare che c'è stata disobbedienza? **Verso chi?** *La luce è una soltanto*.
Si potrebbe sostenere che la nostra iniziata abbia violato i dettami della vecchia idea di sé, contravvenendo al principio di illusoria separazione in cui viveva. Questa è la **disobbedienza radicale**, l'unica su cui fondare il proprio concetto di realtà e libertà. E come in tutte le disobbedienze evolutive, **ci si innamora di se stessi o del divino**.

Tra ogni Cenerentola e l'amore per il sacro che ne abita il cuore si trovano dei limiti solamente in apparenza invalicabili. A ben guardare sono nella propria mente, o meglio: sono la mente. Questo è il limite peggiore, o forse il solo, in cui un uomo possa imbattersi: sono i cancelli degli Inferiche ora la fanciulla ha imparato a sconfinare. E come lei anche Barbablu, Biancaneve, Belle, Pinocchio, Kiriku, Hansel e Gretel, Pollicino, Doroty ci educano a fare altrettanto, a scoprire l'inconsistenza di quelle sbarre.
Oltre il mondo apparente delle forme chiuse della mente (della *lunificazione*) si apre quello della possibilità, dell'eterno movimento circolare con cui si torna a ciò che siamo. È la rottura degli argini, è venire ancora alla luce (zolfo) e scoprire che non acceca.

**Percepire se stessi: non cercare fuori ciò che risplende all'interno;**
**percepire la coscienza in Sé e il Sé come Coscienza: non cercare fuori neppure il maestro;**
**Citrinitas;**
**armonia tra Sole (spirito, maschile) e Luna (anima , femminile).**

# CAPITOLO 13

Il libero arbitrio

*"Dio fornisce il vento ma l'uomo deve alzare le vele." Sant'Agostino*

La disobbedienza di Cenerentola lascia che riecheggi nella nostra memoria l'atto fondante della disobbedienza della cultura occidentale: quello biblico dell' *'iYŠ* e dell' *'iŠaH*, che i più conoscono attraverso i fuorvianti nomi di Adamo ed Eva[91]. Nel suo *Libro della Creazione*, Sibaldi, traducendo dall'ebraico antico spiega che l' *'iYŠ è "**un essere capace di usare soltanto la percezione sensoriale**"* (esattamente come era Cenerentola inghiottita nell'urgenza di recarsi al ballo o come la stragrande maggioranza delle persone) mentre la sua compagna, l' *'iŠaH*, è *"**la capacità di conoscere ciò che è invisibile**"*, il che equivale a poter vedere la realtà per ciò che è, è non per quanto appare ai nostri sensi. Quando nella nostra mente predomina l' *'iYŠ*, il pensiero ha gli stessi limiti del corpo, vale a dire che può considerare e credere soltanto in ciò che i sensi hanno già rilevato: si crede in ciò che si vede, si sente, si tocca. La realtà fisica, materiale, il mondo manifesto aggancia e seduce i nostri sensi. Sono le immagini in movimento, l'azione nel tempo di cui stabiliamo cause ed effetti: una mantide muore ai margini fetidi della strada; un fiore appassisce; il rombo di un aeroplano traccia una scia che spezza in due un Sole di maggio; un vaso cade dal davanzale ai nostri piedi e orme di terra stanno già varcando la soglia di casa; un'arancia marcisce nella dispensa; un marito tradisce, un amico manipola, un cane abbaia, un figlio si buca, un dente cade, una madre muore, un lavoro svanisce. L' *'iYŠ* os-

[91] Nel riportare le citazioni del testo biblico si adotterà la traduzione dell'ebraico antico fatta da Igor Sibaldi nel suo: *Libro della Creazione*, 2011.

serva, registra, giudica e reagisce. Le immagini in movimento hanno catturato i suoi sensi: segue l'odore di marciume e getta via l'arancia ricoperta di muffa; si toglie le scarpe pesanti di terra e costata che ora il suo appartamento è sporco a causa della vicina sbadata ferita da un uomo infedele. I suoi sensi sono prigionieri della gabbia delle apparenze: qualcosa accade, sta avvenendo ora e avrà conseguenze. Questa è l'ordinaria percezione sensoriale in atto.

E poi c'è l' *'iŠaH, "la capacità di conoscere ciò che è invisibile"*. Cosa si vede oltre le forme, oltre i nomi, al di là delle immagini, delle circostanze, delle differenze? Cosa c'è oltre il *velo di Maya* della mia storia personale e del mondo che ho incontrato? **Cosa si estende oltre la superficie visibile delle cose?**

La natura divina di tutte le cose. La perfezione, la purezza, l'eterno, la verità. In questo campo di conoscenza non scorrono immagini; i sensi non vengono catturati da nulla: **semplicemente si riconosce il divino ovunque**. La sapienza della *compagna invisibile* ha come ritirato i sensi dal mondo: le immagini scorrono ma l'attenzione non vi indugia, non ne patisce l'ipnosi. Proviamo a fantasticare di recarci a teatro per assistere a una tragedia di Shakespeare: Macbeth uccide re Duncan. L' *'iYŠ* converrebbe che Sir William, l'autore, è un assassino. L' *'iŠaH* applaude estasiata dinanzi alla grandezza poetica del drammaturgo inglese. L' *'iŠaH* non crede a quanto è visibile, alla tragedia che si consuma sulle tavole di un palcoscenico. Sa che si tratta solo di immagini, non di verità: nulla sta realmente accadendo; è solo il gioco del "*come se*", l'arte dell'intrattenimento o il sacro *Lila*. L' *'iYŠ* vede atti malvagi e si indigna, soffre, piange, avverte il peso della sconfitta, l'amaro dell'ingiustizia; l' *'iŠaH* è grata per l'eminente poetica che le è stata donata.

I molti *'iYŠ* che popolano la terra credono di essere nati, di mangiare, di unirsi in copule, di urinare, di sanguinare, di lavorare e di morire. Credono alle immagini, alle gesta recitate, alla storia nel tempo. L *'iŠaH* ha ritirato i sensi dal mondo: è nel mondo ma non vi appartiene. Non cede alla seduzione dei personaggi in scena poiché **dietro ognuno di essi rileva la grandezza dell'Autore**. Non importa ciò che facciano o dicano: siano giovani fanciulle disposte a tutto per amore o brutali assassini. La sua conoscenza non si ferma a quanto è visibile, a ciò che appare. L' *'iŠaH* vede soltanto la causa prima, il demiurgo, il drammaturgo, l'architetto, Dio. E vede bene la verità: che ogni forma, che ogni aspetto fenomenico, a prescindere dalle condizioni che ne caratterizzano la manifestazione, che ogni essere è sempre e solo la Luce divina che offre se stessa affinché ognuno di noi possa veramente **vedersi, oltre l'inganno del visibile**. *La luce è una soltanto.*

Ci troviamo, dunque, di fronte a **due facoltà percettive**, due qualità dell'animo umano e non a due fantomatici Adamo ed Eva. YHWH, Dio dell'essere, strappa l' *'iŠaH* fuori dall' *'iYŠ*[92], separa quindi la percezione animica da quella meramente sensoriale. È ciò che avviene anche per Cenerentola: un cambiamento nell'attività della mente viene indotto dalla prassi iniziatica della divisione delle lenticchie.

L'ormai celebre *costola* biblica è indicata in ebraico con il termine *ZeLa'*, "*ciò che si diparte e si prolunga indefinitivamente*[93]": è un diramarsi e crescere in una moltitudine di direzioni, come infiniti sono gli abiti da poter indossare. **Questa possibilità di crescita rappresenta la *compagna invisibile***, la Coscienza animica incondizionatamente **libera dal gioco delle cause e degli effetti**, dal procedere del tempo, dalle frontiere

---

[92] Nelle versioni consuete viene scritto:

> "*Allora il Signore Dio fece scendere un torpore sull'uomo, che si addormentò; gli tolse una delle costole e rinchiuse la carne al suo posto. Il Signore Dio plasmò con la costola, che aveva tolta all'uomo, una donna e la condusse all'uomo*" Genesi 2,21.

Sibaldi ricostruisce la seguente traduzione dall'ebraico antico:

> *"E YHWH 'Elohiym suscitò un torpore sull''adam* (l'umanità che vive fuori dal divenire, che nelle versioni ordinarie diviene "Adamo", ndr) *che si addormentò. E spezzò uno dei suoi lati e ne dissimulò con una forma corporea la parte inferiore. Così YHWH 'Elohiym ricostituì quel lato che aveva spezzato all''adam*". Igor Sibaldi: *Libro della Creazione*, 2011.

[93] Ibidem.

dello spazio, dagli spigoli della forma, dalla schiavitù dei sensi. *'iYŠ* e *'iŠaH* si trovano nell'Eden (un recinto fuori dal tempo, fuori dal divenire, dunque) sotto l'*albero della conoscenza del bene e del male* (il nocciolo della nostra eroina). Qui si impara la disobbedienza evolutiva. Il maestro questa volta ha il sembiante di un serpente.
Sì, il sembiante. Con quali occhi vogliamo guardare il serpente? Con quelli di una servetta rassegnata al buio, che nella matrigna sa vedere solo una megera, o con i sensi ridestati il cui sguardo attraversa la forma apparente della matrigna come fosse un numinoso varco?
A ognuno di noi si rimette sempre la scelta.
E il maestro non è lì a tentare più di quanto non lo fosse la matrigna/Venere.
Il dialogo fra il serpente e l''iŠaH, al di là dei consueti fraintendimenti a cui siamo stati indottrinati, andò più o meno così:

> *Il serpente disse all''iŠaH: «È per ciò che vi ha detto 'Elohiym? È per questo che non vi nutrite dell'albero della Conoscenza (*del bene e del male, ndr*)?» È iŠaH disse al serpente: «... 'Elohiym ci ha comandato così, perché se lo mangiassimo moriremmo». E il serpente le disse: «Non è vero. Non morireste. E 'Elohiym sa che quando mangerete quel frutto i vostri occhi si apriranno e diventereste come Dio, conoscendo il bene e il male». (Genesi 3,1-5)*

È come se la matrigna/Venere parlando alla Coscienza animica della giovane avesse chiesto:

> *"è per quello che ti ha detto la tua mamma che non vuoi disobbedire e andare da sola al ballo- cogliere il frutto della Conoscenza del bene e del male-?"*

E Cenerentola rispondesse:

> *"la mamma ha detto che se non sarò sempre e solo*

*buona e docile, lei e Dio mi abbandoneranno". "Non è vero. Non ti abbandoneranno - non morirai -. E la mamma sa che quando andrai al ballo i tuoi occhi si apriranno e sarai uguale a Dio per la conoscenza del bene e del male".*

L'albero del bene e del male non ha due frutti: uno buono e uno cattivo. Il frutto è unico, non sono due entità separate, bensì un unico processo, **chiave dell'armonia di tutte le cose**. *La luce è una soltanto.*
È male che il leone divori la gazzella? O è un bene che la vita offra se stessa alla vita? È *bene-e-male*. È male che un seme muoia o è un bene che dalla sua morte nascano frutti? È *bene-e-male*.
Questo è il grande e sacro *Lila*. **Lila è il termine sanscrito che indica il gioco della manifestazione con il quale il Creatore si intrattiene e mette in essere l'universo**. Il demiurgo resta dietro le quinte, mentre la danza di Shiva si muove tra i passi vorticosi di nascite e morti che ciclicamente si susseguono. Lila vuol dire proprio "*passatempo, distrazione, simulazione*".

Sai Baba diceva:

> "*Maya*[94] *crea l'Universo; dispiega davanti alla mente l'immenso armamentario del mondo oggettuale. È una nartaki, una ballerina, un'incantatrice giocoliera che seduce l'intelligenza e adesca i sensi. Questa nar-ta-ki può essere rabbonita con il ki-rta-na, la contemplazione concentrata sulla gloria di Dio. La mente è tutta ammirata dai giochetti del prestigiatore, finché non viene a sapere che tutto ciò è voluto e causato dal giocoliere; saputo ciò, si rimane convinti che sono tutti lampi temporanei di Maya, parate attraenti, ma effimere. Il kirtana rivela il giocoliere che sta dietro il gioco, e voi sapete che Egli*

---

[94] Mentre Maya fa apparire le cose diversamente da come sono in realtà, Lila è l'intrattenersi consapevolmente al gioco divino.

*può ben di più, perché sono infinite la Sua Sapienza, la Sua Potenza e la Sua Grazia. Come la vostra ombra s'accorcia un poco a ogni passo che fate verso il Sole, finché sparisce sotto i vostri piedi, quando il Sole è a picco sul vostro capo, così Maya diventa sempre meno potente mentre voi andate verso la conoscenza, finché, una volta ben stabilita nella vostra comprensione, impotente a ingannarvi, cade ai vostri piedi e per voi sparisce. Anche se voi, nel mondo del dualismo, non potete sapere come s'è originata questa Maya, potete sapere come può essere distrutta insieme con i suoi effetti. Essa non ha principio, ma ha fine per chi ottiene la luce che nega le tenebre"*[95].

Questa è una profonda conoscenza esoterica ed è divina, appartiene a Dio **che sia il Dio dell'essere quanto quello del divenire: eternità invisibile e manifestazione temporale ricadono entrambe sotto il suo dominio**. Il testo biblico sembra porre però dei limiti: l' *'adam* (nelle versioni consuete diventa l'uomo o Adamo), ovvero l'umanità che vive fuori dal divenire, non deve nutrirsi di questo frutto, poiché il giorno che lo farà (dunque *YHWH 'Elohiym - tutta la Divinità* - sa che lo farà) ne morirà. E mi pare riecheggi Hillman: *"La crescita dell'anima non può che avvenire attraverso la morte, il più grande opus contra naturam*"[96].

Vivere fuori dal divenire equivale a essere immuni dalle seduzioni sensoriali, dalle immagini in movimento e dal tempo. È uno stato di Coscienza totale ma indifferenziata come lo era per l'essere indiviso prima che avvenisse l'estrazione della capacità di vedere ciò che non è visibile. Ma allora perché si rese necessario intervenire per operare questa scissione?
Perché quell'essere, proprio a causa delle sue facoltà percettive, non era sensibile alle differenze, dunque non era in grado di ef-

---

[95] Sai Baba, discorso dell'8 settembre 1966 in occasione della ricorrenza della nascita di Krishna in *Discorsi 1964-67*. Volume V.

[96] James Hillman, *Il suicidio e l'anima*, 1964.

fettuare alcun tipo di scelta e, pertanto, non esercitava alcun grado di libertà nel gioco divino.
**Essere come Dio per la conoscenza del bene e del male equivale a saper entrare anche nel divenire, a co-creare cioè il tempo, o meglio, ad averne la percezione necessaria a crearlo.** Per l' *'iYŠ* e l*'iŠaH* finora chiusi fuori dal divenire, dall'accadere degli eventi, accanto all'eternità si fa spazio il tempo.
Sono entrambi dimensioni della mente eppure sono in conflitto: "*se lo mangiassimo moriremmo*". Come può morire qualcosa che esiste al di là del tempo? Il frutto proibito immette un cambiamento: estrae dall'eternità la dimensione temporale, e quindi con essa il dubbio. Ed è questo che insinua il serpente nell' *'iYŠ* e nell *"iŠaH*: **la "forza del dubbio"** che **deve essere trasformata in "potere della scelta", nella fede**. Il dubbio viene in essere proprio ora che coesistono due facoltà percettive distinte, laddove prima ve ne era una soltanto. **Ogni volta che si dubita di qualcosa o qualcuno, stiamo in realtà dubitando della nostra percezione**: come vedere ciò che si palesa al mio sguardo? Con gli occhi di *un essere capace di usare soltanto la percezione sensoriale* o facendo appello alla propria *conoscenza di ciò che è invisibile*? La percezione sensoriale ha ovviamente a che fare con il tempo e con lo spazio, con tutto quanto ha limiti e con la materia deperibile, attaccabile: se ho un corpo posso essere ferito e sanguinare; se ho un ruolo potrei perderlo; se ho un'idea di me dovrò difenderla; se commetto errori ne pagherò le conseguenze. **La compagna invisibile trascura ogni dato sensoriale, spazio e tempo inclusi. Questa facoltà percettiva abita nella mente divina (è YHWH, Dio dell'essere, che la porta alla luce) e pertanto è la sola in grado di percepire la realtà unica oltre il molteplice della manifestazione**, vale a dire: Dio, la natura divina, aldilà di qualsiasi accadimento o circostanza, resi dunque incapaci di toccare ed eccitare i sensi orientati al divino[97]. Percezione, quella sensoriale dell' *'iYŠ,* e

---

[97] È Cenerentola che separa le lenticchie dalla cenere con l'ausilio degli uccelli, pertanto non stabilendo contatto alcuno tra i semi e il suo corpo. Inol-

appercezione[98] quella dell' *'iŠaH*. Per l' *'iŠaH* esiste una sola realtà, che non conosce conseguenze, né possibilità di attacco o difesa, di perdita o di conquista, di peccato o punizione.
Il dubbio si insinua proprio a seguito della separazione di queste due istanze percettive, quindi quando si acquisisce la consapevolezza di possederle entrambe (iniziazione con le lenticchie).
Ed è proprio questo dubbio a permettere l'accesso alla consapevolezza di sé: si tratta di scegliere se *divenire* colpevoli di un'infrazione e passibili di punizione o aprire gli occhi per vedersi simili a Dio, abitanti della mente divina, innocenti e puri aldilà degli eventi. **Divenire ed essere**. In assenza di dubbio non si dà la scelta e, pertanto, non vi sarebbe alcun libero arbitrio da esercitare, né possibilità di conoscere se stessi.
Il modello da perseguire, per intenderci, è **l'uomo nuovo o il Cristo, figlio di una percezione immacolata e vergine, Maria, e di una che è data dalla somma degli eventi temporali, "l'attempato" Giuseppe.**
Le scritture sacre sono ricche di indicazioni sulle due distinte istanze percettive come nel celebre racconto sull'apostolo Tommaso:

> "*Tommaso, uno dei dodici chiamato Didimo, non era con loro quando venne Gesù*[99]. *Gli dissero gli altri disce-*

---

tre, la prova iniziatica viene svolta in un tempo eccezionalmente rapido poiché questa nuova facoltà percettiva è svincolata dagli impedimenti materiali e dai vincoli spazio-temporali.

[98] Fu Leibniz a introdurre il termine appercezione per indicare una forma particolare di percezione mentale, che si distingue per chiarezza e consapevolezza di Sé. È la "percezione della percezione", ossia la percezione massima perché situata al più alto livello di autocoscienza.

[99] Non è un caso che io abbia scelto questo brano dei vangeli su "*Tommaso, detto Didimo*". In realtà "*Didimo*" è la traduzione greca della parola aramaica "*Tôma*"" che vuol dire "*gemello*". Tommaso vuol dire gemello e il gemello è un doppio, è un "uno" diviso in due, dunque un dubbio, ovvero l'occasione della scelta, del libero arbitrio con il quale l'apostolo, dopo aver dubitato, abbraccia la fede. Cristo risorto mostra a Tommaso il "sensoriale" i segni della vittoria sul tempo, sulla morte; apre i suoi occhi e lo rende, per la conoscenza del bene e del male, in tutto simile a se stesso, gemello: «*Per-*

*poli: «Abbiamo visto il Signore». Ma egli disse: «Se non vedo nelle sue mani il segno dei chiodi e non metto il mio dito nel segno dei chiodi e la mia mano nel suo fianco, non credo». Otto giorni dopo i discepoli erano di nuovo in casa e c'era con loro anche Tommaso. Venne Gesù a porte chiuse, si fermò in mezzo a loro e disse: «Pace a voi». Poi disse a Tommaso: «Metti qui il tuo dito e guarda le mie mani; tendi la tua mano e mettila nel mio fianco; e non essere incredulo ma credente». Rispose Tommaso: «Mio Signore e mio Dio». Gli disse Gesù: «Perché mi hai veduto tu hai creduto; beati quelli che credono pur senza avere visto»"* (Gv. 20, 24-29).

La proibizione divina è un limite, eppure superabile. È un **divieto iniziatico, che chiede cioè di essere valicato, ma soltanto previa attivazione della modalità percettiva adeguata**. È ancora una volta la metafora dell'abito che torna in uno dei suoi innumerevoli significati: così come ogni occasione merita un abito adatto alle circostanze – non si può andare a un galà in tenuta ginnica – così **certi precetti valgono per una percezione ordinaria** o per un dato grado di Coscienza, eppure **cambiando modalità percettiva (ci si cambia l'abito) si può essere ammessi al galà**. In alchimia questo rappresenta un dato molto importante: le fasi devono osservare un certo ordine. Non si può, a esempio, ricongiungere ciò che non è stato ancora separato e non si può pervenire all'oro senza aver fatto l'argento necessario a irrobustire il metallo prezioso.
Cenerentola può recarsi al ballo (vincere la proibizione) solamente dopo essersi cambiata d'abito, a condizione, dunque, che osasse scegliere (esercitasse il libero arbitrio) di **percepirsi aldilà dell'errore o del peccato**, oltre la necessità di perdono o punizione. La fede nel peccato implica un esilio del divino: è come dire che mentre si commette un errore Dio sia in qualche modo assente e distratto, oppure fallace. Se l'uomo può peccare e quindi ribellarsi a Dio deve trattarsi di una divinità debole e

---

*ché mi hai veduto tu hai creduto».*

pertanto inferiore all'uomo stesso. Questa è la percezione ordinaria di tanti *'iYŠ:* si condanna l'errore dell'altro e lo si usa per giustificare la propria rabbia; chi ha sbagliato deve pagare! Questa è la fede nel peccato, figlia della percezione sensoriale e dell'idea di essere un corpo nel tempo. Agli occhi chiusi dell' *'iŠaH* non v'è mai stato peccato, solo errori percettivi a cui prontamente giungerà la correzione del perdono. Il discepolo giunge sempre sin dove è chiamato a scegliersi: "*vado o non vado al ballo? Mangio o non mangio il frutto? Credo o non credo alla resurrezione di Gesù?*". **Optare per una conferma del dato sensoriale non rappresenta un vero esercizio del libero arbitrio**: "*so che se disobbedisco e vado al ballo verrò abbandonata da Dio e dalla mamma*"; "*so che se mangio il frutto morirò*"; "*so che Gesù è morto quindi non hanno potuto vederlo*". **La vera scelta chiama alla libertà dai vincoli sensoriali,** dai fatti accaduti; se volete, chiama alla fede, o alla percezione propria della compagna invisibile. Per Cenerentola, l'unico ostacolo da superare per andare al ballo era la presenza **visibile** della matrigna con le sorellastre eppure a un certo punto spariscono dalla scena: non si vedono più o non si vede più come prima; per l' *'iYŠ e* l' *'iŠaH* era la certezza di morire che il serpente annulla con un "*si apriranno i vostri occhi*"; per Tommaso il limite era rappresentato da ciò che aveva visto nel tempo, vale a dire un Gesù morto mentre ora deve accogliere un nuovo vedere che vince quanto è stato registrato dai propri sensi. **Aprire gli occhi all'invisibile** equivale a vedere se stessi come non si è mai fatto sinora e quindi a farsi un nuovo abito.

L' *'iŠaH* prese il frutto, ne mangiò e ne diede all' *'iYŠ* che era con lei, il quale fece altrettanto. Così si aprirono gli occhi di entrambi e seppero che erano nudi (non avevano l'abito!) dunque, intrecciarono ghirlande di foglie di fico e fecero danze (ecco i due elementi *contra naturam* del farsi il vestito e darsi alle danze). Prima di "disobbedire", ovvero prima che venissero aperti loro gli occhi, l' *'iYŠ* e l' *'iŠaH* non sanno di essere nudi, il che equivale a dire che non percepiscono distinzioni, dunque

non possono conoscere, poiché la conoscenza avviene solo per differenza. E non possono nemmeno congiungersi, poiché solo ciò che è stato diviso può essere riunito.
È proprio ciò che accade alla nostra fanciulla che veste sempre un solo identico abito e che non sa muovere passi differenti dal trascinare i suoi pesanti zoccoli di legno. Per quanto in possesso di entrambe le facoltà percettive, **come ognuno di noi**, la giovane iniziata non è in grado di discernere tra le sue differenti potenzialità. L'abito monocolore o la nudità rappresentano l'abitudine alla prigionia condizionata da una modalità percettiva indifferenziata, sconosciuta a se stessa nelle sue componenti: l' *'iYŠ* conoscerà l' *'iŠaH* soltanto dopo la sua estrazione. Pertanto, la nudità biblica, non è in riferimento al corpo (stiamo parlando di modalità percettive e non di individui) quanto piuttosto all'indifferenziazione, alla mancanza della possibilità di scelta (libero arbitrio) in cui avevano vissuto sino a quel momento l' *'iYŠ* e l' *'iŠaH*, così come Cenerentola.
E cos'e che fa la differenza? **Cosa permette davvero la scelta? La scoperta di un nuovo punto di vista**, di uno sguardo volto per la prima volta verso l'esterno eppure teso alla comprensione del reale per ciò che veramente è: non più una mente individuale chiusa nel limite delle proprie percezioni sensoriali, ma nemmeno la sterile riflessione di una psiche che interpreta il mondo come prolungamento di se stessa. Bensì **la congiunzione di due visioni rinnovate in grado di incontrare il mondo come immagine eppure rinvenire dietro ogni figura l'invisibile presenza che accomuna ogni manifestazione del creato, ovvero la mente divina.** Questo nuovo orizzonte prospettico è il punto da cui riflettere su se stessi, o in cui incontrarsi per riconoscersi nel coraggio della scelta.
L'altro, l'alterità, vengono percepiti da una modalità *'iYŠ*, maschile, calda, come il sangue che infiamma i sensi e muove a desiderio (Cenerentola vuole andare al ballo), eppure c'è anche l' *'iŠaH* che vede in quel desiderare non un'opportunità di conseguire un risultato, bensì la possibilità di conoscere se stessa oltre il giudizio circostanziale, dunque cogliere il frutto della

conoscenza del bene e del male. **Nessuno può conoscersi da solo**, come è altrettanto improbabile entrare in contatto con la mente divina senza poterla incontrare in ogni essere o aspetto della manifestazione. Ecco perché non è sufficiente conquistarsi un'anima individuale. È necessario comunque pervenire all'*anima mundi*, all'anima del mondo o allo spirito attraverso il riconoscimento di se stessi nella perfezione divina implicita in ogni cosa o essere: è il soffio di Dio che anima ogni forma, quell'invisibile legame tra tutte le espressioni della vita; l'incanto sonoro che fa danzare le immagini corporee, che sa stregare i sensi.

Fintanto che si resti in Albedo il mondo è un monologo psicologico, annesso all'anima individuale: ovunque si volga la percezione dell'alchimista preso nell'Opera al bianco, essa vede sempre se stessa; è una continua fredda riflessione che torna su di sé, senza esporsi all'altro (l'argento, metallo dell'Albedo, si ossida facilmente all'aria); è una realtà psichica congelata, asciutta. **La Citrinitas invece apre lo sguardo al mondo esterno, all'altro, di me il medesimo** ma attraverso il tradimento di un'idea di sé vincolata alla percezione sensoriale: "*io, Cenerentola, buona e docile, ora disobbedisco. E resto comunque l'essere puro che sono*"!

Il giallo è il colore delle emozioni: la codardia, la gelosia, la solarità, il calore; annuncia e accende il cambiamento. È l'estroversione che mancava all'Albedo: **l'interesse (universale e non più personale) muove i suoi passi verso il mondo esterno** e invita l'anima a prendere le distanze dalla fredda riflessione della *lunificazione* e a entrare in un caldo contatto fusionale con gli oggetti del mondo manifesto, **impreziosito del giallo oro dei raggi solari** (l'onnipresenza di Dio). È la conquista della vitalità per mezzo del calore, del desiderio che spinge a guardarsi attraverso gli occhi di un altro: "*per vedere dentro se stessi occorre un elemento esterno alla soggettività*[100]". L'anima ora conosce se stessa e si comprende grazie all'incontro con lo spirito da cui si è differenziata.

---

[100] James Hillman, *Psicologia Alchemica*, 2010.

Per la maggior parte delle persone esiste il male oppure il bene: una cosa è cattiva o buona; l'una esclude l'altra (come per i nostri antenati la Stella del Mattino non poteva essere la Stella della Sera) e condiziona inevitabilmente le proprie scelte. L'intelligenza del loro cuore è ancora inerme, nuda, poiché non si sono superate le prove iniziatiche che la vita ha offerto. Quando si impara a vedere ("*si aprono gli occhi*") ci si fa l'abito (si tratti di foglie di fico o del vestito che l'uccellino seduto sul sacro nocciolo crea), ovvero si conosce l'unione tra gli opposti e la saggezza del *bene-e-male,* **l'equanimità del giudizio**[101] **e la giustizia del perdono**. A ben guardare, Cenerentola non sarebbe potuta andare al ballo finché si fosse solo limitata a dividere le lenticchie: "*quelle buone me le date, le cattive, le mangiate*", così come separava le sue condotte in obbedienza/innocenza versus disobbedienza/peccato. Sino a quando vige questa dualità (percezione sensoriale versus conoscenza dell'invisibile) non ci si è nutriti dell'albero del bene e del male: si è nudi e ciechi, come un bimbo appena uscito dal grembo materno. Ciò che permette alla nostra bella di recarsi al ballo è proprio il violare l'interdizione materna di essere buona e docile e il divieto della matrigna: **disobbedire senza per questo identificarsi con colei che sta disobbedendo; conoscersi come essere puro al di là delle manifestazioni fenomeniche.**

Armonizzare le due nature interiori (*'iYŠ*-ed-*'iŠaH,* psiche-ed-anima, *bene-e-male, maschile-e-femminile, vita-e-morte, divino-e-terreno, spirito-e-materia, eterno-e-tempo, invisibile-e-visibile*) apre l'accesso alla conoscenza, che è sempre conoscenza di sé: in un certo qual modo, non si possiede più un unico e indistinto punto di vista parziale ma neppure ambivalente. **Si perviene a**

[101] Dice Krishna:

"*distaccato dal mio e dall'Io, uguale nel dolore e nel piacere, paziente, sempre soddisfatto. Colui che è indifferente [...] che non esulta, che non odia, non si affligge,, non aspira a nulla [...] che è uguale verso il nemico e l'amico, così come verso l'onore e il disonore, che rimane lo stesso nel freddo e nel caldo uguale nel biasimo e nella lode, silenzioso, che s'accontenta di tutto [...] quell'uomo m'è caro*". Bhagavadgītā, canto XII, 13-19.

**una terza visione che è al contempo Coscienza e conoscenza.** Ed è l'accesso a questo livello iniziatico che conferisce il libero arbitrio. Nella storia narrata dai Grimm si dice che: "*Cenerentola indossò l'abito e andò a nozze*". Non al ballo, ma a nozze! È questa la sacra unione delle due polarità.

**Percezione sensoriale e conoscenza dell'invisibile;**

**armonizzare le due nature interne;**

**divenire ed essere, Maya e Lila;**

**il libero arbitrio: la forza del dubbio diviene il potere della fede;**

**la scelta chiama alla libertà dai vincoli sensoriali: fede ovvero aprire gli occhi all'invisibile;**

**equanimità del giudizio.**

# CAPITOLO 14

Giove e Il vaso alchemico

*"Tutto è pieno di dèi" diceva Talete all'alba della filosofia; all'altro capo, a quel crepuscolo cui siamo giunti, possiamo affermare, non solo per bisogno di simmetria, ma anche per rispetto dell'evidenza, che "tutto è vuoto di dèi." (Emil Cioran, L'inconveniente di essere nati, 1973.)*

***Ma le sorelle e la matrigna non la riconobbero e pensarono che fosse una principessa sconosciuta, tanto era bella nell'abito così ricco. A Cenerentola non pensarono affatto, e credevano che se ne stesse a casa nel sudiciume. Il principe le venne incontro, la prese per mano e danzò con lei. E non volle ballare con nessun'altra; non le lasciò mai la mano, e se un altro la invitava diceva: "È la mia ballerina."***

Nella fiaba dei Grimm il ballo al castello non avviene mai in notturna. Pertanto liberate la memoria dal fardello della mezzanotte che scocca! Le tre giornate in cui si scandisce il ballo a nozze si svolgono in una luce diurna, mentre a sera Cenerentola fuggirà via spogliandosi degli abiti lussuosi di cui l'uccellino magico la veste ogni volta.
Perché la fanciulla ora scappa davanti all'oscurità? Probabilmente ci sono ancora stanze della sua mente che non osa aprire

(così insegna Barbablù). Eppure c'è un'altra ragione: con le tre giornate di danze ha inizio una fase intermedia della Grande Opera, la Citrinitas, o opera al giallo, che come abbiamo visto coincide proprio con il giorno pieno. A questo stadio dell'opera avviene la combustione (a cui si allude al termine del primo giorno di danze, quando Cenerentola tornata nella sua cucina si trova a vegliare una fiamma che stenta ad avvampare): **è la materia che brucia e si avvia a essere incandescente**, ovvero rossa, come nella Rubedo, la fase successiva. Ma prima di diventare rossa la materia sotto l'azione dello spirito solare del fuoco diviene gialla.
Un elemento tipico dell'Opera al giallo è il contatto con il vecchio Saggio: nelle vesti di questo personaggio troviamo ancora una volta il padre della nostra bella, il quale interverrà per liberarla da ulteriori limiti. L'archetipo del Vecchio saggio **infonde nell'Io che viene processato la propria esperienza**, la facoltà del ragionare e di prevedere; autonomia ed equilibrio; desta la chiarezza portando alla luce ciò che prima era nascosto e confuso. Solitamente viene rappresentato come un consigliere: è colui che sa, che conosce il passato, il presente e il futuro, poiché ha accumulato molta esperienza. Talvolta possiede le virtù del Mago ed è il simbolo del principio spirituale. Compare nella vita di ognuno quando si devono compiere scelte difficili e importanti poiché invita alla libera presa di Coscienza: **egli è in grado di vedere oltre la situazione oggettiva** e conosce quali strade possano condurre l'eroe alla meta evitandone i pericoli. E difatti il Principe chiederà consiglio proprio al padre di Cenerentola su come poter ritrovare la bella sconosciuta che puntualmente si dilegua non appena cala la sera.

Cenerentola, nel suo irriconoscibile splendore è vestita di zolfo e mercurio[102], avvolta in un abito d'oro e d'argento: per

---

[102] I tre principi fondamentali dell'alchimia sono lo zolfo, il mercurio e il sale.
Lo zolfo, di colore giallo, è considerato l'equivalete dello spirito, nonché materia prima del Sole o dell'Oro Filosofico. In alcuni scritti alchemici è ritenuto maschile, infiammabile, associato al Sole e dotato della capacità di

tutto il corso della celebrazione diurna splende come lo zolfo solare; a sera torna a essere la Luna color argento-cenere o mercuriale. Durante i festeggiamenti al "castello" il Principe la prende per mano e la definisce: "*la mia ballerina*". Proprio lei che non sapeva ballare ora è una ballerina. Che valore ha definirla in tal modo?

Compiere un rito significava, in origine, danzare: tramite il coinvolgimento dinamico del corpo, l'individuo trascendeva il suo Sé corporeo, per **fondersi con il suo Sé spirituale**. La ballerina lascia che sia la musica a muovere i suoi passi: sa **arrendere i propri sensi**. La danza è disciplina e autocontrollo, perfetto equilibrio e vertigine. Può essere interessante riportare alcuni dati relativi a studi condotti sui danzatori sufi, i dervisci rotanti, la cui area visiva sinistra temporale risultava più sottile della norma. Ciò sembrerebbe causare un'alterazione dell'ordinaria percezione dello spazio e del corpo così come accade nelle meditazioni prolungate[103]. Pensiamo al suono dei ritmi tribali, al

---

coagulare. Simbolo del fuoco, dell'individualità, dell'attività e della Coscienza. È un non metallo, poiché in grado di guadagnare, attirare a sé elettroni da altri atomi.

Il mercurio, complementare allo zolfo, è invece un metallo, seppur liquido, di color argenteo, femminile, altamente volatile (in questa sua peculiarità è ben rappresentato dal dio Hermes con le sue ali sui calzari) e difficile da trattenere. Equivale all'anima ed è associato alla Luna, alla passività, all'acqua.

Solve et coagula.

Il sale è un composto ottenuto, non a caso, da un metallo e un non metallo. In alchimia è ritenuto un elemento di equilibrio, vicino sia all'acqua (mercurio) che al fuoco (zolfo). Esso dunque stabilizza le qualità femminili e maschili, di Luna e Sole. Simbolicamente rappresenta il corpo, o meglio, uno spirito solidificato. È nel sale che zolfo e mercurio trovano la loro unione, le loro nozze sacre.

Mentre l'Albedo è dominata dalla simbologia femminile della Luna e del Mercurio, l'opera al giallo è retta dall'energia maschile del Sole e dello zolfo. Le due polarità si fisseranno nella fase finale della Rubedo, l'ultima trasmutazione alchemica che vede la nascita dell'essere nuovo, l'androgino.

[103] "*A Possible Role of Prolonged Whirling Episodes on Structural Plasticity of the Cortical Networks and Altered Vertigo Perception: The Cortex of Sufi Whirling Dervishes*", studio pubblicato sulla rivista scientifica Frontiers in Human Neuroscience, 23 gennaio 2017, a cura di: Yusuf O. Cakmak,

modo in cui la ripetizione scandita di certe armonie favorisca l'entrata in un altro stato di Coscienza in cui non è più la struttura egoica a farla da padrone, bensì si viaggia in una dimensione spirituale impersonale **in cui l'Assoluto si rivela**. In ogni tradizione o cultura la danza, da sempre, si è offerta come strumento di comunicazione con il divino. Nel nostro caso, l'abbraccio danzante tra Cenerentola e il suo Principe celebra la sintesi degli opposti. **Cenerentola è ora la vita che si danza**.

Confusi nella memoria disneyana non tutti ricordiamo che il ballo a corte si svolge nell'arco di tre giornate e non una. Ancora il sacro numero tre.

> ***Cenerentola danzò fino a sera, poi volle andare a casa. Il principe disse: "Vengo ad accompagnarti," perché voleva vedere da dove veniva la bella fanciulla, ma ella gli scappò e balzò nella colombaia. Il principe allora aspettò che ritornasse il padre e gli disse che la fanciulla sconosciuta era saltata nella colombaia. Questi pensò: Che sia Cenerentola? e si fece portare un'accetta e un piccone per buttar giù la colombaia; ma dentro non c'era nessuno. E quando rientrarono in casa, Cenerentola giaceva sulla cenere nelle sue vesti sporche e un lumino a olio ardeva a stento nel focolare. Ella era saltata velocemente fuori dalla colombaia ed era corsa al nocciolo; là si era tolta le belle vesti, le aveva deposte sulla tomba e l'uccello le aveva riprese; ed ella nella sua palandrana grigia si era distesa sulla cenere in cucina.***

La prima giornata volge al termine e cala la sera. Cenerentola sta per andare via ma il Principe cerca di trattenerla poiché

---

Gazanfer Ekinci, Armin Heinecke e Safiye Çavdar.

vorrebbe accompagnarla e scoprire da dove provenga, ovvero vuole apprendere la sua verità. Si può appartenere al proprio passato, a un'idea di se stessi, a un ruolo oppure essere posseduti da una passione; così come si può appartenere alla vita. L'iniziata si sottrae alla curiosità del Principe e scappando si nasconde in una colombaia.
Questo movimento verso l'alto inaugura il conseguimento di un'ennesima tappa evolutiva, questa volta ispirata dalle maestrie di **Giove**. Quando il nume pronuncia il nostro nome o bussa alla nostra porta possiamo entrare in **contatto con la sacralità della vita**, quel senso che permette di guardare lontano senza perdere il contatto con la propria verità interiore. Gli influssi gioviali attivano in ogni adepto la **suprema fede in qualcosa che si percepisce ma che ancora non può essere vista** e lo muovono al suo conseguimento.
In alchimia Giove ha a che fare con la ***sublimazione***: la sua potenza ci travolge quando dobbiamo conquistare una nuova, più elevata visione delle cose, quando è necessario comprendere quale sia la nostra essenza, la parte più vera di noi. "***Sublimare***" **è proprio elevarsi a uno stato superiore**. Ma questo può avvenire soltanto dopo aver riconosciuto o meglio, riconquistato la propria umanità. La qual cosa, per la ragazza dei Grimm, avviene grazie alla fase della Citrinitas.

**L'energia di Giove scalda il coraggio, l'azione del cuore, elevandone gli scopi e le mete** (in latino "*sublimis*" sta per "*alto*"). È questo che offre il nume: la possibilità di volare in alto (Cenerentola finisce dapprima in su a una colombaia, poi tra le cime di un albero). Sono movimenti a salire che caratterizzano la forza gioviale, permettendo, a chiunque ne venga toccato, di conquistare la posizione dell'**osservatore**: colui che guarda, appunto, dall'alto. In tal modo **la Coscienza prende le distanze**, non si identifica con le forze inconsce che pure agiscono, ma le padroneggia sovrastandole. Un'altezza simile non sente la necessità del giudizio, della critica, né del rifiuto: osserva, testimonia. L'esperienza è vissuta, non v'è rinuncia alcuna, bensì abbondanza, quando Giove ci sorride; nel vivere l'evento si gode di una prospettiva più ampia che libera dalle costrizioni e dai limiti dell'agire mondano. Nel momento in cui ci si eleva e si diviene spettatori, **si prende Coscienza del fatto che non esiste alcun Io depositario dell'esperienza**: l'unico reale personaggio è il vivere, interpretato da moltitudini di attori che non hanno opzione, ciò nonostante sono inebriati dall'aver scelto la libertà di seguire la vita. **Il movimento che Giove imprime è quello del volo, ovvero ascendere a un punto di vista superiore, e della discesa, vale a dire restare comunque interpreti dell'esperienza**. Ed è proprio questo che fa l'iniziata della nostra fiaba: salta su una colombaia e poi ne discende; si arrampica su un albero e poi salta giù "*dall'altra parte*"; balla al castello e poi precipita in cucina. È questo gioco degli opposti che attiva la trasformazione alchemica, la padronanza superiore del piano emotivo, che muove a trascendere la natura personale. In quel saltare giù "*dall'altra parte*" Cenerentola va oltre, trascende gli opposti zolfo e mercurio, maschile e femminile, Luce e Ombra, Sole e Luna, giorno e notte, vita e morte, alto e basso, cielo e terra, pervenendo a una terza dimensione in cui gli umori individuali sono stemperati e si vola leggeri (i piedi di Cenerentola ora sulla colombaia, ora sull'albero, non toccano terra). **Il rischio delle celesti altezze gioviali è che si perda il contatto con il limite terreno** (essere nel mondo ma non appartenere al mondo), **appunto per questo nel suo sacro fuoco deve ardere anche il desiderio di tornare nella materia, tornare con i piedi per terra** (essere e umano).

Nella Grande Opera la fase gioviale è denominata anche "*Le Aquile*" e corrisponde all'ascesa e discesa del mercurio nel vaso alchemico (la fanciulla che sale al castello, nella colombaia, sull'albero, per poi ridiscendere dall'altra parte e in cucina). L'aquila è il messaggero di Zeus (Giove per i romani) ed è l'unico animale che può fissare il Sole, sino a divenirne il simbolo. Il volatile solitamente si contrappone a un animale fisso come il serpente. L'alchimista completo deve possedere entrambe queste qualità: **la stabilità del corpo e la vitalità dello spirito**. Per ottenere entrambi i principi è necessario che il volatile (mercurio, femminile, lunare) scenda più volte nelle regioni più basse e oscure del corpo e della materia (cucina) e ascenda più volte verso le regioni dello spirito (castello, colombaia, albero).

La colombaia in cui Cenerentola si nasconde, e quindi la colomba di cui diviene rappresentazione simbolica indica anche l'innamoramento, l'amore non ancora duraturo. Quindi, se per un verso quest'innalzarsi rappresenta la sublimazione voluta da Giove che muove lentamente fuori dalla Citrinitas, dall'altro annuncia l'insinuarsi di un pericolo in agguato proprio nel fuoco che accende i sentimenti dell'opera al giallo. Nascondersi nella colombaia indica il rischio di nascondersi nell'innamoramento. Gli anglofoni direbbero "*to fall in love*" cadere nell'amore. È una vera e propria caduta: è inciampare, perdere il proprio equilibrio, la propria centratura; Cenerentola eclissa la propria presenza. Si innamora, cede al fascino, alla seduzione (si lascia condurre verso un altro Sé). Inciampa nuovamente nel dualismo: io e l'altro, o spirito e anima. Citando Santa Teresa d'Avila:

> "*ora, chi non può sopportare queste cose, si guardi bene dal far conto di ciò che in se stesso crede di stabilire, perché i suoi propositi non sono che un effetto di pura immaginazione, non un'efficace determinazione di volontà* [...] *perché non sappiamo distinguere la differenza che passa fra le potenze e l'immaginazione* [...] *Quando vedo quelle anime tutte intente a rendersi conto dell'orazione che hanno, e così concentrate quando sono in essa da far pensare che rifuggano dal più piccolo movimento e da divertire il pensiero* ***per paura di perdere quel po' di gusto*** *e di devozione che sentono, mi persuado che ancora non conoscono come si arrivi all'unione*[104]" (grassetto mio).

[104] Teresa d'Avila, *Il Castello interiore*, 1588.

Questo da cui mette in guardia la Santa è **il rischio dell'innamoramento: il tenere in più alta considerazione i benefici personali della devozione al divino** piuttosto che fondersi in unione con Esso nell'offerta di pace e perdono al prossimo. La stessa Alchimia, mi ripeto, non si fa per se stessi, ma per il pianeta tutto.

In modo analogo, **la relazione sentimentale intrapresa al di fuori della realizzazione del Sé è il grande revival dell'ego**: ci si oscura (un'eclissi di Luna) nel bisogno dell'altro; nella convinzione che l'altro abbia il potere di farci infelici o appagati. Si trova un nuovo ruolo, una nuova identità, effimera e illusoria come tutti i personalismi. E si smette di cercare se stessi nell'unione. L'idea di essere in una relazione appaga il bisogno di sicurezza, di appartenenza, di approvazione. Chiudersi nell'innamoramento è celarsi al Sé: si perde la capacità di vedere ciò che è, mentre si guarda ciò che ci si aspetta di vedere, quanto si desidera. L'attenzione viene dirottata all'esterno, sull'altro, sull'oggetto del desiderio, qualcosa da avere e non più sull'essere. La caduta nell'innamoramento è tutt'altro che un innalzare il proprio spirito, tutt'altro che un'evoluzione della Coscienza. È la caduta dei sensi nel desiderio, nel bisogno o, nella mancanza dell'altro a conferma di un illusorio incompleto Sé, nella frenesia delle sensazioni che agitano la mente. È il banchetto dell'ego. L'innamoramento è spesso il risultato della programmazione di un'idea dell'Io: l'altro soddisfa i bisogni della propria idea, sembra incarnarne le aspettative dunque diviene l'oggetto di consumo dei propri sensi. Si tratta di attaccamento all'altro in quanto oggetto a uso della propria persona. È un amore personale rivendicato dal proprio divenire e dal proprio volere, non dall'essere. Non si realizza attraverso la libertà e la conoscenza di sé ma attraverso la necessità, la mancanza, l'idea di un ego e l'urgenza di soddisfarla. Nell'innamoramento le più alte aspirazioni vengono dirottate sul partner piuttosto che nella realizzazione di se stessi, nell'unione divina. L'ego invita all'innamoramento per sopravvivere alla propria dissoluzione. Eppure, la relazione con l'altro potrebbe offrirsi come palcoscenico per lasciar esporre e svanire aspetti di noi stessi come insicurezze, paure, gelosie: si manifesta la relazione ma non prende lo spazio del Sé, non diviene un luogo in cui nascondersi (la colombaia) e identificarsi.

Il Principe, a questo punto, si rivolge al vecchio Saggio, il padre di Cenerentola, lamentando la fuga della sconosciuta. Per chi è una sconosciuta? Per il Principe-fuoco, direte voi. Non esattamente. Cenerentola è ancora una sconosciuta per se stessa: incapace di restare e **riconoscersi nello sguardo dell'altro**. Le sue due polarità di zolfo e mercurio, maschile e femminile, spirito e anima, ancora non si conoscono totalmente. Convivono nel suo essere, come in ognuno di noi, ma in maniera alternata e conflittuale: ancora incapaci di incontrarsi, di accogliersi l'un, l'altra; inadeguati alla comunicazione.

Eppure v'è un altro livello narrativo: con i simboli, si sa, la strada è tortuosa e ramificata. Nella tradizione alchemica si ripete spesso che "*Il vaso è la radice e il principio dell'arte nostra*"[105]. Il "*vaso*" in cui è contenuta la Terra Filosofale che deve essere liberata dall'Ombra e dalla morte, è il principio su cui si opera tutto il processo alchemico. Questo vaso, come riporta Santinelli[106], "*deve essere del vetro più puro estratto dalle ceneri con sagacissimo ingegno, vaso pulitissimo e della natura del fuoco*". Il vaso deve restare ermeticamente chiuso fino a quando la materia che contiene non sia stata completamente purificata ed eliminato tutto ciò che la contamina.
**Il vaso è la forma del vuoto**, o meglio: **è il vuoto che deve prendere forma**. Tutta l'opera di Cenerentola, sino a ora, aveva questo scopo: formare il vuoto, farsi vuoto; liberarsi dai personalismi e dagli psicologismi del passato e dell'Ombra; distillarsi dalle identificazioni con la materia, con il corpo e con i ruoli. **La maggior parte di noi quel vuoto lo teme e fa della propria vita un meccanismo di rimozione**: ci si riempie di

[105] Johann Daniel Mylius, *Philosophia Reformata*, 1622.

[106] Francesco Maria Santinelli, *Lux Obnubilata*, 1980.

cibo, di droghe, sessualità, impegni e doveri, di un fare compulsivo e di un'inquieta emotività. Tutto per sfuggire a quello che è un passaggio essenziale dell'evoluzione: farsi vuoto. Il terrore del vuoto che ci assale è, in ultima analisi, la paura di noi stessi, di ciò che siamo e che siamo chiamati a essere, nonché il panico che si spalanca dinanzi al massimo grado di libertà: quella di poter accogliere e contenere ogni umana sfaccettatura (questo può fare un vaso, contenere acqua come olio, vino, come terra, escrementi come diamanti) senza riserva alcuna, eppure restare ciò che si è. La forma del vuoto. Nel vuoto immacolato l'abbondanza trabocca.
Il vaso produce separazione, seppur apparente (è diversa l'aria contenuta nel vaso da quella che si respira al suo esterno? È diverso il vuoto contenuto in un vaso dal vuoto che aleggia al di fuori di esso?) e, pertanto, consente l'osservazione: ogni qual volta ci poniamo quali osservatori, testimoni distaccati, produciamo quel contenimento e quella separazione tipica del vaso; **facciamo vaso**.
**Il vuoto è "agito" da una forza che comanda dall'interno la costruzione della sua forma**. Ora immaginiamo il vaso/vuoto come la nostra anima, o proprio Sé, come preferiva Jung. La tradizione alchemica prevede differenti forme di vaso, tra cui le principali sono tre: il *crogiuolo*, un vaso aperto che consente sia di liberare le impurità in esso contenute, sia di ricevere dai piani celesti sostanze e forze spirituali. È questo il primo vaso/Cenerentola: è la fase in cui la fanciulla si libera della propria Ombra e riceve le potenti maestrie di Saturno, Plutone, Hermes. Il secondo tipo di recipiente viene detto *storta,* che è come un fiasco sigillato, isolato dalla realtà materiale come da quella spirituale. Lavorare con questo vaso implica una completa autonomia nelle fasi trasformative: non ci sono agenti esterni; solitamente si opera con le proprie componenti interne, Luce e Ombra, maschile e femminile, vita e morte, finalizzando il lavoro alla loro armoniosa complementarietà. In questa fase dell'opera appare di solito il simbolo dell'albero che fiorisce (la Viriditas e il nocciolo) e di un uccello in volo. Da questi ri-

ferimenti comprendiamo bene che nella nostra fiaba l'archetipo della storta è rappresentato dalla fase in cui Cenerentola conficca il ramo di nocciolo nel terreno e cresce il suo magico albero su cui vive il bianco uccellino. È la fase in cui la fanciulla piange, prega, desidera, medita in solitudine al suo altare che funziona come portale per il mondo delle ombre. Sicché l'iniziata impara a mediare tra il mondo degli Inferie quello dei vivi (morte e vita), tra Ombra e Luce. L'ultima tipologia di vaso è l'*alambicco* dall'interno del quale si tira fuori una sostanza (o una conoscenza, una comprensione, una prospettiva, una virtù) affinché venga sublimata, purificata da tutti i sentimenti e le memorie a essa connessi e innalzata al di sopra della personalità che opera il lavoro alchemico. In tal modo si dà spazio a u**n punto di forza, un centro nel vuoto**, al quale potremmo d'ora in poi attingere nel corso dell'esistenza. Per la nostra iniziata operare con l'alambicco è il lavoro che si delinea sotto l'influsso di Nettuno, Venere e Giove: il conseguire una prospettiva sublime, dall'alto; la conquista di un proprio centro, di uno spazio così come di un equilibrio per stare nel mondo.

L'opinione di Jung[107] è che il vaso alchemico sia anche un simbolo della testa, meglio della psiche, poiché al suo interno operano proprio processi analoghi a quelli che caratterizzano l'individuazione. Il lavoro con il vaso indica che abbiamo a che fare con processi di sviluppo interiore che necessitano di un mezzo per contenerne e proteggerne le energie. In questa fase dell'Opus in cui assistiamo all'unione del principio solare (Principe) con quello lunare (Cenerentola), **le due materie si incontrano all'interno di un vaso che è la fanciulla stessa**.

"*Il Principe allora aspettò che ritornasse il padre e disse lui che la fanciulla sconosciuta era saltata nella colombaia. Questi pensò: Che sia Cenerentola*?"
Il testo dei Grimm riporta proprio "*aspettò che ritornasse il padre*". Da dove sarebbe dovuto tornare? E soprattutto quando

---

[107] Carl Gustav Jung, *Mysterium Coniunctionis*, 1956

sarebbe andato via? In realtà l'unica figura che va via è la nostra giovane iniziata. Ricordiamo che ogni personaggio è un'istanza psichica di Cenerentola, un grado di noi stessi. Pertanto il padre non è esterno alla fanciulla più di quanto non lo siano le sorellastre (istanze dell'Ombra: emotività e mente), la matrigna (saggezza trasformatrice e Venere) e il Principe (fuoco alchemico, spirito). Il padre qui incarna l'archetipo del Vecchio Saggio, di Giove o potremmo dire che rappresenta il **sale alchemico**: **l'esperienza vissuta che permette il consolidarsi dell'identità**. Ed è proprio questo che ora sembra mancare a colei che viene infatti definita "sconosciuta". In alchimia, il sale offre la possibilità di trasformare l'evento in un'esperienza. Esso stempera lo zolfo (il maschile di Cenerentola che brillava e ardeva durante il ballo): lo domina con la consapevolezza che placa i suoi impulsi. E costruisce un ponte tra le due polarità solare (la fanciulla durante i festeggiamenti) e lunare (la sua scomparsa). Il sale fissa, cristallizza, depura; impedisce il deterioramento dei cibi, quindi **blocca il divenire**. Così come il sale volgare grazie alla cristallizzazione si organizza in una forma, ugualmente il sale alchemico ispira la forma adeguata attorno allo spirito: dà forma all'essenza, **il vuoto intorno a un centro**.

Ed eccolo, questo padre, armarsi di accetta e piccone per abbattere la colombaia e trovarla *vuota*. Nel buddismo e nell'induismo, l'ascia era simbolo di colui che persegue lo stato consapevole e interrompe il ciclo di nascita, morte e rinascita. Piccone e ascia sono strumenti impiegati classicamente per frantumare la materia dura e grezza: è la lotta tra fisso e volatile, tra corpo e spirito. Chi brandisce l'ascia o il piccone, il padre nel nostro caso, si pone lo scopo di distruggere per costruire; **conferire nuova forma**, dunque trasformare. Inoltre, un colpo di ascia[108] equivale, per la percezione emotiva dei suoi effetti, a un fulmine scagliato (ancora Giove/Zeus nei suoi moti di

[108] In un discorso simbolico su questo strumento non si può non citare Giano e la sua ascia bipenne: con le sue due facce si erge a emblema di un tempo passato che ci ha costruiti, di un intento di costruire un possibile futuro e dell'azione fulminante che riporta alla realtà del momento presente.

ascesa e discesa). E difatti, iconograficamente troviamo l'ascia proprio in mano a divinità che scagliano il fulmine[109] poiché sua caratteristica è quella di **riportare al momento presente**, alla consapevolezza di sé: il **fulmine e il sale alchemico sono legati dall'elemento fuoco di cui entrambi partecipano. Il loro effetto è quello di fissare il momento, o l'esperienza, nel tempo attuale e vincere la dimensione del divenire**. Immergersi totalmente nell'attualità di una situazione implica la rinuncia alla propria storia personale (ciò che illusoriamente diviene): non c'è un Io con una storia, delle paure, dei desideri, traumi, attaccamenti, aspettative, bisogni, obiettivi, memorie a fare esperienza di quanto sta succedendo. **C'è solo l'accadere**, svincolato da ogni riferimento personale. **Gli eventi avvengono ma non stanno avvenendo per qualcuno. Costui ne è testimone, non oggetto**, né tantomeno è il soggetto agente. Quando l'essere scende nella personalità, questa si scioglie per favorirne la manifestazione e porre fine alla sofferenza e all'illusione generata dall'identificazione con l'idea di persona[110]. Il piccone è lo strumento sacro dei minatori, ricordate gli esoterici sette nani tutti armati del loro utensile? È l'emblema di chi cerca oro e preziosi. E a farsi oro alchemico anela la nostra giovane, come fusione di mercurio, zolfo e sale, appunto.

Cenerentola smette le vesti da dea e torna cinerea e mercuriale vestale a sorvegliare un fuoco flebile. Se ogni elemento della fiaba, come nel sogno, altro non è che un principio costituente la stessa protagonista, allora cosa sono la cucina e la sala delle danze? Sono luoghi della sua mente. A ben guardare, nella narrazione dei Grimm **non c'è distanza alcuna tra la grigia cucina e lo sfarzoso castello**: "*quando rientrarono in casa, Ce-*

---

[109] Zeus nell'antica Grecia; Teshub dio unnita del cielo e della tempesta; Chaac divinità Maya della pioggia; Bhairavi aspetto feroce e terrificante della Devi;Thor originariamente impugnava un'ascia; Indra nella religione induista è il dio della folgore.

[110] Formulazioni analoghe sono ricorrenti in molti scritti mistici delle più svariate tradizioni, come nelle opere dell'Advaida Vedanta o nel più conosciuto "*Io sono. Vita impersonale*" del Conte di Saint Germain.

*nerentola giaceva sulla cenere nelle sue vesti sporche e un lumino a olio ardeva a stento nel focolare*". Il castello è il luogo simbolico in cui emerge la parte di noi più reale, più nobile, più luminosa, l'essere liberato e di sé sovrano; è il *dove* in cui tutto è ciò che realmente è, in un luogo fuori dal tempo[111]. È il Regno di Realtà, dimora del divino: ciò a cui ognuno di noi, proprio come Cenerentola, è destinato. Eppure poggia sulla buia cucina: castello e focolare domestico sono compresenti, come maschile e femminile, zolfo e mercurio, vita e morte. Ma ancora non comunicanti nella nostra protagonista. Sono i voli dello spirito e le discese nella materia alla ricerca di un equilibrio che si otterrà solo al termine del terzo giorno di danze: è la realizzazione stessa dell'oro alchemico, da ottenere raggiungendo le giuste proporzioni tra zolfo e mercurio, uniti nel sale. Il mercurio in quanto elemento (del) femminile e in quanto metallo, non è in grado di dare forma a ciò che non ne ha; di per sé è polimorfo, necessita dunque dell'azione cristallizzante del sale (ascia e piccone), di assorbirlo in sé per purificarsi; ha bisogno della fissità, come del fuoco trasmutatore propri allo zolfo. Eppure, se esiste il sale per dare forma, ciò accade poiché esiste il mercurio passivo e senza forma.

> ***Il giorno dopo quando la festa ricominciò e i genitori e le sorellastre erano di nuovo usciti, Cenerentola andò sotto al nocciolo e gridò:***
> ***"Scrollati pianta, stammi a sentire,***
> ***d'oro e d'argento mi devi coprire!"***
> ***Allora l'uccello le gettò un abito ancora più superbo del primo. E quando comparve a nozze così***

[111] In *Belle e la Bestia*, il castello del mostruoso essere in cui Belle si trova costretta a vivere, appare come se fosse il suo regno da sempre: sulla porta della stanza in cui la giovane riposa c'è scritto "*appartamento di Belle*"; apre un libro e sulla prima pagina trova scritto: "*benvenuta regina; ordina ciò che desideri*"; il mostro le chiede "*posso farti compagnia mentre ceni*?". Il castello di Belle o di Cenerentola è il loro cuore ritrovato. E solo chi riesce a sedere sul trono del proprio cuore può incoronarsi re o regina.

*abbigliata, tutti si meravigliarono della sua bellezza. Il principe l'aveva aspettata, la prese per mano e ballò soltanto con lei. Quando la invitavano gli altri, diceva: "Questa è la mia ballerina." La sera ella se ne andò e il principe la seguì per sapere dove abitasse; ma ella fuggì d'un balzo nell'orto dietro casa. Là c'era un bell'albero alto da cui pendevano magnifiche pere; svelta, ella vi si arrampicò e il principe non sapeva dove fosse sparita. Ma attese che arrivasse il padre e gli disse: "La fanciulla sconosciuta mi è sfuggita e credo che si sia arrampicata sul pero." Il padre pensò: Che sia Cenerentola? Si fece portare l'ascia e abbatté l'albero, ma sopra non vi era nessuno. E quando entrarono in cucina, Cenerentola giaceva come al solito sulla cenere: era saltata giù dall'altra parte dell'albero, aveva riportato le belle vesti all'uccello sul nocciolo, e aveva indossato la sua palandrana grigia.*

Giunge la seconda delle tre giornate di danze a nozze e Cenerentola, se possibile, si presenta ancor più bella. Nuovamente danza con il suo cavaliere e, proprio come la prima sera, decide di andare via in anticipo. Nella fuga dal Principe questa volta sceglie come nascondiglio i rami di un pero carico di frutti sul quale si arrampica.
La simbologia del pero e del suo frutto richiama tematiche molto simili in diverse tradizioni: dalla Cina alla Corea, dall'Egitto al mondo greco, la pera allude per forma al corpo femminile e alla fertilità della donna nonché all'erotismo. Nella mitologia dell'antico Egitto il frutto è sacro a Iside, che protegge la famiglia; nel mondo greco l'albero del pero è dedicato a Era, moglie di Zeus. La pera è sacra sia a Minerva che ad Afrodite, poiché associata alla forma del ventre femminile e ritenuta un simbolo erotico e di fertilità.

**Il ventre femminile è simbolicamente il vaso della gestazione di se stessi**: il corpo della donna, già emblematico della forma-vaso[112], o forma del vuoto, per eccellenza rimanda a tutto ciò che contiene, accoglie, nutre, protegge e consente la vita. Non solo: **la pera ha la stessa sagoma dell'alambicco alchemico**. Potremmo dunque sostenere che **la fanciulla si innalza, sublima se stessa, quale vaso alchemico in cui opera la sintesi di zolfo e mercurio, coadiuvata dall'elemento sale**. Dopo la congiunzione degli amanti nel vaso alchemico (Sole e Luna, zolfo e mercurio, maschile e femminile, spirito e anima, fuoco e acqua, fisso e volatile che danzano nella sala del castello), l'alambicco si prepara a contenere quello che sarà il Bambino Filosofico: **l'alchimista Cenerentola cova se stessa in attesa della propria rinascita**. La fanciulla ora è **la Vergine gravida[113] della grande Opera**, presa nell'abile direzione di Giove il cui fuoco lento mira a separare le parti sottili e pure che salgono verso l'alto da quelle grossolane e impure che restano in basso. Difatti, l'albero in cima al quale la fanciulla trova riparo (parti sottili) viene abbattuto a terra (parti grossolane) come già precedentemente il padre (Vecchio saggio, Giove e sale alchemico) aveva fatto distruggendo la colombaia.

I voli della giovane iniziata, dapprima in su alla colombaia, poi in cima al pero, rappresentano i rapimenti dell'anima da parte dello spirito, il principe. Quando le distanze tra i due si assottigliano, l'anima è per davvero rapita al punto tale da de-

---

[112] Erich Neumann nel suo "*la Grande Madre*", 1955, testo fondamentale sull'archetipo femminile, discute a lungo sull'equazione *donna = vaso*, in quanto calice che contiene la vita.

[113] Maria, madre di Gesù, è monda dai piaceri della carne. Il riferimento sessuale è soltanto un simbolo. Quando si parla di "piaceri carnali" ci si riferisce a tutte le implicazioni che hanno a che fare con i dati sensoriali, la materia pesante e vile di un corpo mortale: agitato dalle passioni, dagli istinti, dai bisogni, dalle paure, dai desideri, dagli egoismi, dalla storia personale. Maria è la rappresentazione dell'immacolata concezione, di colei che offre al mondo l'Uomo nuovo senza essere il soggetto o l'oggetto di un'azione materiale (l'unione carnale), la cui percezione è dunque fondata nell'invisibile, o meglio, nel connubio tra dati sensoriali e invisibile.

siderare di innalzarsi sempre più sino a uscire dai sensi che orientano il passo nel mondo fenomenico: essa è come in sospensione (i piedi di Cenerentola vengono sottratti al suolo) tra il mondo terreno e quello celeste. In questo intervallo dei sensi, che per molti mistici coincide con uno stato di estasi, l'anima viene istruita ai misteri divini.

La caduta "dall'altra parte" e il ritorno in cucina corrispondono a un ritorno in se stessi, in cui si riporta nel mondo l'impressione delle grandezze ricevute: Dio ha mostrato una piccola porzione del regno in modo tale da infiammare sempre più il desiderio in seno all'anima di ricongiungersi al suo sposo e, al contempo, spegnere l'interesse per la dimensione fenomenica. Quando ha inizio il rapimento o volo dello spirito, così come quando iniziano le danze a castello, l'anima/Cenerentola posta dinanzi al mistero dell'amore resta muta: non sa dire nemmeno più chi sia ora, per questo resta la "fanciulla sconosciuta" incapace persino di parlare. La ricaduta nel corpo (le discese notturne in cucina) lo vivifica quel tanto che basta per decidere di "*dar maggior vita all'anima*[114]".

Ogni volta e per ognuno di noi, il volo dello spirito spaventa e atterrisce l'anima sottratta al divenire e ai riferimenti mondani. È richiesta molta fede per accettare di abbandonarsi completamente. Cenerentola fugge per tre volte nonostante il Principe-spirito si offra ancora di restarle accanto, di accompagnarla e vedere dove abiti, da dove venga. In questa curiosità palesata dalla voce dello spirito si cela in realtà una domanda alla quale la ballerina non sa rispondere: "*da dove vieni? E dove risiedi?*". L'anima che ha consolidato se stessa nel suo percorso interiore sa offrirsi dinanzi al divino con l'unica risposta possibile: "*sono nata in te e abito in te*[115]". Per Cenerentola il momento di abbandonarsi completamente al cammino che lo spirito ha tracciato per lei avverrà solo più tardi. L'anima impaurita dinanzi a tanta grandezza si sottrae all'esperienza del non essere più

[114] Teresa d'Avila, *Il Castello Interiore*, 1588.

[115] Ricordiamo che tra la casa di Cenerentola e il castello non v'è distanza alcuna.

padrona di se stessa; tenta la fuga eppure il volo dello spirito la rapisce impetuoso ancora tra le sue altezze.
I voli dello spirito che sottraggono l'anima al dominio violento dei sensi sono barlumi di divino in cui in pochissimi istanti vengono rivelati segreti che noi non potremmo mai immaginare. È questa la conoscenza divina che avviene per via diretta o ierofania: sono i primi doni dello sposo alla sua promessa e, seppur di tanta sapienza non se ne serbasse conoscenza intellettuale alcuna al rientro in sé, si resta pur sempre ripieni d'amore, dilatati dall'interno per aumentata capacità.

Al Principe-fuoco Cenerentola è chiamata ad assimilarsi: un corpo prende possesso dell'altro, proprio come nella danza; il femminile mercuriale, argenteo (che riflette e proietta) e volatile, proprio come sono volatili le percezioni sensoriali, riduce le qualità fisse dello zolfo, maschile e solare, (la cui percezione dell'invisibile e dell'essere resta sempre costante e incondizionata) mentre questi infonde le sue peculiarità al primo. Il castello è il luogo in cui la nostra alchimista incontra il fuoco dello spirito, o le fiamme della sacra passione: **la grande Opera è mossa solo dall'amore**. È con amore che si può elevare se stessi. Ed è lo stesso amore che effettua ciascuna necessaria trasmutazione per passare dalla materia più vile alla più sublime. Di amore parlano le lezioni offerte o impartite dalla natura che si concede quale esempio di espressione mistica o artistica ai nostri occhi. Nel pantheon di numi che intonano il nostro nome risuonano le infinite forme dell'amore. E se la paura di agire non fosse che amore per la propria incolumità? Se la diffidenza verso il diverso non fosse altro che amore per la propria identità? Se l'abbandono lo vedessimo come amore per l'indipendenza? Se riuscissimo a leggere nella manipolazione l'amore per la propria posizione; nell'indifferenza quello per la tranquillità; nel rifiuto l'amore per le proprie idee; nel tradimento quello per il piacere; nell'illusione l'amore per la speranza; nella saccenza quello per la cultura, etc.
**Quante forme ha l'amore? E se le avesse tutte? Se fosse pro-**

**prio questa facoltà di vederne l'essenza in ogni apparenza ciò che siamo chiamati a operare nelle nostre vite?**
Si potrebbe, ognuno nel proprio vaso interiore, imparare a separare l'amara e pesante frustrazione di non riuscire a esprimere i propri sentimenti, dal leggero e sublime amore per la vita, che nella fissazione di una paura rimane spesso invischiato. Questa potrebbe essere una ordinaria sublimazione. Riuscire a osservare dall'alto, con distacco, è anche essere in grado di vedere la sostanza che vorrebbe distillati i vapori sottili che ascendono al cielo come una preghiera, troppe volte inascoltata.

Quando il padre assieme a sorellastre e matrigna tornano a casa, la bella sconosciuta se ne stava come sempre sul suo letto di cenere. Nulla lascia intravedere la dea che aveva danzato la vita sino a poco prima.

**Arrendersi allo spirito;**

**sublimazione ed esperienza;**

**la trappola dell'innamoramento;**

**fare vuoto;**

**il vuoto intorno a un centro: vincere il divenire e testimoniare l'accadere;**

**la Vergine gravida;**

**la Grande Opera è mossa solo dall'amore.**

## CAPITOLO 15

La resurrezione e il sigillo

*"Quando questo corpo corruttibile si sarà vestito d'incorruttibilità e questo corpo mortale d'immortalità, si compirà la parola della Scrittura: La morte è stata ingoiata per la vittoria. Dov'è, o morte, la tua vittoria? Dov'è, o morte, il tuo pungiglione?" San Paolo.*

***Il terzo giorno, quando i genitori e le sorelle se ne furono andati, Cenerentola tornò alla tomba di sua madre e disse all'alberello:***
***"Scrollati pianta, stammi a sentire,***
***d'oro e d'argento mi devi coprire!" Allora l'uccello le gettò un vestito così lussuoso come non ne aveva ancora veduti, e le scarpette erano tutte d'oro. Quando ella comparve a nozze, la gente non ebbe più parole per la meraviglia. Il principe ballò solo con lei; e se qualcuno la invitava, egli diceva: "È la mia ballerina." Quando fu sera Cenerentola se ne andò; il principe voleva accompagnarla ma ella gli sfuggì. Tuttavia perse la sua scarpetta sinistra, poiché il principe aveva fatto spalmare tutta la scala di pece e la scarpa vi era rimasta appiccicata.***

Ed eccoci giunti all'ultima fase della festa danzante. Questa volta l'uccello magico copre Cenerentola con un abito di una bellezza inaudita. E le scarpe? Nessun cristallo. Le scarpe sono

d'oro: il colore della realizzazione del Sé, del Sole.
Il Principe danza per la terza volta con la "*sua ballerina*" sotto lo sguardo meravigliato di tutti i presenti.
**Perché nessuno mai riconosce la ragazza dei Grimm?** Poiché Hermes la guarda e non vede più la sua fame di conoscenza; Venere la osserva e non trova più un essere i cui sensi vanno ritirati dai piaceri terreni; l'Ombra la scruta e non scopre il rifiuto per se stessa; Nettuno la sonda e non emerge alcun senso del se personale; Giove la nota e non ha più a chi offrire nuove prospettive; il Sale l'ammira e non rinviene più un'essenza priva di forma. **Cenerentola è come Gesù uscito dal sepolcro[116], irriconoscibile a quanti serbassero di lei la vecchia immagine**: "*Ma i loro occhi erano impediti a riconoscerlo*" Lc 24,16; "*quando già era l'alba Gesù si presentò sulla riva, ma i discepoli non si erano accorti che era Gesù*", Gv 21, 4.
*Katabasis* è il termine greco impiegato per indicare la discesa nell'Ade o sprofondare tra le ombre del proprio inconscio, mentre ***Anastasis*** si riferisce al suo opposto, **la resurrezione** e

[116] Nei vangeli infatti è riportato che Gesù morì il venerdì pomeriggio e in fretta fu sepolto prima dell'inizio del sabato. Le donne che visiteranno il sepolcro lo troveranno vuoto (Mc 16, 1-2) esattamente come la colombaia o l'albero in cui cerca un nascondiglio Cenerentola sono trovati vuoti. Tre furono i giorni necessari a Gesù per risorgere, trascorsi nel cuore della terra; tre quelli in cui Giona rimase nel ventre della balena e tre sono quelli che coinvolgono la giovane nelle danze a castello, dimora regale che funge da sepolcro, da utero gestazionale per rinascere a nuova vita. I vangeli di Luca e Giovanni concordano sul fatto che Gesù risorto non viene riconosciuto (i due di Emmaus, Lc 24,16; Lc 24, 36-43; Maria Maddalena e poi i discepoli presso il lago di Tiberiade, Gv 20,14; 21,4): lo stesso avviene per Cenerentola, irriconoscibile nella sua sublimazione. *L'anastasis*, in greco *resurrezione*, è un tema iconografico dell'arte bizantina che rappresenta la morte e resurrezione di Cristo come discesa agli inferi. Fu detto Anastasi il santuario in onore della Resurrezione fatto erigere nel 326, circa, da Costantino, per coprire e onorare il Santo Sepolcro a Gerusalemme. Era una struttura di forma rotonda, con al centro la Santa Grotta che aveva racchiuso il corpo del Signore: trattavasi di una torretta elevata a cui la colombaia della nostra fanciulla sembra fare riferimento. (Alfredo Tradigo, *Icone e Santi d'Oriente*, 2004.)

quindi a una nuova Coscienza[117]. L'antico sapere di Cenerentola (i personalismi, la percezione sensoriale e l'inganno del tempo) resuscita in un altro ambito incarnato in una fanciulla stupenda che **denuncia l'illusorietà del mondo visibile**. Gli occhi, quindi il corpo, non sanno vedere al di là del velo. **La resurrezione non va intesa come un ritorno nella carne, bensì come ascesa dello spirito alla sua dimora celeste**: i colori degli abiti che Cenerentola ottiene dal magico uccellino testimoniano proprio di **un corpo fatto di Luce spirituale**, di un essere che fa inghiottire il visibile dall'invisibile, l'immateriale nella carne. **La resurrezione rivela ciò che è, non ciò che appare**; mostra il difetto d'abitudine di quanti continuano come se dovessero morire o come se fossero già morti. È la vittoria sul divenire e sul suo subdolo sedurre i sensi: Cenerentola come Cristo non può essere riconosciuta poiché ora appartiene al Regno, all'eterno; è la Coscienza che non tiene conto dei fatti, delle colpe, dei rammarichi, del passato o delle attese. La resurrezione è la vittoria su tutto ciò che è mortale: desideri e affetti, sensi di colpa e doveri, accadimenti e mancanze, bisogni e paure, attaccamenti e dipendenze, idee e pregiudizi. Mentre chi vive schiavo della percezione sensoriale e del tempo è impossibilitato a vedere l'eterno, colui che ha vinto la morte *ha scelto* di vincere.

**Ciò che vediamo è sempre ciò che ci aspettiamo di vedere**: la luce con la quale illuminiamo il mondo intorno a noi riflette la **guida interna** che abbiamo scelto di seguire. Una delle due luci è **la guida personale** e sensoriale (mente, ego), la quale si occuperà di far risplendere ogni cammino che ci conduca al successo individuale, ovviamente a danno di altri che dovranno soltanto riconoscere la nostra superiorità. Questa luce si poserà sulla nostra ragione, da perseguire infliggendo il torto al prossimo. È la guida che ci indica come ottenere e conservare il proprio benessere manipolando le risorse altrui; insegna la rabbia e la vendetta sull'altro per erigere le proprie vittorie. E dal momento che **tale sistema percettivo poggia ancora sulla**

---

[117] Elemire Zolla "*Discesa all'Ade e resurrezione*", 2002.

**fede al peccato e sulla proiezione**, la mente impegnata in simili vessilli, rileverà nel mondo i suoi frutti: l'invidia, l'odio, la rabbia, la separazione, la sofferenza, la solitudine. Colui che ha scelto di vincere la mortalità ha optato per **un'altra luce interna: è la scintilla divina, la mente di Dio, lo spirito**; è la percezione di ciò che non diviene, ma che sempre è. **È la compagna invisibile** che incontra ovunque l'amore, l'identità con l'altro, il perdono, la guarigione, la gioia. I suoi raggi si posano sul momento presente o eternità: illuminano ciò che è, non ciò che si ricorda o ciò che ci si aspetta di vedere: è la percezione dell'invisibile che ignora le trappole del fenomenico. Sotto questa luce lo sguardo fiorisce in una sola verità che scorre, incurante delle forme apparenti, come acqua tra le rocce: il suo tocco vivifica ogni incontro, **santifica se stesso custodito nell'essenza di ognuno**.

**Perché soltanto pochi riescono a guardare al mondo e all'altro quale manifestazione della propria stessa natura divina di amore?** Cosa ci impedisce di attingere a questa modalità percettiva dell'eterno che pure è dentro ognuno di noi? Il problema è che molti si guardano dentro e, non sapendo cosa cercare, ignari della compagna invisibile, vedono solo la luce personale dell'odio e della rabbia, della sofferenza, del dolore. Questo li spaventa. E spaventa a morte. Letteralmente.

Così si smette di cercare. Si smette di creare. Si smette di amare.

**Tutto il nostro potere risiede in questa scelta tra le due luci**: é la libertà di decidere o libero arbitrio. Nel racconto iniziatico di Cenerentola questa scelta si delinea con un movimento che procede da un piano inconscio (la buia cucina) a uno infero (sotto il nocciolo) e poi spirituale (la sala del castello), passando per il piano materiale vissuto con consapevole distacco o come vittoria sulla condizione mortale (la fuga nella colombaia o sul pero), laddove la comune esistenza fisica è riconosciuta come morte spirituale. **Questa rinascita è dunque l'equivalente dell'illuminazione: la giovane iniziata diviene ora spiritualmente viva**.

A sera avviene la consueta fuga di Cenerentola, tradita questa volta, da una particolare accortezza del Principe: egli fa cospargere la scalinata con della pece, così che una delle scarpine della sconosciuta, la sinistra, vi rimane incollata.
Questa volta non si nasconde la nostra fanciulla. Anzi lascia una traccia di sé su quella scala che compare solo una volta nello scritto dei Grimm e sembra essere l'unico collegamento tra la sala delle danze e la cucina.
Ma vediamo cosa è la pece: si tratta di una particolare resina che deve essere strofinata sulle corde dell'archetto con cui si suonano gli strumenti ad arco, come il violino. Senza di questa l'archetto non riesce a produrre i suoni anche se fatto scorrere sulle corde. La pece è anche adottata dai ballerini per non scivolare. Anticamente era in uso un particolare tipo di armi dette "termiche" poiché impiegavano il calore o il fuoco per distruggere il nemico: **la pece era uno dei principali composti incendiari che veniva scaldato assieme allo zolfo**. Dunque, nell'uso di questa sostanza da parte del Principe, possiamo rinvenire l'emblema di un potere di condensazione che permette di **restare in equilibrio mentre si danza la vita**: consente simbolicamente di **non sottrarsi al momento presente**, di restare (essere versus divenire), di abitare l'eternità. Pure potremmo scoprire nella pece una particolare configurazione simbolica in grado di **rendere lo "strumento" umano atto a venir suonato da Dio** (Coscienza versus identità personale); infine, la pece ricorda il fuoco alchemico, lo zolfo e il Principe-spirito che **bruciano e purificano** il "nemico", ovvero **la materia pesante dei sensi**, l'attaccamento alla realtà in quanto serie di immagini in divenire[118]. In ogni sua ipotesi la pece contribuisce a quel

[118] "*Neri come la pece*" erano i 4 cavalli del carro che condusse Persefone nell'Ade. Lucrezio così descrive l'Ade:

"*v'è il terror delle pene qui nella vita, maggiorenni quanto maggiore è la colpa, e il castigo del fallo, il bagno, e l'orrido lancio giù dalla rupe, le verghe, la pece, il boia, le torce, il cavalletto, le piastre: es'anco mancano, l'animo, conscio dei falli, in anticipo applica a sé quei tormenti, si strazia con i rimorsi, né scorge intanto qual termine possano avere i suoi mali, né quale fine, alla fine, avranno le sofferenze, e teme ch'esse si debbano far, con la morte, più gravi: così la vita diventa qui,*

farsi vuoto, alla costruzione del vaso alchemico distillato e purificato da ogni personalismo.
Così nell'espediente architettato dal Principe che fa ricoprire la scalinata con la pece si palesa il messaggio dello spirito all'anima: "*la tua essenza è la purezza, la tua natura è divina; eppure, come questa scarpina di oro puro che resta macchiata e intrappolata nella pece densa, così ogni passo che muovi nella materia e nel mondo allontanandoti da me per soddisfare i tuoi sensi, contamina la tua Luce, spezza il tuo cammino, rovina il tuo volo e stringe più forte quei lacci che ti tengono legata al suolo con gli occhi imbrattati di terra*".
La pece evoca ancora il ricordo del biblico racconto sulla costruzione dell'Arca, nel corso della quale Mosè la utilizza per rendere ermetica e impermeabile questa struttura navale. Questa resina veniva anticamente usata **per sigillare** imbarcazioni come botti e altri recipienti o contenitori. L'arca di Noè viene ricoperta di pece affinché resti impermeabile alle acque del diluvio che coprono un'umanità peccatrice. Simbolo, dunque, di **salvezza e rigenerazione**: ciò che riesce a navigare sulle acque diluviane è l'uomo nuovo, rigenerato e purificato.
In quanto sostanza sigillante e impermeabile, la pece esprime simbolicamente **il sigillo che gli alchimisti devono apporre sul loro vaso**. Questo recipiente, infatti, rischia di essere permeato da tutte le sostanze del mondo esterno come Ombra, paura, violenza, trauma, pigrizia, lussuria, rabbia, impulsi, seduzione dei sensi e tutto ciò che si fa tentazione e frena l'evolvere. L'iniziato deve imparare a tenere ben chiuso quanto sta cuocendo dentro di Sé, onde evitare di volatilizzarne le sostanze, di sfogarle esternamente. **Sigillarsi equivale a educarsi al silenzio, alla riservatezza, alla segretezza, a non reagire alle provocazioni mondane** (essere nel mondo ma non appartenere al mondo). Corrisponde a **fabbricarsi un proprio cen-**

---

*per gli stolti, un inferno"*, Lucrezio, *De rerum natura III*, 976-977, 1013-1022.

L'inferno dantesco è pieno di pece bollente in cui i peccatori annaspano. Dante, *Divina Commedia*, Inferno canto XXI- XXII.

**tro incorruttibile**, inamovibile; a non lasciarsi coinvolgere dagli umori terreni e a non disperdere i propri. Senza un appropriato sigillo accadrebbe che nell'avvicinarsi a un'altra sostanza se ne resterebbe coinvolti da alcuni elementi o se ne cederebbero dei propri: l'essenza ne risulterebbe artefatta. Conseguire o realizzare il proprio sigillo alchemico (la pece) garantisce a quell'armonia di potenze divine, al vuoto sacro che abbiamo costruito dentro di noi, di restare immacolato, non corruttibile dagli egoismi minori (vizi capitali) e indomito pure di fronte alle influenze maggiori (paura della morte o mortalità, ovvero la seduzione del tempo e del divenire). Quante volte abbiamo ricevuto e accolto uno sguardo sprezzante che abbiamo ricambiato con lo stesso sdegno? Altre volte ci siamo sentiti inadeguati poiché qualcuno ha sminuito il valore delle nostre condotte; oppure ci ha lusingato il complimento di un conoscente. **E in quanti modi, la troppo facile resa all'errore di veder minacciata la propria sopravvivenza ci ha risparmiato di amare?** Questi sono esempi di trasmigrazione delle sostanze: il nostro vaso non era sigillato e qualsiasi umore ha potuto penetrarlo alterandone l'essenza. La paura di essere annientati cede una parte di sé all'amore con cui viene in contatto e lo trasforma in minaccia. La lusinga arriva a mescolarsi con l'amor proprio e ne fa orgoglio. L'odio sfiora il nostro naturale istinto a migliorarci e lo tramuta in fallimento. L'amorevolezza con cui ci prendiamo cura del nostro prossimo viene appena strofinata con l'ingratitudine e si trasforma in vendetta. Dove era la nostra pece, il sigillo? Ognuno di noi, percorrendo la propria scala evolutiva dovrebbe fermarsi per apporre il sacro sigillo alla sua anima. **Ognuno dovrebbe concedersi di perdere la scarpa sinistra, vale a dire il lato oscuro della Luna, l'emotività personale.** Non è semplice separare il proprio bisogno di riconoscimento dalla cura che si offre al prossimo. Eppure è solo la rinuncia all'aspetto egoico che assicura il sigillo. A tutti noi piace ricevere lodi: esse toccano il nostro orgoglio, il bisogno di approvazione o di affermazione di sé ma l'eccessivo sentimento di sé dovrebbe essere deposto e non nutrito.

L'espressione "*Gloria a Dio*" colora le labbra di chi a fronte di lusinghe personali riconosce l'unico artefice del proprio agire. L'anima di costui abita il mondo ma non vi appartiene. La sua fame non può più essere saziata dal pane della terra, pertanto egli non è più un mendicante tra gli uomini e non è più dipendente dalla sorte o dagli umori mortali. **Il sigillo protegge l'anima, vergine sacra, impenetrabile dal mondo (mondata) e trafitta da Dio, poiché solo di esso è gravida**.

In alcuni suoi scritti, Castaneda[119] ci invita a considerare il rapporto tra il nascondersi e il mostrarsi. Sono i passi essenziali di una danza (e la ragazza dei Grimm lo insegna): durante ciascuna fase evolutiva **siamo sempre troppo esposti alle forze avverse**; a ogni nostra trasmutazione fa seguito una rottura delle vecchie dinamiche che ci legavano al mondo. L'evoluzione dello stato di Coscienza è un andare controcorrente: crea attrito intorno a sé, e il mondo che sino a ieri appariva ospitale, a un tratto reagisce ostile al proprio cambiamento; pare ostacolarci. Sottrarsi, insegna don Juan, equivale a **rendersi inaccessibili**[120]: è trattare il mondo con parsimonia, toccarlo appena,

---

[119] Carlos Castaneda, *Viaggio a Ixtlan,* 1972.

[120] Ancora Castaneda:

"*Lei se n'è andata per una sola ragione: ti sei esposto troppo.*
*L'hai perduta perché eri accessibile; eri sempre alla sua portata e la tua vita era meccanica.*
*L'arte di un cacciatore è diventare inaccessibile. Nel caso di quella bionda avrebbe significato che dovevi diventare un cacciatore e incontrarla moderatamente. Non come hai fatto tu. Sei rimasto con lei un giorno dopo l'altro, finché il solo sentimento che restava era la noia. E vero?*
*Essere inaccessibile significa toccare il mondo intorno a te moderatamente. Non mangiare cinque quaglie; mangiane una. Non danneggiare le piante solo per costruire un forno da campo.*
*Non usare e spremere la gente fino a ridurle a nulla, specialmente le persone che ami.*
*Essere inaccessibili significa evitare deliberatamente di esaurire te stesso e gli altri. Significa non essere affamato e disperato, come il povero bastardo che pensa che non mangerà mai più e divora tutto il cibo che può, tutte e cinque le quaglie*!" Ibidem

sfioralo e poi sapersi ritirare, proprio come si farebbe camminando per strada con un piede scalzo, attenti a concederlo al suolo solo quanto basta per poter avanzare.
L'inaccessibile non ha presunzione, né arroganza, non cede alla preoccupazione; non esaurisce se stesso nei contatti con il mondo. La maggior parte di noi consuma se stesso nel traffico, rendendosi permeabile allo stress e all'insofferenza altrui; ci si consuma nell'inquietudine o nell'insoddisfazione; nel timore di ferire qualcuno con la propria condotta anche se onesta. **L'inaccessibilità è la padronanza di contemplare il mondo da un piano al mondo stesso inaccessibile**, in cui non ci sono pensieri da difendere, proprietà o idee di sé da conquistare; in cui si è **ridotta o annullata l'importanza personale**. Questa è la "***follia controllata***" di cui parla don Juan: è l'arte di **fingere (il distacco) di essere immersi in qualcosa, di fare "*come se*" quel qualcosa fosse importante, di non lasciare mai intravedere il proprio gioco (di follia)**; è arrestare il dialogo e il pensiero sul mondo: smettere di descrivere come dovrebbe essere. Castaneda parla anche **dell'essere "*impeccabili*[121]"**, vale a dire conservare il potere interno (il sigillo, appunto). Questo si ottiene, a esempio, recuperando l'energia che solitamente disperdiamo con **l'uso improprio del linguaggio**. Troppo spesso parliamo per sedurre, manipolare; per confermare un'idea di noi stessi o per bisogno di approvazione; per controllare, per giudicare, ferire, nasconderci, per non ascoltare, per lamentarci,

---

[121] Carlos Castaneda ne *Il fuoco dal profondo*, 1984:

"*L'Impeccabilità comincia con un singolo atto che deve essere deliberato, preciso e mantenuto nel tempo. Ripetendo questo atto sufficientemente a lungo si acquista un Intento Inflessibile che può essere applicato a tutto il resto. A quel punto la strada è sgombra. Una cosa conduce a un'altra fino a che il Guerriero prende pienamente atto del proprio potenziale*".

Lo stesso, nel suo *L'arte del Sognare* del 1993:

"*Sii Impeccabile! Te l'ho detto decine di volte. Essere Impeccabile significa mettere in riga la tua vita per sostenere le tue decisioni, e poi fare molto di più del tuo meglio per mettere in atto quelle decisioni. Quando non decidi qualcosa, è come se ti giocassi la vita alla roulette, senza rifletterci un attimo.*"

etc. Il parlare ordinario rimanda quasi sempre a un'esaltazione dell'immagine di sé, e altrettanto frequentemente non scaturisce da una scelta o decisione: **ci chiediamo mai quale sia il reale movente delle nostre azioni o parole? Quale lo scopo?** Viaggiamo nudi e inconsapevoli o sappiamo farci l'abito adatto alle feste danzanti a cui la vita ci chiama a partecipare? Poniamo il caso in cui si voglia parlare con una persona cara a seguito di un suo rifiuto a vederci causato magari da un'incomprensione. Ciò che naturalmente ci muove verso l'altro è il desiderio di armonia, la voglia di superare l'equivoco passato ma, al contempo, in noi brucia la ferita d'orgoglio per l'abbandono subito, l'ingratitudine, il mancato riconoscimento, etc. È il solito ego, vestito al solito modo, che proclama la propria importanza personale. Se è sempre questo unico abito che vestiremo non saremo in grado di danzare in armonia con la vita. Sarà un ballo solitario e goffo, messa in scena di se stessi che mancherà ogni obiettivo se non quello di procurarci l'ennesima insufficiente dose di attenzione.

La scarpa giallo oro che rimane incollata nella pece nera rimanda a un'altra simbologia alchemica: il Sole nero o *Sol Niger*. Si tratta proprio dello stato inconscio della materia, quello che deve attraversare le fasi di purificazione e trasformazione sino a diventare **Rubedo**, rosso porpora, e poi pervenire alle nozze alchemiche che rappresentano la totalità. La separazione tra le parti sottili (ragioni dell'anima o volere celeste, percezione dell'invisibile) e quelle più grezze e pesanti (egoismi, personalismi, percezione sensoriale) in alchimia si ottiene sottoponendo il vaso a ripetuti movimenti verso l'alto e verso il basso. Questa dinamica è volta a mettere in pratica un'antica sapienza sintetizzata nell'aforisma ermetico "*come in alto così in basso*"[122].

---

[122] *Tavola smeraldina*, attribuita a ermete Trismegisto; testo tradotto in latino nel 1250.

Così scriveva Ermete Trismegisto:

> "*Separerai la Terra dal Fuoco, il sottile dallo spesso dolcemente e con grande industria. Sale dalla Terra al Cielo e nuovamente discende in Terra e riceve la forza delle cose superiori e inferiori. Con questo mezzo avrai la gloria di tutto il mondo e per mezzo di ciò l'oscurità fuggirà da te. È la forza forte di ogni forza: perché vincerà ogni cosa sottile e penetrerà ogni cosa solida. Così è stato creato il mondo. Da ciò saranno e deriveranno meravigliosi adattamenti, il cui metodo è qui*"[123].

Consapevoli o no, questo è quanto avviene anche nelle nostre ordinarie esistenze: un evento si ripete più volte poiché richiede una nostra presenza progressivamente sempre più distillata. A ogni nuova ripetizione dovrebbe corrispondere un livello iniziatico superiore e più cosciente: essere in grado di lasciare andare le istanze personali e tutto ciò che grida dolorosamente "Io" per far emergere le virtù immacolate (la Vergine gravida che mette al mondo il bambino nuovo), **l'essenza pura di chi non agisce più per il conseguimento di scopi personali ma per volere divino**. Si tratta di ripetuti moti della Coscienza: attraverso il movimento ascendente conseguiamo la presenza spirituale, la capacità di vivere una situazione nel presente, fuori dal divenire, dalla storia e dall'emotività personale. Ciò che accade sta accadendo non a me e non grazie a me. Io ne sono il testimone silenzioso, colui che non è più preso nel vortice delle passioni; fermo dinanzi a ciò che solo sembra accadere; essere spiritualizzato che non risponde all'agire umano, non entra in risonanza con gli umori inquieti che pure incontra. Sigillato nella propria anima, questo essere risponde solo alla voce del divino che scorge in ogni manifestazione (questo è separare la terra, o passioni corporee, dal fuoco divino). Nei moti discendenti si è soliti tornare nelle proprie dimensioni inconsce e perturbate eppure ora rischiarate dalla luce della consapevo-

---

[123] Ibidem.

lezza. La ripetizione di questa oscillazione tra le vette della Coscienza spirituale e la dimensione terrena avvicina gradualmente i due estremi sino ad armonizzarli e fissarli in una consapevolezza priva di un "Io" agente.

**La pece mostra a Cenerentola laddove si rischia di restare invischiati in una trappola materialistica**: ciò che resta sulla scala è la scarpa sinistra, simbolo della **componente emotiva**. La parte sinistra del corpo, infatti, è correlata simbolicamente agli aspetti femminili della personalità, come l'emotività, appunto. Come è noto, i piedi sono deputati a stabilire il contatto con la terra, danno stabilità, movimento, equilibrio; sono le nostre radici e come tali dovrebbero radicarci. L'archetipo che stiamo seguendo mostra proprio come stabilizzare il proprio equilibrio emozionale: **senza un ancoraggio al proprio inamovibile centro interiore (la pece che sigilla) il moto ondivago delle emozioni che vanno e vengono, ci trascinerebbe via con sé** .
Un'emozione è una forma energetica che appare in questa manifestazione che noi chiamiamo (senza ragione alcuna) "realtà". Ha lo stesso diritto di manifestarsi che abbiamo noi o che ha un koala. Ha una propria esistenza come ce l'ha un suono, una nota. L'emozione si manifesta nella vita come lo fa la musica: tutto è suono, persino il silenzio, e tutto è emozione persino l'assenza di emozione. Detto questo, se emettiamo un suono con la nostra voce non sentiamo il bisogno di identificarci con esso: non diciamo "*sono un sol*". **Siamo lo strumento attraverso il quale l'aria vibra** in modo tale da produrre quella nota. Ci prestiamo alla vita (aria) affinché possa manifestarsi attraverso di noi nella forma di un suono. La stessa cosa accade con le emozioni eppure noi ce ne impossessiamo. "*Non rubare*" cita una delle voci del decalogo: un'energia si manifesta e noi la riceviamo cosi come riceviamo aria. **Ci attraversa e l'accogliamo facendola vibrare in forma di tristezza, noia o gioia: ospitiamo questa emozione**. Un vaso può essere riempito di acqua o sabbia, eppure resterà sempre un vaso, persino se

vuoto. Se colmo d'oro o letame resta ancora un vaso. Non modifica il suo essere in relazione all'ospite, così come non ne ruba l'essenza per mutarsi di stato o perché sente il bisogno di esistere in quanto vaso d'acqua o di terra. **Esso esiste in quanto vaso, in quanto forma di un vuoto che sa accettare altre essenze senza rifiutare la propria**. E così ora si manifesta la tristezza: bussa alla mia porta e io l'accolgo. Non è: "*io sono triste*". Io sono il vaso. Posso essere colmo di tristezza fino all'orlo. La osservo. E io sono il vaso.

È questa antica sapienza che il Principe trasmette a Cenerentola lasciando che la sua scarpa sinistra resti vuota e invischiata nella pece: "*Resta presente a te stessa, resta vuota come questa scarpetta d'oro puro che ti accoglie eppure rimane immutata;* ***offri pure il tuo spazio a ogni oggetto della manifestazione ma non cercare in essi l'essenza di te****. Lascia che vibri il suono dell'innamoramento come in una canna d'organo vibra una nota per tutta l'aria che v'è contenuta. Tu resta: ferma, immutabile, integra, imperturbata dal suono come dall'emozione.* ***Osserva ciò che in te resta mentre tutto viene e va***".
Scarpa è un termine che deriva dal latino "*scalpere*" incidere, scolpire, forgiare un oggetto. Un involucro il cui essere vuoto ne è la dote; il saper accogliere un contenuto. La scarpa ha una struttura propria non modificabile. Ed è d'oro.
La preziosa calzatura racconta anche un'altra storia. È quella di Persefone o di Giasone che perdono il sandalo nel luogo del passaggio[124] e ne stabiliscono la proprietà. Cenerentola è già da ora Regina del palazzo. E lasciare la sua calzatura è al contempo un modo per tornare così come sancisce un'alleanza. Abbiamo già visto come il monosandalismo sia un tratto comune ad alcuni eroi o divinità che sono riusciti a tornare dal mondo dei morti (Hermes, come Dioniso, viene talvolta raffigurato in statue con un solo sandalo). Lasciare la scarpa nel luogo del passaggio garantisce in un certo senso di poter tornare nel mondo dei viventi: **il piede assicurato mantiene un contatto**

---

124 Giuseppe Sermonti, *Alchimia della fiaba*, 2015.

**stabile nel mondo manifesto mentre con il piede nudo si è liberi di danzare l'invisibile.** Ci basti ricordare la frase di una delle sorellastre che chiede a Cenerentola di "*assicurare le fibbie*" prima di andare a ballare alla festa del Re. L'affermazione sembra sottintendere che l'Ombra, di cui le sorelle sono l'emblema, non potrà vantare alcuna resurrezione, una volta processata.
Inevitabile anche il richiamo alla storia di Peter Pan: il bambino morto o eterno fanciullo che non vuole o non può crescere, con un odio dichiarato per le madri, ma che necessita di una figura materna a ogni primavera. Peter è il caos onirico e primordiale che cerca disperatamente la sua ombra (che si stacca e vive di vita propria) nel mondo reale e prova ad attaccarsela proprio ai piedi. È un bambino per sempre, poiché ha perso per sempre la parte non riconosciuta di sé, i suoi Io-divisi.
Nell'antica letteratura egiziana il sandalo viene offerto al morto per proteggerlo dai pericoli in cui incapperebbe nel suo viaggio. Il monosandalismo indica sempre una dimensione di cambiamento o iniziatica; spesso è connesso con la morte reale o simbolica; quando è relativo a divinità ne sigilla l'immortalità e il potere esercitato sia sul mondo fenomenico, sia sull'invisibile[125]. Fatta salva qualche eccezione, di solito è il piede destro a mantenere la calzatura mentre il sinistro ne resta sprovvisto (proprio come per Cenerentola). Il lato sinistro è quello femminile, emotivo, lunare, buio, acquatico, mercuriale, associato all'inframondo, cosicché perderne la protezione svela uno squilibrio sempre in agguato, pertanto la necessità di restaurare un nuovo ordine, spesso preludio a una fase iniziatica. Anche Perseo prima di uccidere Medusa ha un solo sandalo donatogli da Hermes: l'eroe si lascia mangiare dalla Gorgone per poi ucciderla da dentro, tornare quindi in vita e sposare l'amata[126].
Il passo di chi veste una sola calzatura non è l'incedere di un uomo qualunque: è la danza su un piede solo di chi ha trovato

[125] Károly Kerény, *Gli dei e gli eroi della Grecia. Il racconto del mito, la nascita delle civiltà*, 1963.

[126] Angelo Brelich, *Paides e Parthenoi*, 1969.

un proprio equilibrio per stare nel mondo senza peraltro appartenervi; non avanza più di quanto non sia in battere e levare; è un liminare tra il rapimento del volo e l'abisso della caduta, tra Olimpo e ade, castello e cucina. Il viaggio ha sempre inizio con un piede solo.
Salire o scendere la scala rappresenta un processo psichico di trasformazione in atto: Cenerentola ha trascorso la terza giornata di Sole nel Palazzo del Re Sole, e ora sta per ridiscendere nuovamente nella sua buia cucina. La pece su cui rimane preziosamente invischiata la sua calzatura la trattiene per sempre nel suo attuale stato di Regina di Luce. Così sigillata nulla potrà più perturbarne la natura: a questo punto può anche tornare a contatto con la propria Ombra, pure restarne inaccessibile.

**La resurrezione rivela ciò che è, non ciò che appare;**

**le due luci: guida personale o mente divina;**

**il sigillo: la protezione dalle forze avverse;**

**essere inaccessibili, la follia controllata e il "come se"; essere impeccabili;**

**il vaso: osserva ciò che in te resta mentre tutto viene e va.**

# CAPITOLO 16

La Rubedo. "Sii reale".

*"I veri pensatori sono coloro che servono Michele che essi considerano come il reggitore del pensiero cosmico. Michele infatti libera i pensieri dal giogo del cervello e gli apre il mondo del cuore." Rudolf Steiner.*

***Egli la prese e, con essa, si recò il giorno seguente dal padre di Cenerentola e disse: "Colei che potrà calzare questa scarpina d'oro sarà mia sposa". Allora le due sorelle si rallegrarono perché avevano un bel piedino. La maggiore andò con la scarpa in camera sua e voleva provarla davanti a sua madre. Ma la scarpa era troppo piccola e il dito grosso non le entrava; allora la madre le porse un coltello e disse: "Tagliati il dito: quando sarai regina non avrai più bisogno di andare a piedi". La fanciulla si mozzò il dito, serrò il piede nella scarpa e andò dal principe. Egli la mise sul cavallo come sua sposa e partì con lei.***

E il Principe raccolta la scarpetta si reca spedito dal padre di Cenerentola chiedendo in sposa colei che avesse il piede a misura di calzarla, vale a dire **colei che fosse pura come l'oro o come la cenere: incorruttibile e inalterabile da ciò a cui si presta**, poiché già purificata.
Recarsi a casa della fanciulla implica **un moto discendente del**

**fuoco celeste dalle altezze del suo palazzo alla materia** rappresentata dalla dimora della giovane; lo spirito appare ora laddove da sempre risiede: al centro dell'anima. Ecco che maschile e femminile, spirito e materia, Animus e anima, zolfo e mercurio, fuoco e acqua riducono sempre più la distanza che intercorre tra loro. L'uno cede all'altro elementi propri e al contempo stempera in sé i vili eccessi accogliendo la polarità complementare.

Quali sono le qualità del divino femminile che vanno risvegliate in questo processo alchemico? **La ricezione**, la capacità di accogliere dentro se stessi la **forza** dello spirito e di accettare se stessi come degni di tale dono: senza giudizio, senza rifiuti, bensì con fede. La ricettività presuppone **la resa integrale**: un'accettazione senza riserve di ogni singola emozione che va vissuta fino in fondo, solo in questo modo si può esercitare la padronanza del corpo emozionale troppo spesso sminuito o soppresso dalla dominanza delle componenti maschili. Ma questa resa incondizionata (energia femminile) deve essere sostenuta da una polarità maschile che è quella della presenza distaccata eppure in perfetta armonia con la prima. Soltanto il loro equilibrio crea un campo quantico di vuoto, un oggettivazione che scongiura i rischi di confusione, proiezione o identificazione.

La sorella maggiore, la ragione, la logica, la cognizione, la mente, tutto ciò che è rappresentato simbolicamente nel lato destro del corpo, prova entusiasta a calzare la scarpetta ma il suo alluce (emblema della testa e del pensiero) è troppo grande, tanto che la madre le consiglia di mozzarselo. Così fatto, la sorella-pensiero parte al galoppo in sella al cavallo del Principe. "*Ma come?*" Direte voi, "*e il Principe non riconosce dall'aspetto che non si tratta di Cenerentola?*" In effetti si tratta proprio di Cenerentola: sorellastre, matrigna, Principe, padre, sono tutti aspetti di Cenerentola, solo non ancora completamente distillati, non totalmente in armonia fra loro.

***Ma dovettero passare davanti alla tomba; sul nocciolo erano posate due colombelle che gridarono:***

***"Voltati e osserva la sposina:***
***ha del sangue nella scarpina,***
***per il suo piede è troppo stretta.***
***Ancor la sposa in casa t'aspetta".***

***Allora egli le guardò il piede e ne vide sgorgare il sangue. Voltò il cavallo, riportò a casa la falsa sposa e disse: "Questa non è quella vera; l'altra sorella deve provare la scarpa". Questa andò nella sua camera e riuscì a infilare le dita nella scarpa, ma il calcagno era troppo grosso. Allora la madre le porse un coltello e le disse: "Tagliati un pezzo di calcagno: quando sarai regina non avrai bisogno di andare a piedi". La fanciulla si tagliò un pezzo di calcagno, serrò il piede nella scarpa e andò dal principe.***

Interviene ancora una volta l'aiuto celeste: le colombe posate sul nocciolo rivelano la truffa. E pare che soli Cenerentola e Principe possano udire di queste voci: **la connessione con il divino che abita in ognuno di noi è prerogativa di quanti abbiano sublimato se stessi**. Tutta la scena, dal momento in cui il Principe "discende" a casa di Cenerentola alla rivelazione delle colombe, può essere letta come l'estasi di un profondo stato meditativo: **lo spirito davvero discende nell'anima individualizzata** della fanciulla ed è per questo che **si colgono le "voci del cielo". Le colombe, o occhi spirituali sono ormai l'unico strumento con cui guardare, il solo capace di vedere oltre l'illusione**.
Il cavaliere nota allora colare dal piede della fanciulla il sangue rosso vivo e capisce che non può trattarsi della sua "ballerina". Con l'elemento del sangue si sancisce l'entrata nella fase della ***Rubedo***, l'ultima della Grande Opera, quella al Rosso.

La Rubedo è **la sublimazione della materia sotto l'effetto del fuoco o dello spirito** (il Principe). Simboli tipici della Rubedo sono la fenice, o un pellicano, un uovo, una rosa rossa, o l'incoronazione di un Re. In alchimia il colore rosso è considerato intermedio tra il bianco e nero, quindi tra Luce e oscurità, Albedo e Nigredo. In questo senso l'Opera al rosso rappresenta la **sintesi tra le polarità, ovvero le nozze alchemiche tra gli opposti**: l'unione di spirito e materia, maschile e femminile, Sole e Luna. È qui che si completa la trasformazione sino all'oro. **La Rubedo chiama in campo lo spirito dell'alchimista, come l'Albedo era connessa alla sua anima e la Nigredo al corpo**. L'alchimista purificato diviene un purificatore: una volta distaccatosi dalla materia, la reintegra per redimerla. È questa la **fusione dell'Io con il mondo**: l'indistinto iniziale, la con-fusione, l'uroboros inconsapevole ora acquista consapevolezza. È un atto di volontà: **l'Io diviene strumento di Dio** (vaso, canna d'organo, scarpetta). Attraverso di lui lo Spirito Santo discende nel mondo; attraverso di lui il mondo viene legato allo Spirito.
La Rubedo è anche associata al Sole, al fuoco, all'oro. Il sangue rosso vivo, emblema di questa fase, richiama la vita e il sacrificio, il sacro fare. È questa la conquista del Sé, il culmine del processo di individuazione, fusione tra ego e Sé: le proiezioni esterne vengono ritirate completamente e ci si apre all'amore, alla propria vera natura. L'alchimista accetta interamente l'Ombra e tutte le sue più intime contraddizioni ma lo fa domandole, le tras-forma, etimologicamente parlando le forma *al di là* (amputazione dell'alluce) affinché, da ora in poi, siano al servizio dello spirito. **In questo consiste il sacrificio o sacro fare: nella rinuncia ai moventi personali e nella loro sostituzione con l'amore divino che tutto *move*.** Il parlare e l'agire non perseguono più la seduzione altrui, conferma di un'idea di sé, il potere personale, la ricerca di attenzione, la compiacenza, la sicurezza; non è più la paura di perdere qualcosa o il desiderio di conquista a dettare le regole del gioco: **c'è un'unica idea che fa da sfondo a ogni umana condotta e quell'idea è Dio-**

**amore**. È ciò che si percepisce ovunque e quanto si offre in ogni istante. Gelosia, avarizia, lussuria, rabbia, invidia e tutte le inquietudini perdono il loro peso e si distillano in conoscenza e potere. Ecco la tras-formazione, il sublime mutare delle sostanze che da fardello personale assurgono al livello eterno della vita, a eterna conoscenza: il tormento diventa gioco, diventa arte. **Il mondo fenomenico resta lì con tutto il suo meraviglioso incanto, eppure chi vi assiste ora è uno spettatore divertito che non subisce e non agisce**. Così, quello che era il fuoco distruttivo delle passioni diviene fuoco purificatore, fiamma di trasformazione, calore che forgia, potenza che nutre, luce impassibile. Senza le emozioni (che accendono la fiamma) non può esistere il passaggio dall'oscurità alla Luce, dal tormento dei sensi alla Coscienza di sé. Il vulcano della rabbia diventa allora fuoco che cauterizza ferite ancora aperte. **Chi è giunto a questo livello di consapevolezza è in totale comunione con il Sé e contempla e vive in modo armonioso tutte le coppie di contrari**.
Stiamo entrando nella fase dell'unione mistica o **terze nozze alchemiche**: il **femminile** viene vissuto dal maschile come potere **salvifico e trasformatore**, guida nel suo cammino interiore (è Sophia, Maria Vergine, Iside, Athena, Tara, la Regina e la Soror Mistica degli alchimisti). D'altro canto, il femminile sperimenta il **maschile** come **forza attiva tesa alla realizzazione di obbiettivi elevati**, eppure al di là di ogni possibile attaccamento: questa forza è pura azione spirituale ora arricchita dall'incontro con le energie femminili di cui esalta la funzione.

L'attuazione totale della Rubedo e del sacrificio coincide con la realizzazione della **Pietra Filosofale**, una sostanza in grado di conferire l'immortalità, di portare l'onniscienza e di trasmutare i metalli vili in oro. Perché una pietra? **La pietra testimonia l'oggettività, la liberazione dalla soggettività**:

> "*essere simili a una pietra è essere nel mondo come tutte le altre cose, in mezzo a tutte le atre cose, duri, sem-*

*plici, compatti, unitari, definiti, senza ambiguità, occupando uno spazio definito, dotati di una durée incontestabile. E tuttavia ciascuna pietra è diversa da ogni altra, pienamente individualizzata*"[127] .

La pietra esiste, semplicemente; non ha compartimenti, né contrapposizioni interne; non ha in sé differenze, né identificazioni: è ciò che è, uguale a se stessa. E in questo sta la sua saggezza.
Un nuovo Io risorge dalle sue ceneri esattamente come la fenice mitologica (rosso come la Rubedo è anche il colore del Natale, della nascita dell'uomo nuovo!). Cenerentola è in questa fase: sta lottando per l'accettazione della sua nuova identità spirituale. Inizialmente non si dispone a calzare la scarpetta d'oro, ma fa avanzare due parti di sé: le sorellastre, rispettivamente la sorella-pensiero e la sorella-emozioni. E le offre allo spirito (il Principe, il fuoco) proprio per purificarle e ricongiungerle a Sé distillate dagli elementi impuri. Non più un pensare o un'emotività personali, dunque, ma la voce e il volere dello spirito si esprimono attraverso l'Io che è giunto alla Rubedo. Il corpo fisico si placa, così come la razionalità, e i cinque sensi diventano inattivi come nello stato meditativo.

È lo spirito ora ad agire, spiritualizzando il corpo fisico. Dopo la danza degli opposti si perviene a un senso di centralità che trascende le funzioni coscienti, il pensiero razionale. Pertanto **l'intelletto deve cedere un po' della sua autorità (mutilazione dell'alluce)** all'immaginazione, alla creatività, al simbolo, all'archetipo (Cenerentola-Principe) e soprattutto **all'oggettivazione del Sé**.
E un altro nume interviene a dirigere l'anima della fanciulla: è **Marte**, simbolo di mascolinità, dio della guerra, astronomicamente definito il "*pianeta di fuoco*" per il suo colore rosso. Emblema della forza e dell'affermazione, Marte insegna a lottare per la sopravvivenza, anima la competizione primaria per il

[127] James Hillman, Psicologia Alchemica, 2010.

proprio sviluppo: può servirsi delle armi affilate e della più spietata verità ma anche del subdolo ricatto emotivo, l'importante è sopravvivere. Difatti, egli è particolarmente scaltro nell'affrontare le questioni di vita e di morte, **il taglio netto di ciò che non è più utile alla nostra evoluzione** e, quindi, destinato a morire, così come è connesso con la primavera e dunque **la rinascita**, i nuovi inizi e le iniziazioni. Marte innalza **un'implacabile ondata di onestà** che si abbatte sui suoi protetti: è lo sguardo essenziale con cui si guarda a se stessi, ai propri segreti taciuti che ora vanno compresi. In tal modo rinnova la Coscienza sulla propria identità, mette a fuoco la nostra mente rivelando la verità dietro l'illusione. Questi sono i due estremi di Marte: da un lato **la lotta istintiva per la sopravvivenza**, dall'altra **l'auto affermazione**. Liberare questa grande forza dentro di noi ci sveglia dall'indolenza e dal torpore e ci spinge ad agire affinché sia finalmente possibile riconoscerci come esseri nuovi liberi e quindi in grado di liberare (proprio come un guerriero) le anime ancora intrappolate nei lacci di questo mondo. È questo che fa imponendo il suo taglio sui piedi delle sorellastre: svela l'inganno consumato dalle nostre istanze razionali od emotive che troppo spesso si annoverano il ruolo di protagoniste annebbiando la Coscienza di sé. L'energia di cui questa potenza maschile fa dono è quella di un guerriero selvaggio e impulsivo, dall'istinto indomito che è invece, tipico del femminile. Marte dunque si congiunge con Venere per generare un perfetto equilibrio di forze, intenzioni, sentimenti e valori che sono il fondamento dell'unione nella coppia mistica. In un certo qual modo anche questa potenza opera l'equilibrio delle polarità complementari: **sottomette la materia allo spirito** come dimostrato dalle amputazioni parziali che le sorellastre praticano sui loro piedi. **Soggiogare l'essenza materiale del corpo (la percezione sensoriale) garantisce uno degli obbiettivi marziali: l'impulso all'espansione o conquista della conoscenza (la percezione dell'invisibile)**. Proprio come un guerriero mosso alla conquista di nuovi territori che non cede al dolore, alla stanchezza o alla paura (Maya) e **si spinge oltre**

**i limiti fissati dalla propria forma corporea e dalla propria umana percezione**. Pianeti e dei si vestono da operatori psichici che agiscono sulla nostra comprensione del mondo e di noi stessi provocando metamorfosi e acquisizioni di Coscienza, oggettivando i contenuti inconsci come un antidoto contro i dilemmi della ragione e delle ardimentose pene.
Giunta a incontrare il proprio sposo nel cuore di se stessa, l'anima scatena la guerra (Marte):

> "*per impedire ai sensi, alle potenze e a tutto ciò che è corporeo di rimanere in ozio, guerra più dura di quella che moveva loro quando con essi pativa [...] la compagnia che gode le comunica maggiori forze che mai [...] Di questa forza che da qui e deriva, l'anima rende partecipi tutti gli abitanti del castello e perfino lo stesso corpo*[128]".

Mi piace vedere il sacrificio offerto da Cenerentola (l'amputazione) in analogia con quello offerto da Demetra. La dea, il cui nome sta per Madre Terra, era lacerata nel dolore per la perdita della figlia Kore (la fanciulla), dea senza nome ed emblema della sua purezza perduta. La separazione dalla propria natura innocente (di cui Kore è l'emblema) spinse Demetra ad abbandonare l'Olimpo, ovvero l'inconsapevole beatitudine iniziale[129]; a confrontarsi poi con le sue istanze terrene, quindi scendere tra gli umani in veste di umile e anziana bambinaia (o misera serva delle sorellastre nel caso della bella dei Grimm); a sprofondare negli Inferidel proprio dolore e conoscere se stessa nei moventi dettati dalla paura della solitudine, dell'abbandono, del rifiuto, della stessa morte (è la Nigredo, o

[128] Teresa d'Avila, *Il Castello Interiore*, 1588.

[129] In Alchimia questa fase viene rappresentata dal bianco primario che precede l'Opera al nero: è il colore immacolato dell'innocenza, di chi è ancora privo di esperienza; è un'estatica ignoranza vissuta fuori dal mondo e dal senso di responsabilità come l'esistenza per Cenerentola prima che venisse relegata in cucina.

il momento in cui la nostra fanciulla affonda le mani nella cenere per dividere le lenticchie dai ceci). **La percezione di essere separati dalla parte più pura di sé infiamma sempre l'urgenza di ricerca del Sé** che, in questo caso, è rappresentato non da un Principe bensì dalla propria figlia.
Successivamente Demetra si isolò nella chiusura riflessiva dell'Albedo e decise di interrompere il nutrimento di quanto in lei era ancora viziato da umori terreni e mortali, ovvero ciò che caratterizza ogni essere umano: ragione e sentimento. **Rinunciare a far crescere i campi equivale dunque al sacrificio che Demetra scelse di offrire**. Proprio lei, la Madre Terra che sino ad allora aveva saputo nutrire, prendersi cura, proteggere la crescita del mondo vegetale, favorire dunque l'uomo, ciò che è mortale, ora **muta il suo aspetto manifesto**: da orgoglio rigoglioso a silente desertificazione. Sin qui, il suo intelletto (piede destro della sorellastra ragione) si esplicava attraverso l'esercizio della sua maternità protettrice e nutrice del mondo, e dello stesso la sua emotività si appagava (piede sinistro). E, dunque, **proprio questo doveva essere sacrificato, fatto sacro**, ovvero spiritualizzato. Perciò la dea vi rinunciò (Rubedo).
**Fu così che Demetra piegò gli dei al proprio volere** o, per meglio dire, che **la sua volontà divenne tutt'uno con quella degli dei**: Zeus, temendo per la terra che stava morendo, mandò Hermes presso il dio degli Inferiaffinché restituisse Persefone alla madre (allo stesso modo Cenerentola può riunirsi al Principe soltanto dopo il sacrificio offerto dalle sue istanze-sorelle). Prima di lasciarla andare, però, Ade offrì col tranello dei semi di melograno alla sua sposa, il che la incoronò per sempre regina degli inferi. Così Persefone fu costretta a **risiedere per sei mesi l'anno nella dimensione dell'invisibile, mentre per altri sei poteva ricongiungersi alla madre**. Quando veniva alla luce la terra diveniva fertile (stagioni della primavera e dell'estate) e rigogliosa la vegetazione, mentre quando regnava nell'invisibile i campi restavano spogli (autunno e inverno). In tal modo il mito fondava non solo l'esperienza dell'eterna rinascita, in più legava indissolubilmente il risveglio al proprio Sé (Kore o

Principe) con il sacrificio delle proprie istanze personali (terra spoglia e amputazione). **Lo spirito rimane invisibile sotto la prepotente manifestazione del mondo apparente (Maya) sin quando non si operi una demistificazione della "persona" attraverso il sacrificio delle sue costituenti**. È il gioco della Coscienza che porta a trascendere Maya. E Maya stessa gioca con noi attraverso l'illusione della sofferenza e i miraggi della felicità che induriscono l'identificazione con l'idea di persona, che immergono la mente nella manifestazione. **Maya è così potente che persino gli dei ne sono ingannati**. Eppure Maya è il gioco di Dio.

Meta del lavoro dell'alchimista è riscoprire il proprio Dio interiore: con la Rubedo questo conseguimento si compie con **l'apertura del cuore**. Dopo l'incandescenza della Citrinitas il cuore avvampa di rosso: **è l'amore incondizionato, è il servizio d'amore disposto al mondo**. Questo amore non è solo un offerta, è anche **un grado della percezione e di conoscenza superiore che scavalca i limiti cerebrali e sensoriali**. Con l'avanzare dell'Opera infatti, l'amore cresce di intensità. Ciò viene rappresentato dall'aumento del calore, dalla vicinanza con il fuoco dello spirito, il Principe. Eppure, la temperatura che si eleva, e il conseguente amplificarsi dell'amore, è dato **dal graduale aumento di realtà**: eliminare l'impostura delle sorellastre che si frappongono tra il Cenerentola e il Principe equivale a eliminare quei veli che oscurano la visione di se stessi e del Regno. Quegli ostacoli della percezione[130] sono le ragioni personali, le emozioni individuali, la materia pesante che frena l'ascesa e l'estensione dell'amore; sono le differenze e le identificazioni, i ruoli e gli obiettivi, il controllo e il desiderio, la paura e l'identità, l'idea e il ricordo.

---

[130] A mio avviso, l'intera Opera si attua esclusivamente a livello percettivo. L'unico errore che l'individuo compie è sempre un errore di percezione, da cui poi scaturiscono atti e condotte. Alla base di ogni azione o intensione umana v'è la percezione. Ed è su questa che va condotta ogni operazione.

Il Principe giunge a cavallo a casa di Cenerentola ed è un dato che deve far riflettere, dal momento che sino a ora non è stata menzionata alcuna distanza intercorrente tra il castello è l'abitazione privata. Il cavallo, come ogni altro elemento della fiaba, è un simbolo; rappresenta il domino sulle proprie componenti istintuali, l'equivalente della più celebre espressione "*cavalcare il drago*". In un discorso allegorico come il nostro, **colui che cavalca un animale è colui che conduce, non è condotto**. Istinti, desideri e paure trascinano l'individuo non iniziato come cavalli indomiti verso il loro esclusivo appagamento. Quante volte sentiamo dire: "*è più forte di me, non posso resistere*", magari relativamente al cibo, alla sessualità, a fobie, accessi di rabbia o altro. In questi impulsi si manifesta la propria natura animale ancora indomita. L'impulso selvaggio decide in nostra vece, ci controlla e ci usa per soddisfare i propri istinti. Lo spirito-Principe in sella al suo cavallo non è soltanto colui che ha domato i propri impulsi, li ha persino sublimati, tanto da averne assorbito la spinta energetica, la forza. Ciò implica il sapersi mettere in ascolto del proprio inconscio senza effettuare alcuna censura e tramutarne le pulsioni cieche in forza vitale. Il cavallo, animale solare, evoca proprio questi contenuti simbolici: **libertà e forza vitale**. "Cavalieri" sono denominati i guerrieri spirituali che hanno domato i propri sensi, gli appetiti, le paure e i pensieri e ora cavalcano sentieri celesti. Il cavallo viene inoltre associato all'**intelligenza**, così come il suo cavaliere alla **saggezza**. Il sigillo dei Templari raffigura proprio un cavallo con due cavalieri, rispettivamente saggezza e volontà, posti alla guida dell'intelligenza. A ciò va sommato il fatto che il nostro cavaliere è in più un Principe, vale a dire colui che di questo mondo apparente ricerca i principi e le cause, sempre in accettazione di ogni fenomenica manifestazione dell'amore divino, unico vero principio. Questa immagine di uomo a cavallo rappresenta la **realizzazione della natura divina che conduce la propria umanità**. Ecco perché Cenerentola non può ancora montare in sella con il suo Principe: restano due importanti contenuti da distillare,

sublimare e *oggettivizzare*. A questo si prestano le due sorellastre quando procedono ad amputare i loro piedi e poi salire in sella. La logica o la razionalità (esemplificate nell'alluce) ancora servizievoli funzioni per il perseguimento di obiettivi personali, vengono sacrificate (*fatte sacre* attraverso l'amputazione) e spiritualizzate dal Principe-fuoco. In modo del tutto analogo, la sorella minore, taglierà via il suo calcagno, zona riflessa dei contenuti emotivi individuali; calzerà sanguinante la scarpina dorata e monterà a cavallo. **Ragione e sentimento vengono depurate dalle loro urgenze personali e restano come forza vitale asservita ai principi spirituali, impersonali, oggettivi**. Logica ed emozione vengono filtrate da storia personale, desideri, paure, identità, aspettative o traumi: tutto questo giace a terra, morente, assieme alle carni amputate. Come la sorella–pensiero, anche la sorella-sentimento viene ricondotta alla propria casa di origine dopo la scoperta della frode. A lei la matrigna suggerisce di tagliarsi il calcagno per permettere che il piede vesta a pennello la calzatura: il tallone eccede, poiché rappresenta il bagaglio delle nostre esperienze passate, le nostre insicurezze e instabilità, la nostra fragile emotività. Senza talloni si perde il contatto con la terra e, simbolicamente, con la realtà presente. Manca la terra sotto i piedi e si cade in una qualche dipendenza affettiva per trovare appoggio. Decisamente non c'è spazio per tutta questa vile sostanza nel vaso sigillato della propria anima.
I piedi e il modo di camminare esprimono il modo in cui si avanza nella vita e nell'evoluzione spirituale, per questo nei grandi Maestri essi sono sempre stati venerati.

Il taglio dell'alluce e del tallone è l'opera della spada marziale, pure evoca la memoria Micheliana[131]. **Nel cammino**

[131] Gli Arcangeli, o ministri di Dio, storicamente sono sette. Nel corso dei secoli alcuni dei loro nomi sono mutati mentre altri restano invariati: Michele, Raffaele, Gabriele e uriele. Agli altri vengono attribuiti diversi nomi che compaiono anche nella Cappella Palatina, di palazzo Normanni, a Palermo. L'Arcangelo Michele corrisponde al Sole e il suo nome significa: "*chi è come Dio?*". Comanda le milizie celesti in difesa della fede e delle

**verso la Luce si incontrano spesso spiriti che vogliono la nostra paralisi**: l'Arcangelo Michele è colui che ha sotto i suoi piedi il drago contro il quale punta la sua spada. Egli è considerato il Principe delle milizie celesti e la sua lama taglia tutti gli ormeggi che hanno sinora tenuto la nave in porto impedendole di prendere il largo sul mare della conoscenza. La sua spada libera l'anima dal suo involucro pesante affinché possa viaggiare in altri mondi. L'arcangelo Michele è conosciuto anche come "*Genio del Sole*" o come "*Angelo del Fuoco*". La sua figura appare nelle prime pagine della Bibbia, come custode della porta del Paradiso terrestre. Nell'Antico Testamento è menzionato nel libro di Daniele (10,13.21; 12,1) come il capo supremo dell'esercito celeste che difende l'ordine cosmico messo in crisi dalle forze disgregatrici.

Ed ecco che il Principe, incantatore di draghi, libera l'anima di Cenerentola dai pesi della logica e del sentimento personali che le impediscono di salire a cavallo alla volta di una nuova Coscienza, ovvero il Regno. Il significato del nome dell'Arcangelo Michele è "*chi è come Dio?*": la potenza Micheliana si scaglia contro coloro i quali per superbia vogliono competere col divino. **Quante volte posseduti dalla nostra logica abbiamo preteso di sostituirci a Dio nella comprensione della sua Opera?** La mente che giudica, separa, valuta, rifiuta, du-

---

ombre sataniche. Raffaele corrisponde a Mercurio e il suo nome sta per: "*Dio guarisce*" o "*medicina di Dio*". Patrono dei guaritori e dei viandanti (come Hermes) egli è l'angelo della salute e degli insegnanti come degli sposi (unione di maschile e femminile). Gabriele corrisponde alla Luna e il suo nome vuol dire "*Dio è potente*". È l'angelo delle nuove nascite (Cenerentola, in quanto elemento Luna, è colei che rinasce), dell'Annunciazione, considerato anche la mano sinistra di Dio. Uriele corrisponde a Venere. "*Dio infiamma*" è il significato del suo nome. Egli è a guardia dei cancelli di Dio come dell'inferno (sono i sensi di Venere che possono essere impiegati come dannazione della carne o introversi a esplorare se stessi nella luce dell'anima); presiede alla pietà come al pentimento. Samuel, ovvero "*Dio punisce*" é l'angelo della giustizia e corrisponde a Marte. Takiel, Angelo della benevolenza e della Grazia, è legato al pianeta Giove. Il suo nome sta per "*comando di Dio*" o "*Dio comanda*". Infine, Cassiel , "*bellezza di Dio*" è legato a Saturno e insegna a pregare.

bita, proietta e l'emotività, tossicomania di un corpo che si sente vivo solo in preda a passioni divoranti non riconoscendo la vita e spodestando Dio-Amore in virtù di un misero pantheon fatto di brame e paure, troppo spesso si erigono a giudici e creatori. Contro questi falsi dei Michele leva la sua spada e infligge il suo taglio: è necessario correggere, rettificare, gli aspetti negativi della propria psiche, purificare emozioni e demoni. E il Principe infatti dice: "***Questa non è quella vera***".

> ***Questi la mise sul cavallo come sposa e andò via con lei. Ma quando passarono davanti al nocciolo, le due colombelle gridarono:***
>
> ***"Voltati e osserva la sposina:***
> ***ha del sangue nella scarpina,***
> ***per il suo piede è troppo stretta.***
> ***Ancor la sposa in casa t'aspetta".***
>
> ***Egli le guardò il piede e vide il sangue sgorgare dalla scarpa, sprizzando purpureo sulle calze bianche. Allora voltò il cavallo e riportò a casa la falsa sposa. "Questa non è quella vera," disse. "Non avete un'altra figlia?"***

Si ripete la stessa scena precedente anche con la sorella-emotività: le colombe denunciano l'imbroglio e il Principe vede il sangue sgorgare dal piede deturpato. "*Questa non è quella vera*": sacra ammonizione a **non identificarsi con il proprio pensiero o con il proprio sentire**. Ciò non è reale, né regale. Non condurrà mai al Regno più di quanto non riporterà indietro nuovamente al punto di inizio. "*Sii reale*", dunque.

**La discesa dello spirito: saper udire voci dal cielo e saper vedere oltre il manifesto;**

**Rubedo: l'Io come strumento di Dio;**

**il sacro fare;**

**l'armonia tra i contrari;**

**la Pietra Filosofale;**

**sottomettere la materia (ragione ed emozioni) allo spirito e superare così i limiti umani;**

**il sacrificio di sé accorda la volontà umana con quella divina;**

**l'apertura del cuore.**

# CAPITOLO 17

La colpa e l'eucarestia

*"Se io parlo le lingue degli uomini e degli Angeli, ma non ho la charis*[132]*, sono come un rame che risuona o un cimbalo che rimbomba. E quando avessi conosciuto la profezia e avessi studiato ogni mistero e ogni scienza; e avessi la fede completa così da trasportare le montagne, ma non avessi avuto la charis non sarei nulla". (San paolo, Prima Epistola ai Corinzi, cap. XIII).*

***"Non avete un'altra figlia?" – "No," rispose l'uomo, "c'è soltanto una piccola, brutta Cenerentola della moglie che mi è morta: ma non può essere la sposa". Il principe gli disse di mandarla a***

[132] La parola greca *charis* indica la Grazia, l'essere in stato di Grazia ovvero pervasi da un sentimento di immensa beatitudine e gratitudine; sicuri, oltre ogni parvenza del mondo, di essere già stati perdonati e dunque grati per poter offrire al prossimo la liberazione dall'idea di peccato. Oltre ad "essere in uno stato di Grazia" o "ricevere la Grazia", si cerca anche di "restare nelle Grazia", vale a dire mantenere una condotta conforme alla volontà divina. Chi non ha la Grazia si considera un disgraziato! Grazia indica anche la carità verso il prossimo. Le tre Grazie che l'arte ellenistico-romana ci ha offerto danzano gioiosamente assieme scambiandosi doni; eppure sono nude, pure, non corrotte dal dono. Il dono divino non è un baratto: non si piega la volontà divina ai propri bisogni e non si intraprende un cammino spirituale per guadagnarsi il Cielo o ricchezze in terra. Il dono arriva secondo la volontà e i tempi divini: così si accorda la Grazia divina, salvezza elargita senza che l'uomo abbia fatto nulla per meritarla.

***prendere, ma la matrigna rispose: "Ah no, è troppo sporca, non può farsi vedere". Ma egli lo volle assolutamente e dovettero chiamare Cenerentola.***

Dopo aver ricondotto a casa la prima e la seconda sorella il cavaliere dello spirito chiede al padre delle fanciulle se per caso non abbia un'altra figlia. Il vecchio saggio nega: "*No, c'è soltanto una piccola, **brutta** Cenerentola* (nell'originale versione tedesca è scritto: "*c'è ancora una piccola Cenerentola in **rovina***"; in quella inglese: "*c'è solo una piccola **deformata** Cenerentola*") *che la mia moglie morta ha lasciato: ma non può essere la sposa*".
Cosa è rimasto di Cenerentola distillata dalla sua emotività e dalla sua intelligenza personali?
**Provate a immaginarvi privi dei vostri riferimenti mondani: chi potreste dire di essere?** La ragazza dei Grimm è deformata, lo è letteralmente: ha smesso di essere identificata con la propria forma corporea. Agli occhi del mondo si può davvero apparire come ben piccola cosa quando si rinuncia al proprio ego. Apparire sembra ormai rappresentare un valore unanimemente condiviso e indiscusso. Di contro l'umiltà e la semplicità di un'anima, che ha pacificato ogni conflitto con sé stessa e con il mondo, che vive di profonda accettazione e non reclama nulla per se stessa sembra incrociarsi con moderne psicopatologie d'alta moda. L'efficienza, la produttività, il rendimento, la rilevanza sociale e l'adattamento a un sistema (malato) sono invece considerati requisiti fondamentali, doti inestimabili, meta ambita per ogni individuo che si rispetti. L'essenzialità di un essere che viva in armonia e libertà non incontra l'offerta consumistica di un'economia che si è forgiata quale nume tutelare. La libertà è un bene di consumo che passa per titoli di proprietà.
**Ogni Cenerentola è invece una custode del vuoto**: non ha nulla da fabbricare, né notizie da far circolare. È davvero libera da dottrine fragili e necessità di carriera. È libera dal tempo e dal vittimismo, così come dalle ostinate ribellioni. Soprattutto è libera dall'urgenza di un'idea di se stessa a cui conformarsi o

da difendere, da un'intelligenza da esercitare privatamente o da un'emotività personale.
La frase pronunciata dal padre mette in guardia da una delle pene connesse alle terze nozze alchemiche in cui si imbatte l'anima.
Bene ne dice Santa Teresa d'Avila:

> "*le mormorazioni, tanto delle persone con cui si hanno rapporti, come quelle con cui non se ne hanno* [...] *quelli che riteneva amici si allontanano da lei, e facendosi suoi nemici l'assalgono* [...] *i frutti di quel cammino fanno l'anima più forte: lei stessa riconosce e vede che chi la perseguita non lo fa con offesa di Dio, ma solo perché così Egli permette allo scopo di farle ricavare maggior bene*[133]".

**Le forze avverse sono sempre pronte a minacciare il cammino di un'anima in evoluzione**: tanto più si spinge avanti verso il suo Sposo, tanto più rappresenta un boccone prelibato per l'oscurità, poiché in grado di fare da esca per molte altre anime. **Il rifiuto** da parte del mondo, persino da parte degli affetti un tempo più cari, è una delle pene in cui può cadere l'anima in cammino. Anche a questo serve il sigillo e la mutilazione del sé. Altra pena, nella quale Cenerentola sembra perdersi per un po' è il "***lasciarsi vincere dal timore di non sapersi manifestare***[134]", di non essere amata dal proprio Sposo, di non esserne degna.
Nondimeno quelle parole espresse per bocca del padre ma provenienti dal fondo della Coscienza di Cenerentola stessa, rivelano in tutto ciò che prende l'anima rapita dallo spirito: un totale oblio di sé, talmente profondo da farle credere di essere così piccola cosa o nulla: brutta, in rovina, piccola, deformata e vicina alla morte se ora che ha visto la verità del volto del di-

---

133 Teresa d'Avila, *Il Castello Interiore*, 1588.

134 Ibidem.

vino ne fosse a un tratto abbandonata. La descrizione fatta della "persona" Cenerentola denuncia in realtà le condizioni in cui versa il mondo e l'uomo in esilio da Dio, lontano da se stesso. Ecco perché la ballerina sconosciuta è così sfarzosamente lucente nel corso delle danze al castello e torna invece a essere la miserabile servetta nella semioscurità della cucina che a lungo è stato tutto il suo mondo o il mondo tutto.

Cenerentola non nasce e non muore. Esiste già ed esiste da sempre. Non si tratta di una persona, né di un personaggio, bensì **dell'archetipo del farsi anima**. Vive nascosto, non c'è dubbio, è persino complicato ricordarsene presi nella frenesia del quotidiano. Si teme addirittura di mostrarla la propria anima o di lasciarsi guidare dalla sua Luce.
Se consideriamo che le parole pronunciate dal padre rivelano un dialogo interno tra le istanze della fanciulla, possiamo rinvenirvi un esempio di quella umana resistenza o difficoltà nel riconoscere il divino che abita in ognuno di noi, ovvero **il senso della colpa**. La nostra iniziata è piccola, brutta, deformata, in rovina e mortale, figlia della morte, dell'umana condizione a cui ogni individuo sembra dover soggiacere sin dal malinteso della biblica espulsione dall'Eden. Gli appellativi impiegati per screditare la giovane fanno inequivocabilmente riferimento alle sembianze manifeste, alla corporeità di Cenerentola. Il che equivale ad affermare che la giovane non sa vedersi ancora come strumento divino, Spirito Santo emanato sulla terra per spiritualizzare ogni aspetto fenomenico. **La vergogna della colpa è una macchia che imbratta la Coscienza di ogni uomo**. La colpa è un'interferenza tra i pensieri, ultimo brandello di egoici personalismi che impediscono di cogliere se stessi nella quieta purezza che nessun peccato mai potrebbe corrompere. **La liberazione dalla colpa è il disfacimento completo dell'ego**: gli errori commessi nel tempo sono figli una distorsione percettiva perpetuata dall'ignorare la compresenza di due luci-guida interiori nell'uomo. Fintanto che si resti all'oscuro (nell'Ombra, ciechi) sull'esistenza di una *Compagna Invisibile* in ognuno di

noi, qualsiasi scelta sembra essere predestinata e inevitabile, ovvero, è **la stessa possibilità di scegliere che viene meno**[135]. Nell'illusione del divenire, i nostri sensi (proprio come quelli di Cenerentola prima che venisse iniziata con la divisione delle lenticchie) sono limitati al mondo esterno, prigionieri di immagini legate tra loro dalle catene del tempo. Invece, dal punto di vista dell'essere, dell'eterno, ogni umano accadimento non è mai avvenuto[136]! Dunque dov'è la colpa?
Il senso della colpa, o senso del passato, è un indugiare nel tempo; è perseverare nel sonno i cui incubi raccontano di una Coscienza limitata a se stessi, ignara dell'unica Luce in cui l'intera fratellanza è stata creata come fosse Uno, identico a sé, così come al Padre, e indivisibile in sé, così come dal Padre.
Nell'assenza del divenire, l'incontro con l'altro, con se stessi e con il divino, avviene sempre nel momento presente: quanto di più simile all'eterno. **La visione di chi ancora si ritiene in colpa è dettata dal passato e quindi dalla paura**, il che, sovente, conduce a risposte aggressive e rabbiose nei confronti del mondo. Di contro, la visione che proviene dal divino, dall'anima, è illuminata dall'amore, quindi dalla verità e dall'immortalità in cui ogni essere dimora, puro e incorruttibile, in eterno.
Nel dolore della propria solitudine l'ego è costretto a cercare alleanze e trova supporto nella massima espressione di ciò con cui condivide la natura mortale: il corpo, quello che ha compiuto azioni disdicevoli; che ha provato sensazioni impure; che si è agitato di emozioni malvagie; rifiutato dall'affetto; deriso dall'intelletto; indebolito dal desiderio; arreso al rancore. Ecco che in Cenerentola il corpo è piccolo, brutto, deformato, in rovina e mortale, appunto. Per di più, è sporco: macchiato dalla convinzione della colpa di essere mortale che la renderebbe inadeguata all'incontro con lo spirito-Principe.

---

[135] "*Padre, perdona loro, perché non sanno quello che fanno*", Lc 23:34.

[136] A tal riguardo è interessante rileggere la parabola del "*figliol prodigo*", Lc. 15, 11-32.

***Ella prima si lavò ben bene le mani e il viso, poi andò e si inchinò davanti al principe che le porse la scarpina d'oro. Allora ella si tolse dal piede il pesante zoccolo, l'infilò nella scarpetta e spinse un poco: le stava a pennello. E quando si alzò, egli la riconobbe e disse: "Questa è la vera sposa!"***

Eppure, **questa idea della colpa è talmente fragile che si lava via con l'acqua**: Cenerentola ha ora mani e viso puliti e può inchinarsi al suo Principe. **L'acqua di vita non libera dal peccato, che dal punto di vista animico non è mai avvenuto, bensì dall'idea di essere diversi dinanzi al divino**. Questo rito di purificazione rappresenta la fase della Rubedo in cui la materia, ormai spiritualizzata, va riconosciuta, accettata e riunita alla divinità del proprio essere. L'ego non ha più alleati, così come non sussistono più polarità opposte tra corpo, anima e spirito. L'acqua che scorre sul volto e sulle mani della fanciulla esegue l'ultima dissoluzione alchemica e restituisce la visione dell'innocenza e il diritto di eredità al Regno. Questa volta non si tratta di scegliere tra una delle due nature, umana o divina, bensì di rinascere nell'Uno. Cenerentola, china dinanzi al Principe è come se dicesse: "***eccomi, sono pronta ad accettare il tuo cammino*** (la scarpa d'oro, ovvero la presenza divina che sostiene ogni creatura)". La terra-corpo è stata purificata e resa fertile dall'acqua: una soluzione di acqua e terra, di anima che vivifica il corpo, di materia spiritualizzata. Così, la fanciulla dopo essersi mondata dall'identificazione con la natura mortale (il lavaggio e la rinuncia allo zoccolo pesante), rimane anima pura pronta ora a rientrare nel corpo per vivificarlo. Il battesimo supremo è quello realizzato con lo Spirito Santo e con il fuoco (il Principe spirito/fuoco) ove le fiamme consumano le abitudini sensibili e gli attaccamenti. A questo punto il piede scivola nella scarpetta perduta che il cavaliere porge alla giovane: in questo gesto, corpo (piede), anima (Cenerentola) e spirito (Principe) possono finalmente congiungersi.

**Nel porgere la scarpetta e calzarla viene racchiuso tutto il senso del momento eucaristico: spirito e anima vivificano il corpo come accade quando si accoglie in sé l'ostia consacrata**, corpo e sangue del Salvatore. La scarpa dorata, come il calice dorato (o vaso alchemico, oppure Graal) impiegato dal sacerdote nell'eucarestia[137], prima di essere calzata dalla fanciulla viene riempita del sangue sacrificale delle due sorellastre: è una scena evocativa del celebre "*Il romanzo della storia del Graal*" di Robert Boron, racconto del ciclo del Graal e di re Artù in cui Giuseppe d'Arimatea lascia colare nell'illustre coppa il sangue che sgorga dalla ferita al costato del Cristo, la stessa coppa in cui il Salvatore celebrò l'eucarestia durante l'ultima cena[138]. Il sacerdote pone il pane e il vino (peraltro elementi simbolici del femminile e del maschile) o il corpo e il sangue di Cristo, nel prezioso calice; **allo stesso modo il sangue delle sorelle e il corpo di Cenerentola riempiranno la scarpa-Graal.**
Il sacrificio delle sorellastre equivale anche al **doppio voto del silenzio e del segreto** propri al sacerdote, come all'adepto o all'alchimista. Il silenzio e il segreto hanno tre valenze principali: la prima è di **non schiacciare il profano** con verità per lui insostenibili, violando la tempistica necessaria per la sua evoluzione. La seconda è **impedire gli abusi di potere** che hanno luogo ogni qual volta che le dottrine segrete entrano in possesso di mani sbagliate. La terza ragione è a **protezione dell'adepto** o del mistico. Ricordiamo le sorti di Prometeo torturato per aver rivelato il mistero del fuoco agli esseri umani, Platone costretto a bere cicuta per aver rivelato verità scomode; Ipazia assassinata ad Alessandria; Giordano Bruno e Giovanna

---

[137] L'etimologia del termine eucarestia è "*rendimento di grazie*", ringraziamento. È il sacramento con cui si rinnova il sacrificio di Gesù sulla croce.

[138] Fu proprio Robert de Boron nel suo "*Il romanzo della storia del Graal*", datato all'inizio del XIII secolo, a fare del misterioso oggetto sino ad allora definito solo "Graal" il celebre santo calice. Nel primo romanzo sul Graal, scritto da Chrétien de Troyes attorno al 1180, *Perceval o il racconto del Graal,* l'oggetto non viene neanche definito santo; si sa soltanto che contiene nutrimento spirituale, ovvero un'ostia.

d'Arco condannati al rogo per eresia, e tantissimi altri. **Il simbolismo è il silenzio attraverso il quale si esprime il linguaggio iniziatico.**
È doveroso notare come Cenerentola sino a ora non abbia mai proferito parola sul proprio stato vocazionale, in perfetta osservanza dei voti di silenzio e di segreto, voti sanciti con il sangue sacrificale che scorre dalle amputazioni pocanzi effettuate: **la sorella-ragione rinuncia alla parola come lancia da impugnare per difendersi o ferire**. Con l'alluce amputato, il suo avanzare sarà pari a quello di chi procedesse senza una calzatura. Dal canto suo, **la sorella-emozione rinuncia** a offrire il "tallone", ovvero la fragilità estrema dell'eroe (riecheggia qui la memoria di Achille): **la condizione di essere vulnerabile e mortale**. Al pari della prima, anche questa sorella avrà un incedere segnato e autonomamente instabile. **Ragione e sentimento non possono più essere considerate guide cui affidarsi per procedere nel cammino**. Tutt'altro: necessitano di sostegno poiché vacillanti.
**Il sangue sacrificale** che scorre dai piedi delle sorelle-Ombra nel calice dorato della scarpetta **è l'elisir di lunga vita**, il vino eucaristico ottenuto con la Grande Opera, mentre il piede di Cenerentola che vi si adagia è l'ostia o Pietra filosofale, fonte di Grazia e vita eterna. Quanto cola dalle ferite aperte sulle istanze intellettuali o sentimentali (le sorellastre) di Cenerentola è l'equivalente alchemico della precipitazione o cristallizzazione di un solido (corpo) in una soluzione (sangue): è l'atto di filtrare le proprie impurità (parti amputate) e di accogliere le forze o sostanze provenienti dall'universo spirituale (sangue), di versare la propria individualità nel calice della Causa Prima (l'oro della scarpa), mentre precedentemente l'individualità andava a riempire il recipiente dell'ego.

Sant'Ignazio definiva l'eucarestia come "*lo spezzare di un pane, che è la medicina dell'immortalità, l'antidoto contro la morte*". Se il peccato originale si configura come pretesa dell'uomo di agire secondo una volontà personale, spesso mossa

da forze inconsce e oscure e, soprattutto, dal mancato riconoscimento dell'unica causa che tutto *move*, il sacrificio che cancella le pene derivate dall'infrazione è quello del sangue: Cristo sulla croce sanguina per redimere i peccati delle umane genti. Analogamente, il sangue che cola dai piedi delle sorelle nella scarpa dorata è il sacrificio redentore che cancella la disobbedienza primordiale e ristabilisce la comunione dell'umano con il divino. Da questo momento in poi non saranno più la ragione e il sentimento a guidare i passi di Cenerentola, quanto lo spirito celeste a cui la sua anima s'immola nel gesto di porgere il piede e calzare la scarpa, come a dire: "*tu sei il mio cammino*". Durante l'ultima Cena Gesù levò il calice e disse: "*Questo calice è il nuovo patto nel Mio Sangue, il quale è sparso per voi*" (Luca 22:20). Allorquando si versa il sangue di una vittima sacrificale questa trova la morte attraverso la quale viene attuata **l'espiazione dal peccato**, ovvero la redenzione, nella sua accezione originaria di "*liberare da un dominio attraverso il pagamento di un riscatto*". Questa liberazione dell'anima dai lacci dei sensi personali è l'offerta sacrificale del sangue officiata dalle due sorelle. **L'amputazione rappresenta la separazione volontaria, determinata, dall'idea di colpa che oscura l'umanità** tutta; la vittoria del sangue contro le potestà che dominano questo mondo di tenebra; il martirio dell'estrema devozione al divino che colma di sé la coppa alchemica della trasmutazione.
**Il veleno dell'ego (il sangue infetto delle passioni) diviene così la medicina suprema nel momento in cui è offerto al calice divino per mezzo della virtù cardinale della forza**, ovvero la volontà di fare (ove la volontà non è più personale): le sorellastre (istanze di Cenerentola) operano su se stesse attraverso la forza di volontà, ordinata da uno scopo elevato, quello di consegnarsi al Regno ("*tagliati il dito: quando sarai regina non avrai più bisogno di andare a piedi*" dice la matrigna alla sua prima figlia). **La forza, nel magistero alchemico indica l'avere il coraggio di affrontare se stessi**, le proprie paure come le repulsioni naturali; l'assalto degli altri nel momento in

cui appariremo loro diversi; gli attaccamenti, gli affetti personali: è la volontà che si offre rinunciando ai moventi (i **piedi** delle sorellastre: ciò che permette di muoversi) individuali. Ecco che il sangue versato dalle istanze di Cenerentola non ha una valenza salvifica esclusivamente personale. **Il sacrificio non si compie mai per se stessi**, altrimenti non vi sarebbe nulla di sacro, quanto piuttosto una convenienza. Il sangue versato equivale alla discesa dello Spirito Santo nel mondo, di cui ognuno di noi è un potenziale vettore. In modo del tutto analogo, i dolori e le pene di ogni "umana" esistenza non hanno valore personale: la croce che l'Unto adagiò sulle sue spalle gravava del peso della sofferenza umana, dell'umanità intera. Così **ognuno di noi trasporta una croce di cui accetta di sostenere il peso, offrendosi, in tal modo, di alleggerire il fardello di tutta la fratellanza. Non v'è possesso, neanche nel dolore**. Si deve, invece, immensa gratitudine a chi, in consapevolezza o meno, dispone le forze all'estinzione del dolore e del'ignoranza umani. E questa è per me un'occasione per esprimere gratitudine a tutte le *sorellastre* e chiedere loro perdono: **mentre ragione e sentimento procedono claudicanti e incerte, Cenerentola si inginocchia**. Non v'è alcun sentimento di superiorità nell'amina che si consacra allo Sposo!
Gesù diceva:

> "*Chiunque avrà lasciato case, o fratelli, o sorelle, o padre, o madre, o figli, o campi per il mio nome, riceverà cento volte tanto e avrà in eredità la vita eterna*" (Mt 19,23-29)[139].

C'è un'altra narrazione che per analogia ora bussa alla memoria. È il racconto dell'evangelista Luca sulle due sorelle Maria e Marta. Gesù in viaggio fu accolto nella casa di Marta, sorella

[139] Il che, a mio avviso, non va interpretato letteralmente, quanto piuttosto di riunire dentro se stessi le proprie proiezioni, le proprie istanze psichiche, per essere non più un ruolo sociale o famigliare ma essere nel nome di Dio. Si rinuncia alla relazione speciale (partner, figli, etc) in nome dell'Unità indifferenziata della Figliolanza divina.

di Maria e Lazzaro. Mentre Maria si sedette ai piedi del Maestro in **ascolto** della Parola, Marta era tutta affaccendata per servirlo, tanto che disse:

> "*Signore, non ti curi che mia sorella mi ha lasciata sola a servire? Dille dunque che mi aiuti*". Ma Gesù le rispose: "*Marta, Marta, tu ti preoccupi e ti agiti per molte cose, ma una sola è la cosa di cui c'è bisogno. Maria si è scelta la parte migliore, che non le sarà tolta*" (Lc. 10, 38-42).

Proprio come Maria Cenerentola si inginocchia davanti al Principe-spirito, mentre, come Marta, le sorelle sono tutte prese dai preparativi per le anelate nozze. In realtà i due aspetti dell'*ora et labora*, prega e lavora, non sono in opposizione, tanto che la fanciulla dei Grimm li sintetizza in se entrambi (le sorellastre sono una sua istanza). Però c'è stato un tempo in cui la stessa fanciulla non era molto diversa da Marta, tutta presa in un eccesso di affanno per le cose materiali a scapito della vita interiore, la "*parte migliore*".

L'alchimia è un duro lavoro sulla propria matrice sanguigna, sede dei metalli pesanti (vizi, brame, paure, inclinazioni). Prima di presentarsi al Principe, Cenerentola lava se stessa con l'acqua: al fluido sanguineo che scendeva dalle carni aperte delle sorelle si unisce ora l'acqua che purifica il corpo della giovane. Così Gesù sulla croce, colpito da una lancia al fianco gronda di sangue e acqua (Gv, 31, 34), emblemi della morte sacrificale e del dono dello Spirito Santo. **Quest'acqua che fluisce dal corpo del Nazareno e scorre su quello di Cenerentola è l'elemento che fa del sangue un *Sang Real*.**
Nell'Apocalisse è scritto:

> «*quelli che sono vestiti di bianco, chi sono e da dove vengono?*» «*Signore mio tu lo sai, essi sono coloro che*

*sono passati per la grande tribolazione e hanno lavato le loro vesti rendendole candide col sangue dell'Agnello*» (Apocalisse 7:13).

Il sangue coagula, l'acqua lo scioglie (solve et coagula): il fluido ematico rappresenta l'eredità karmica, la tirannide del corpo fisico e delle passioni, dei conflitti e dell'Ombra, sede di impurità mentali, di opposizioni tra irrisolte complementarietà, che l'alchimista è venuto a purificare e a offrire. **Come Cristo, l'alchimista è pronto a spargere il suo sangue nella resa sacrificale allo spirito**, preludio alla redenzione: è il sacrificio dell'Io e l'urgenza del Sé o personalità trascendente, interamente spirituale, che i mistici chiamano "*castello interiore*"[140]. Dunque, il dono del proprio fardello karmico (le amputazioni), simboleggiato durante la messa dall'offertorio dei fedeli, viene spogliato di ogni materialità e sublimato, *transustanziato*[141] nel Corpo e Sangue di Cristo (il piede che calza la scarpetta in cui era precedentemente colato il sangue) con la celebrazione dell'atto eucaristico[142]. Dice S. Tommaso d'Aquino: "*l'effetto proprio della Eucaristia è - per partecipazione - la trasformazione dell'uomo in Dio*".
Nell'inchinarsi al Principe, la fanciulla si inginocchia ed è l'equivalente del pregare: **questo chinare il capo è lo sforzo di tendersi costantemente verso la divinità**. Cenerentola è in casa eppure non è più affaccendata nei suoi doveri domestici. Per il non iniziato "*lavorare è come pregare*": le fatiche della casa da riordinare, degli alimenti da trasformare, degli indumenti da purificare sono le sue lodi al divino. Per l'iniziato il lavorare è invece demandato alla **preghiera che costruisce il**

---

140 Jean Hani, *La divina liturgia: considerazioni sulla Messa*, 2000.

141 Transustanziazione: la presenza reale del Cristo nel sacramento eucaristico, attraverso il passaggio totale della sostanza del pane e del vino in quella del corpo e del sangue di Cristo.

142 Presso i Greci cristiani, l'ostia era il *Δωϱον*, *Doron*, cioè il *Dono*, vocabolo che designa precisamente, nelle migliori opere ermetiche, la Pietra filosofale spinta al suo ultimo grado di perfezione (Eugène Canseliet, *L'Alchimia – studi di simbolismo ermetico e pratica filosofale*, 1985).

**proprio Corpo di Luce permettendo che la sua opera terrestre** (il corpo, con il piede nudo che poggia a terra sulla scalinata cosparsa di pece) **entri nel Piano Celeste** (la scarpa d'oro). I due piani, apparentemente differenti, e per l'umana percezione dei più persino tra loro indifferenti, qui si compenetrano: l'uno serve l'altro, una scarpa senza piede resta immobile, come un piede senza scarpa resta vulnerabile. **Così il divino ha bisogno dell'umano per potersi manifestare nel suo aspetto dinamico e l'uomo necessita del divino per palesare la propria natura immortale**.

**L'uomo che prega tesse dunque la propria immortalità**. La preghiera, essenza dell'amore, è l'agente di relazione tra la Coscienza individuale e il divino, come la respirazione o il nutrirsi lo è tra corpo e ambiente ("*non di solo pane vive l'uomo ma di ogni parola che esce dalla bocca di Dio*" Mt. 4,4). Riuscire nella preghiera è l'opera della propria vita, così come smettere di respirare esprime la rinuncia a esistere. L'atto di pregare è lo sforzo di riconoscere il verbo divino in ogni terrena manifestazione. È cogliere quel legame imprescindibile, unica voce che tutto dice, solo respiro che tutto *move*. **Il senso del divino è una pulsione presente nella nostra più profonda natura, da cui nessuno è esente**. Per lo più se ne è riluttanti e inconsapevoli.
**Nella Grande Opera la preghiera è il fuoco stesso** su cui si consuma la trasmutazione dei metalli vili in oro:

> "*quel che era fisso è reso volatile, il corpo immondo si corrompe di giorno in giorno, si distrugge, muore, si annerisce, diventa cenere. Questa cenere, figlio mio, non crederla vile; essa è il diadema del tuo corpo ... il corpo, lo spirito e l'anima esteriormente lavati, mondati e purgati, vengono ricomposti: essi si mescolano e, per la sola azione della natura, sono disciolti, distillati, sublimati e coniugati di nuovo: essi copulano e si riuniscono*"[143].

---

[143] Enrico Khunrath, *Anfiteatro della saggezza eterna*, 1973.

**Le forze avverse: il rifiuto e la colpa;**

**la dissoluzione della colpa: “eccomi, sono pronta a d accettare il tuo cammino”;**

**l’eucarestia;**

**il voto del silenzio e del segreto;**

**il sacrificio non si compie mai per se stessi;**

**preghiera come: tensione costante verso il divino; strumento per tessere l’immortalità e il proprio Corpo di Luce; fuoco alchemico di trasformazione.**

# CAPITOLO 18

Chi serve il Graal?

> *"Che cosa vuoi? Luce o oscurità, conoscenza o ignoranza sono tue, ma non entrambe. Gli opposti devono essere riuniti, non tenuti separati. Poiché la loro separazione è soltanto nella tua mente, e vengono riconciliati dall'unione, come te. Nell'unione, tutto ciò che non è reale deve scomparire, poiché la verità è unione" (Un Corso in Miracoli, Foundation for inner Peace).*

***La matrigna e le due sorellastre si spaventarono e impallidirono dall'ira, ma egli mise Cenerentola sul cavallo e se ne andò con lei. Quando passarono davanti al nocciolo, le due colombelle bianche gridarono: "Volgiti e guarda la sposina,***
***non c'è più sangue nella scarpina,***
***calza il piedino in modo perfetto. Porta la sposa sotto il tuo tetto."***

***E, dopo aver detto queste parole, scesero in volo e si posarono sulle spalle di Cenerentola, una a destra e l'altra a sinistra, e lì rimasero.***

Il passo di un essere spiritualizzato è un passo leggero, che non lascia impronte, è impersonale: **non si cammina più per se stessi ma per opera divina**. Cenerentola ha smesso il fardello dei ricordi, delle passioni e degli ego; abbandona lo sforzo della volontà personale per chinare il capo ("*si inchinò davanti al Principe*") a un volere celeste. Ed è così che si impara a camminare nel mondo senza appartenervi, come se si marciasse in sella a una volontà superiore, liberati pure dallo sforzo personale di muovere un piede; difatti dopo aver riconosciuto la sua promessa a nozze ("*questa è la vera sposa!*"), il Principe la adagia sul suo cavallo e la conduce nel Regno. Al Regno dello spirito, Cenerentola va come una che non appartiene più a se stessa, ma come una Regina che conviene solo al suo reame: affinché avanzi non è nemmeno necessario che i piedi le poggino a terra; non ne hanno bisogno, come a dire che **ciò che tiene "in piedi" questo nuovo essere è il suo pensiero in unione mistica con quello divino**, in analogia con "*L'Albero Eterno*" *ashvattha* della Bhagavad Gita, ovvero l'albero capovolto, **le cui radici affondano nel mondo celeste**, laddove risiede la vera origine e il vero nutrimento della vita riservati all'uomo in comunione con il divino. Questa è la Rubedo.

**L'Assoluto, in quanto tale, contiene in sé ogni cosa: l'infinito così come ciò che è finito**. Questi due principi, opposti e complementari, sono indispensabili affinché si sia in grado di concepire la vita. L'universo spirituale deve vestirsi di un corpo come di un vaso, della forma del vuoto che lo contenga, lo limiti e lo renda così manifesto. Al contempo, questo vaso deve essere vivificato da un principio celeste che prema dall'interno contro i suoi confini, che lo tenda verso un'evoluzione infinita, il cui fine senza fine è l'armonia tra ciò che permette la forma e ciò che è oltre ogni forma. Dal vortice della danza tra queste polarità viene alla luce una nuova crescita che supera e trascende le stesse forze da cui trae origine. Il prodotto né maschile, né femminile, né infinito, né finito, né corpo, né anima.

Gesù disse:

> "*quando farete dei due uno, e quando farete l'interno come l'esterno e l'esterno come l'interno, e il sopra come il sotto, e quando farete di uomo e donna una cosa sola, così che l'uomo non sia uomo e la donna non sia donna, quando avrete occhi al posto degli occhi, mani al posto delle mani, piedi al posto dei piedi, e figure al posto delle figure allora entrerete nel Regno*[144]".

Nel vangelo di Tommaso si trova questo prezioso insegnamento a superare la logica del pensiero duale: Gesù disse: "*perché lavate la parte esterna della coppa?* ***Non comprendete che colui che ha fatto la parte interna è lo stesso che ha fatto la parte esterna?***"[145] (grassetto mio).
Laddove c'è Uno e non due, non v'è opposizione alcuna; non vi è attacco né attaccamento, non c'è paura, né desiderio; non può esserci perdita, né guadagno; né offesa, né difesa; non ha spazio la separazione, né la differenza; non c'è delusione, né aspettativa; né negativo, né positivo; non identità, né proiezione. **Questo è il Regno della perfezione in cui non v'è posto se non per l'amore**.
"*Questa è la vera sposa!*" esclama il Principe allorché il piede di Cenerentola calza la scarpina: la sposa è la donna promessa, la divina Sophia o la donna dei filosofi, la Madonna (la mia donna) o ancora il Mercurio dei filosofi, l'acqua di vita che offre la resurrezione e la rinascita, che cura e rimargina tutte le ferite, esattamente come il Graal nella leggenda del Re pescatore[146], il cui protagonista porta addosso i segni inflitti dalla

---

[144] Dal *Quinto Vangelo di Tommaso Apostolo*, precetto 22.

[145] Ibidem, precetto 89.

[146] Nel ciclo arturiano il Re ferito o Re Pescatore è l'ultimo discendente della stirpe dei Re del Graal. Presenta menomazioni alle gambe o ai genitali e si muove a fatica: punizione questa per i peccati commessi in passato. Questa difficoltà si ripercuote sul suo Regno, "la terra desolata" che è divenuta un deserto. L'unico in grado di guarire le ferite del Re è colui che tro-

sacra lancia che lacerò il Nazareno crocefisso e che incontra la guarigione bevendo dal Graal, ovvero ricongiungendosi con la fonte della vita. **La lancia e la coppa sono i simboli del maschile e del femminile** (in Cenerentola li ritroviamo nella lama usata per l'amputazione dei piedi a opera delle due sorelle e nella scarpina/calice). **La coppa è ciò che contiene e trasforma** (dà forma) come nell'ultima cena Gesù vi trasformò il vino nel suo sangue. **La lama protegge il sacro Graal** come il taglio effettuato sui piedi nelle sorelle difende la scarpina dall'inganno. La lama o la lancia rappresentano il principio maschile senza il quale non vi è protezione per il corrispettivo femminile del Graal, o coppa o vaso. La guarigione del celebre Re pescatore del ciclo arturiano avverrà grazie all'arrivo di un cavaliere buono, il solo in grado di porre la domanda: "***Chi Serve il Graal?***"
Il Re è ferito allo stesso modo in cui Cenerentola è ridotta, deformata, in rovina, brutta; la terra del Re è arida e sofferente proprio come l'universo relazionale della giovane: **il Graal/scarpina rappresenta il potere salvifico che conferisce a entrambi la guarigione, l'interezza**. È la trasformazione, la rigenerazione che sana l'individuo e così il suo mondo, proiezione o estensione del primo. Questo è il senso dell'antico matrimonio tra il Re e la sua terra, dello spirito con l'anima: lo ***hyero-gamos***[147] greco **in cui il femminile divino offre sovranità al Re**. Da qui la misteriosa domanda dal duplice senso: "*chi serve il Graal?*"
**Colui che giunge al Graal ne è il servitore o il servito?**
E la risposta è: "*il re del Graal serve il Graal*".
È la sacra congiunzione tra gli opposti: **il servizio offerto al divino incorona colui che si dona**. Cade in tal modo ogni distanza tra maschile e femminile, tra essere e umano, tra le altezze celesti e la condizione di mortale. **Massima offerta e**

---

verà il Graal.

[147] Con il termine *ierogamia* o teogamia, matrimonio sacro, matrimonio divino, si indica un complesso rituale in cui un uomo e una donna rappresentano la congiunzione tra un dio e una dea.

**massimo dono coincidono** e in tal modo estirpano alla radice quella sofferenza nutrita proprio dalla percezione di una insanabile differenza. Nel Regno dell'essere, ove regna l'eterno e l'assenza di distinzioni, **dare corrisponde a ricevere**. È questa una delle regole fondamentali di tutto il magistero alchemico come di ogni altro cammino che riconduca al Sé. Pertanto, **offrire se stesso (identità dell'ego) equivale a ricevere Se stesso (identità con il divino): il veleno è la cura**.
Cenerentola è fatta salva dalla scarpetta che essa stessa ha desiderato per soddisfare la sua passione, dall'offerta sanguinea del proprio retaggio karmico: ciò che salva e guarisce è identico a ciò che da esso viene guarito o salvato[148], poiché, infine, **non esiste differenza alcuna se non nell'illusoria percezione dei sensi**. Lo stesso veleno che ammala, l'ego con il suo intendimento infettato di divisione e differenza, diviene l'elisir miracoloso che guarisce ogni male nel momento in cui muta se stesso in offerta.

Quando il Principe e la fanciulla passano davanti al nocciolo, le colombe bianche volano sino a posarsi sulle spalle di Cenerentola e lì rimangono: non più sull'albero dunque ma sulla fenice risorta dalle sue ceneri. Il loro significato è quello della vittoria, dell'ascesa, della rinascita e dell'immortalità: e si ricorda la colomba inviata da Noè per vedere se il diluvio fosse finito; a posarsi per indicare che la tempesta del mondo è terminata.
Abbiamo finalmente il principio maschile e quello femminile, Sole e Luna uniti assieme in viaggio verso il Regno dove si celebreranno le sacre nozze. Nel discorso alchemico, le colombe che scendono in volo sono l'emblema della ***Luna Philosoforum*****, il mercurio alchemico, ovvero il puro spirito a cui si è finalmente approdati**. L'anima, femminile e lunare, incontra il suo sposo, lo spirito, maschile e solare: si è formato **l'andro-**

[148] "*Il simile cura il simile*": molto prima di Hahnemann, il fondatore dell'omeopatia, Paracelso istruiva su come ristabilire la salute di un organo utilizzando un composto simile al principio che aveva causato la malattia.

**gino alchemico, il *Rebis*, la dissoluzione di Sole e Luna ovvero ciò che rappresenta al contempo l'origine e la fine della vita**. Quando viene meno l'opposizione tra polarità complementari (maschile e femminile, ma anche fisso e volatile rappresentati dal cavallo e dalle colombe) si apre il regno dell'armonia. La cosa unica, l'androgino alchemico, racchiude in sé ogni principio: riceve le forze superiori esemplificate dalle colombe e quelle inferiori su cui poggia, il cavallo.

***Quando stavano per essere celebrate le nozze con il principe, arrivarono le false sorellastre: esse volevano ingraziarsi Cenerentola e partecipare alla sua fortuna. All'entrata della chiesa, la maggiore si trovò a destra di Cenerentola, la minore alla sua sinistra. Allora le colombe cavarono un occhio a ciascuna. Poi, all'uscita, la maggiore era a sinistra e la minore a destra; e le colombe cavarono a ciascuna l'altro occhio. Così esse furono punite con la cecità per essere state false e malvagie.***

Si giunge così alla celebrazione delle nozze alchemiche presenziate anche dalle "*false*" sorellastre. È la prima volta in cui vengono additate come false poiché ora, finalmente, siamo alle soglie del Regno di realtà, in cui non ha più ragione di esistere alcuna proiezione di contenuti personali. La sorella intelletto accosta Cenerentola sulla destra mentre l'emotività prende il fianco sinistro: "*allora le colombe cavarono un occhio a ciascuna*". Eliminare un occhio significa **rinunciare alla visione del dualismo**; guardare con un solo occhio è guardare con l'Occhio di Dio: "*Se dunque il tuo occhio è singolo, tutto il tuo corpo sarà illuminato*", Mt. 6,22. Dopo la segreta celebrazione delle nozze avviene un'inversione o un'ulteriore sintesi degli opposti: la mente è ora sul lato emotivo e l'emotività sul lato destro che prima era coperto dal mentale. A ben guardare, quello che viene messo in atto è un spostamento circolare, un movimento dell'anima in cui, appunto, **inizio e fine coincidono**. Come precisa Hillman:

> "*la circolatio e la rotatio sono spesso annoverate tra le ultime operazioni dell'opus. La rotatio, il moto della ruota, dice chiaro che nessuna posizione può rimanere fissa, nessuna enunciazione è una verità definitiva, non esiste alcun luogo finale da raggiungere. L'idea di sviluppo non ha senso quando nessun luogo è meglio o peggio, superiore o inferiore di un altro. Girando la ruota, ciò che era in alto adesso è in basso [...] il serpente si mangia la coda, altra immagine del rovesciamento decostruente*"[149].

A questo punto le sorelle perdono anche l'altro occhio: la storia narra che vengono punite con la cecità poiché "*false e malvagie*". Così è in effetti. La mente mente e si serve delle emozioni per convincerci sulla presunta realtà delle sue impressioni. Sino a poco tempo prima Cenerentola guardava il mondo e se stessa come fa ognuno di noi, con gli occhi della ragione o del sentimento. Ma questo sguardo è, infine, sempre menzognero: illude. Esso partecipa alla costruzione di un Io separato dal mondo e dalla divinità: soggiace a logiche predatorie per le quali si è costretti a essere sempre la preda minacciata o il predatore affamato. **Questo sguardo che per troppo tempo abbiamo investito del potere di guidarci è ed è sempre stato cieco (fine e inizio coincidono)**. Ora la cecità è stata soltanto resa evidente poiché si è nel Regno di realtà ove tutto appare per ciò che è. Ragione e sentimento non sono più i pilastri su cui si arrocca una vacillante personalità; restano al fianco dell'essere integrato ma come servizievoli funzioni al cospetto del divino e non più come insaziabili impulsi personali. Lo sguardo che non è stato magistralmente raffinato sul fuoco della Coscienza, cattura l'oggetto della propria percezione e ne fa un

---

149 James Hillman, *Psicologia Alchemica*, 2010, pp. 279-280.

uso conveniente: ciò che si vede dà piacere o desiderio se può confermare l'idea che si ha di se stessi; oppure disgusta, muove a indifferenza, spaventa e suscita rifiuto se si ritiene possa porre in crisi la stessa idea di sé. **L'uomo non iniziato soffre di una punizione endogena al suo stato: esso è cieco**. Dio è come esiliato da lui.
Gli occhi sono lo specchio dell'anima, ma **se non si è fatta anima non c'è il vedere. Con il cavare il primo occhio la visone si apre all'amore; con il cavare il secondo occhio la visone si apre alla verità**. Ciò che avviene è un semplice processo di inversione del flusso energetico e della Coscienza, che ordinariamente ognuno di noi rivolge all'esterno: ora la mente non dipende più dall'inattendibilità dei sensi, bensì fa esperienza diretta del Regno di Dio dentro di sé.
Un'ultima ragione giustifica la cecità delle sorellastre al termine della cerimonia: esse non possono vedere l'ermafrodito, l'essere celeste: ciò che si fa divino vede e non può esser visto, poiché non c'è nulla di secondo a Dio. Non possono nemmeno vedere in cosa realmente consista questo sacro cerimoniale segreto delle nozze alchemiche. L'uomo medio non è in grado di vedere, così come la ragione o le emozioni non possono arrivare alla conoscenza di sé.

Lo sguardo che ognuno di noi arma sul mondo e sull'altro fa di noi stessi una preda o un predatore affannato in una radura di incolmabile distanza. Fuori da sé, nel proprio spettro visivo, regna la separazione, detta anche menzogna. Ciò che esiste ed è reale, si trova in noi, è la propria stessa essenza. La sola intenzione di cercare fuori piaceri, gioie, intensità, appagamento, successi e completezza, rivela la cecità. **La meta del cammino è il camminante stesso: *il re del Graal serve il Graal*.**
Questo ritrarre lo sguardo sul mondo è possibile ora che sono state celebrate le sacre nozze: **il maschile-e-femminile congiunti assieme, scendono nel mondo per purificarlo**. È l'essere puro chiamato a spiritualizzare la natura pesante di un'umanità ancora troppo acerba. Le nozze sacre segnano l'en-

trata definitiva del raggio dello spirito nella materia: è così che si avvia la procreazione del sacro bambino interiore o dell'uomo nuovo.
Le terze e ultime nozze alchemiche segnano la realizzazione del cosiddetto "***Unus Mundus***" in cui **il microcosmo individuale si ricongiunge con l'uni-verso**, riconoscendo che le due sfere sono intimamente collegate e interdipendenti. In questa fase di congiunzione mistica **lo spirito parla e si esprime attraverso il veicolo umano**[150]. In tutta la vibrazione del creato si esprime lo spirito[151], anzi, il mondo stesso ne è manifestazione. Il fenomenico non ha più alcuna forza attrattiva (di cui l'attrazione fisica o sessuale per il corpo altrui è spesso l'emblema), così come lo sguardo cieco verso l'esterno non è in alcun modo in grado di additare alla colpa. **Ed è così che l'essere spiritualizzato procede a spiritualizzare il mondo: cancellando in esso la colpa**. Nel riconoscere l'altro come emanazione divina, come me stesso, come puro amore, a lui offro il perdono, la liberazione dalla colpa o meglio, il fatto che **non ci sia nulla da perdonare**. Poiché la sola causa è la Causa Prima e questa non può offrirsi se non con amore, tutto quanto cada fuori dall'amore semplicemente non è mai esistito. Non

---

[150] Paramahansa Yogananada, ne *Lo Yoga di Gesù* , 2011:

"*Lo Spirito onnipresente si cela nella materia vibratoria, proprio come l'olio è nascosto nell'oliva. Quando si spreme l'oliva, sulla sua superficie compaiono minuscole gocce di olio; così, seguendo un processo evolutivo, lo Spirito emerge gradatamente dalla materia sotto forma di anime individuali*".

[151] Un tempo si riteneva che l'elettrone avesse una carica elettrica negativa mentre il neutrino non ne aveva alcuna. Quindi si pensava che l'universo fisico fosse composto di particelle la cui natura fosse diversa. Recentemente si parla di "teoria delle superstringhe" secondo la quale il mondo sarebbe costituito da un solo e unico ingrediente: la stringa.

"*Così, come una corda di violino può vibrare in modi diversi, ognuno dei quali produce una nota musicale differente, anche i filamenti della teoria delle stringhe possono vibrare in più modi [...] Una minuscola stringa che vibri in un certo modo avrebbe la massa e la carica elettrica di un elettrone*".

Brian Greene, *La trama del Cosmo, cit. da Paramahansa Yogananda in Lo Yoga di Gesù.*

si possono vedere entrambi i mondi, quello dell'invisibile e quello dei sensi: uno dei due va negato o assorbito nell'altro, così come l'oscurità di due occhi ciechi viene ora scambiata con la sola Luce in grado di guidare, l'ignoranza con la comprensione.

**Non si cammina più per se stessi;**
**radicarsi nel mondo celeste;**
**l'armonia tra finito e infinito;**
**fare di due Uno: il servizio offerto al divino incorona colui che si dona;**
**dare corrisponde a ricevere: offrire se stesso equivale a ricevere Sé stesso;**
**il Rebis;**
**la rinuncia al dualismo apre ala visione di amore e verità;**
**Unus Mundus**

# CONCLUSIONI

*«Sara, cosa vuol dire "mantenere lo sguardo della compagna invisibile"?»*

*«Perché Dio, l'Uno, ha bisogno di noi, del molteplice?»*

*«Non riesco a capire: come posso vedere il divino in ogni manifestazione del mondo?»*

*«In che modo io manifesto il divino anche se non sono consapevole e se non è intenzionale in me?»*

… Lasciate che vi racconti una storia.

***C'era una volta, tanto, tanto tempo fa, l'idea di un frutto.***
***Avete capito bene: non c'era altro se non l'idea di un frutto.***
***Dunque quell'idea pensò a come manifestarsi affinché tutti potessero vedere che non si trattava solo di un'idea.***
***"Ma tutti chi?" Direte voi. Tutti quelli che non c'erano, non erano ancora, ma ci sarebbero stati: erano necessari proprio per testimoniare della presenza di quel frutto.***

***Il frutto pensò che per mostrarsi avrebbe avuto bisogno dei suoi semi.***
***Allora produsse così tanti semi, ma così tanti semi, che tutti assieme formarono la terra.***
***A quel punto fece scendere nella terra nuovi semi: avrebbero dovuto precipitare molto a fondo, fin dove tutti i grani precedenti continuavano a mo-***

*rire: era il mondo infero, pieno di ombre e fantasmi di semi che non riuscirono mai a essere altro se non albe morenti.*
*Per sprofondare nel regno dell'invisibile anche i nuovi semi avrebbero dovuto in qualche modo morire, eppure, essere capaci di tornare in vita.*

*I semini, un po' preoccupati, presero a scivolare giù fin quando non videro più la luce e non udirono più alcun suono. Alcuni tra loro, per la troppa paura di quel luogo infestato di morte, non trovarono la forza di aprirsi: «non mi fido; non è un bel posto; preferisco starmene chiuso in me stesso», così dissero per un po'. Poi di loro non si seppe più nulla.*
*Altri invece, nella speranza di far entrare un po' di luce in se stessi scelsero di infrangersi: si schiusero tanto sino a disintegrare i loro corpi.*
*Mutarono forma.*

*Queste strane forme si allungarono, si spinsero verso l'alto per cercare la luce: e così premettero tanto da aprirsi un varco sulla superficie della luminosa terra.*
*Che gioia quando il chiarore contrastò l'oscurità!*
*Non durò molto, però, quella gioia.*
*Fuori, infatti, non vi era soltanto la luce: anche il vento soffiava forte. E così quelle nuove forme furono spazzate via e anche di loro non si seppe più nulla.*
*Tra loro, tuttavia, ve ne erano di alcune che spingendosi verso l'alto in cerca di luce, non tralasciarono di allungarsi anche verso il basso, ancorandosi più a fondo nell'oscurità. Fu così che viaggiarono al contempo verso il basso e verso l'alto. Questi pure videro la luce. E il vento li sol-*

*leticava sino a farli ridere; la rugiada si cullava sulle loro piccole cime che in breve conquistarono il cielo.*

*Il frutto, che nessuno dei semini mai poté vedere, osservava la sua crescita e la sua manifestazione e di ciò si rallegrava.*
*Le fronde alte e verdi ubriacarono l'aria di ossigeno;poi lasciavano cadere a terra le proprie foglie che il suolo sembrava gradire moltissimo e ricambiava il favore offrendo suoi elementi alle radici.*
*Presto giunsero gli uccelli tra i rami e fecero lì le loro case; intonarono lì i loro canti. Si trovarono molto bene poiché potevano nutrirsi dei semi nella terra e di tanti piccoli esseri che pullulavano nel suolo dove giacevano foglie, fiori e vecchi semi morenti.*
*Le fronde fitte facevano anche tanta ombra così che l'erba giovane potette crescere indisturbata e offrire se stessa a galline, pecore, e altri animali ancora.*
*Alcuni tra questi, si fermavano laddove l'albero scelse di non ombreggiare e di lasciare che l'erba seccasse. L'albero, osservandoli, comprese che poteva ordinare la luce e l'ombra e indicare persino il tempo e le stagioni.*
*Il frutto non visto sorrise.*

*Poi le fronde si caricarono di tanti frutti visibili: alcuni caddero sulla terra e la nutrirono; altri caddero nei becchi di uccelli o nelle bocche di animali e li nutrirono; altri caddero nelle mani dei bambini e li nutrirono sino a farne uomini.*

*Gli uomini impararono a fare molte cose con le foglie e con i rami. Con il legno costruivano uten-*

*sili: ad alcuni di questi agganciavano gli animali e inventarono il lavoro.*
*Nacquero così tanti uomini che dagli alberi trassero la carta, il legno, le resine; dai frutti e dai semi presero oli e cibo e colori e scoprirono anche il fuoco con il quale creare altre forme e altri odori, altri gusti e il cambiamento.*
*Il frutto non visto sorrideva.*

*Ogni volta che gli alberi si caricavano di frutti visibili gli uomini danzavano e cantavano. Quando invece persino le foglie scendevano tutte dai rami gli uomini pregavano e ringraziavano.*

*Il frutto non visto si guardava: si vedeva nei semi che formarono la terra, nei germogli frettolosi spazzati dal vento, nei rami forti e nei gusci delle uova di uccelli caduti al suolo dai nidi. Si vide nelle mani dei bambini e nei lombrichi che dondolavano dai becchi delle galline; si trovò nella pioggia che gonfiava i manti delle pecore; si scorse nel legno che frizzava per scaldare le case costruite dagli uomini; si osservò in uno straccio di cotone sudicio e nella cenere che le donne impiegavano per farlo tornare bianco; si rallegrò di trovarsi nei colori di un pittore; nel suono che il vento soffiava nei boschi; negli argini di un corso d'acqua; nelle ali spezzate di una farfalla; nello sterco di cavallo popolato di mosche; nel rantolo di un volto rugoso e nel giubilo di un folle.*
*Il frutto non visto pensò che fosse giusto rinunciare a esser visto per offrirsi invece in questa vibrante manifestazione che tutti chiamavano vita.*

*Con i soli due occhi non si poteva vedere il sacro frutto, eppure esso era ovunque: invisibile e impe-*

***rituro. Questo, gli uomini detti Saggi, lo sapevano bene, ecco perché non schiacciavano mai con le loro idee il cuore del sacro frutto: essi danzavano festosi alla grandine che rovinava il raccolto e con letizia offrivano canti al Sole di primavera; lavavano via le loro malinconie quando le acque copiose soffocavano le terre e il bestiame e salutavano l'arrivo della rugiada che impreziosiva i campi. Essi non ponevano mai i propri dubbi sulla ragione del sacro frutto: se appariva aridità, questa era giusta; se si manifestava la malattia, questa era giusta; se nuove forme umane venivano alla luce, questo era giusto. Fu grazie a questa loro saggezza che tutti gli uomini, detti beati, impararono a ...***

Saresti così gentile da continuare tu, per favore?

***Ed essi vissero, tutti e per sempre, felici e contenti.***

***Fine.***

Indice

ENKI – Collana di Saggistica

Riccardo Gobbi, *Dal circolo vizioso al circolo virtuoso*
Corinna Tania Gallori, *Il Monogramma dei Nomi di Gesù e Maria*
Rino Cammilleri, *Il Kattolico 3*
Roberta Lugoli, *La Mente Cosmica – Una metafisica del pensiero*
Riccardo Gobbi, *Memoria e conferme su Dio e sulla fede*
Alberto Figliolia, *El folber e altri destini – Storie e avventure di sport*
Fausto Bertolini, *Gesù e il Super-Io*
Michele Garini, *MESSA così è tutta un'altra cosa – Rito, esperienze, suggestioni*
Francesco Burlini, *Eresie ambientaliste*
Fabio Terraroli, *Leggende di Lonato*
Susanne Raweh, Roberta Arias, *Le feste comandate*
Carlo Cavazzuti, *Gladiatoria*
Giorgio Pavesi, *Leone de' Sommi hebreo e il teatro della modernità*
Christian Monti, *Viaggio critico nel Mistero – tra Cattedrali gotiche, Templari e Massoneria*
AA. VV., *La Cattedrale di Asola*
Lidia Gallico, *Una bambina in fuga – Diari e lettere di una ebrea mantovana al tempo della Shoah*
Massimo Bozzeda, *Fratelli, vi prego, chiamatelo Padre Nostro*
Fausto Bertolini, *E se Dio non ci fosse?*
Alberto Zanoni, *I temi della vita tra Sacra Bibbia e miti*
Carlo Salvoni, *La Fonte*
Dante Chizzini, *Luci e ombre nei rapporti tra Viadana e Mantova – dalle Additiones agli Statuti (1430/1724)*
Marianna Maiorino, *Il canto dell'arcobaleno: La sinestesia*
Fabrizio Tassi, *Come il volo lontano degli uccelli nella pace della*

*sera – Mistica domestica* di Fabrizio Tassi
Ferrante Bandera, *Diario di una breve stagione*
Sara Ascoli, *Cenerentola: L'inganno, l'anima e il Sang Real*

NIDABA – Collana di Filosofia

Luca Cremonesi, *La filosofia della natura nel* De incantationibus *di Pietro Pomponazzi*
Ivan Pozzoni (a cura di), *Frammenti di cultura del Novecento – Nietzsche, Vailati, Simmel, Schlick, Arendt, Zubiri, Bateson, Dell'Oro, Warburg, Dávila, Garin, Melandri raccontati da dodici filosofi contemporanei*
Primavera Fisogni, *Ontologia della speranza*

ANUNNAKI – Collana di Narrativa

Fausto Bertolini, *Negli occhi delle donne – Vita sentimentale di Cartesio*
Daniele Vazquez, *La comunità dei sogni*
Fausto Bertolini, *Telebordello – Storie da far rizzare l'antenna*
Mauro Acquaroni, *Piccioni*
Carolina Giorgi, *La rosa di Ledmore Vale*
Anna Viale, *La camera celeste*
Ana Kramar, *Il ritorno – Storie migrabonde*
Angel Luís Galzerano, *Cronache sentimentali di un italiano a metà*
Floriano Rubiano Fila, *Appuntamento tra due anni*
Silvia Savoldi, *Occhi sul domani*
Carla Menaldo, *Il re del tango*
Sara Bellingeri, *Cartoline dal muro*
Stefano Iori, *La giovinezza di Shlomo*
Fausto Bertolini, *L'amore ai tempi del colesterolo*

Mauro Novellini, *Re infecta*
Michela Tafelli, *La stirpe di Zoltan*
Michela Tafelli, *I segreti di Zoltan*
Carla Magnani, *Acuto*
Mauro Acquaroni, *De La Tour*
Davide Rubini, *Il fischio finale*
Enrico Ratti, *Il taccuino dei dannati*
Leone di Candia, *Panama Caffè*
Antonio Della Rocca, *La bambina in rosso*
Augusto Bolther, *L'assedio di Asola, 1516 – La morte di Riccino Daina, 1522*
Marisa Pezzella, *Freddo fuoco bruciato*
Elena Aldi, *L'anima viola*
Ruco Magnoli, *Sharon trova*
Lidia Masci, *Anno bisestile*
Alberto Pizzi, *Il compito*
Alessandro Rampini, *Una vita non mi basta*
Luca Bonaffini, Renato Bottura, *Sognatori feriti*
Angel Luís Galzerano, *Storie lunghe una canzone*
Carlo Salvoni, *Menamato – Storie di un cane a tre zampe*
Ruco Magnoli, *Sharon pesca*
Sara Pellucchi, *Foschie*
Fausto Bertolini, *Il caso Satanas*
Roberta Di Falco, *Lo strano dono di Sara*
Mauro Novellini, *Nella legione di confine*
Otto, *Rêves*
Celine Finco, *Due razze*
Riccardo Bassi, *La nostra prima vera estate*
Giulia Deon, *Novelle in decrescendo*
Ruco Magnoli, *Sharon vola*
Maurizio Salva, *Omicidio in Cittadella*
Alessandra Perugini, *Blu oceano*
Angela Biondi, *La stirpe del Drago – Il risveglio dell'antico Signore*

Francesco De Siena, *Le variazioni degli spiriti*
Carla Menaldo, *Rosastrega*
Alberto Costantini, *Le astronavi di Cesare*
Chiara Donà, *In ognuno di noi*
Erminio Giavini, *Con un capello biondo si può vincere il premio Nobel*
Genny Sabbadini, *Ovunque sei*
Alessia Moneta, *Dagli occhi di Alice*
Milena Ziletti, *Visano e la maledizione del rogo*
Neronte, *La Vedova Grigia*
Antonella Presutti, *Nevica poco e male*
Alberto Sogliani, *Una squadra lunga dieci anni*
Florino Rubiano Fila, *Di veleno e di sogno*
Luca Bonaffini, *Eterni secondi*
Mauro Acquaroni, *L'Utile – à la recherche de –*
Emiliano Caiani, *Criminose illusioni – Delitti e destini –*
Luca Pipitone, *Papao*
Pierangela Rubes, *Donne in silenzio*
Augusto Bolther, *I racconti del sabato*
Marisa Gianotti, *La collana di Miràm*
Ruco Magnoli, *Sharon scia*
Ruco Magnoli, *Sharon protegge*
Luigi Schifitto, *Delitti di stagione*
Gilberto Cavicchioli, *Mosaico*
Ruco Magnoli, *Sharon studia*
Lidia Masci, *Le ali di Alì*
Ruco Magnoli, *Sharon alleva*
Ruco Magnoli, *Sharon balnea*
Ruco Magnoli, *Sharon villeggia*
Ana Danca, *Patrie interiori*
Eliana Fusai, *Il tempo dell'anima*
Luca Ragazzini, *Le misturanze – Dormiveglia irlandese*
Nadia Bellini, *Un cancello a chiudere il vento*

Silvia Peroni, *Gatti, Stregatti e Aristogatti*
Sergio Rossi, *Una questione di naso*
Ruco Magnoli, *Sharon ritorna*
Ruco Magnoli, *Sharon suona*
Alessandro Gianesini, *La brigata della speranza*
Monica Ferraioli, *Cenerentola oggi calzerebbe il 41*
Guendalina Bosio, *Destinazione felicità*
Luca "Splash" Guarneri, *Sigla*
Maristella Bonomo, *Navel*
Fausto Bertolini, *Giulietta deve morire*
Riccardo Bassi, *Sognando Bologna*
Simone De Bernardin, *Lettere*
Paolo Pisi, *Il meccanico di Nuvolari e altri personaggi di genio*
Ilaria Arpella, *Le cronache dei Regni Perduti – Le Regine dei Regni Perduti*
Giorgio Corvi, *Il fiore dell'eternità*
Ruco Magnoli, *Sharon fiuta*
Ruco Magnoli, *Sharon nuota*
Raffaella Azzini, *Vento d'autunno*
Laura Coghi, *Innamorarsi del possibile*
Angel Luís Galzerano, *Naufraghi*
Elisabetta Baraldi, *Sono tornate le pecore*
Floriano Rubiano Fila, *Scritto in Nicaragua*
Aquilino, *Passione di Fedra*
Silvia Peroni, *Tutto in un mese*
Mauro Acquaroni, *Ho visto – J'ai vu*
Stefania Lamanna, *Il rimpianto perfetto*
Sergio Rossi, *La bella età*
Maria Giovanna Farina, *Non siamo solo cagnolini*
Ariel Shimona Edith Besozzi, *Qualcosa per cui correre*
Lina Calogera Alaimo, *Stella Fruttidoro*
Fausto Bertolini, *Gli omicidi del Colosseo*

www.ingramcontent.com/pod-product-compliance
Lightning Source LLC
LaVergne TN
LVHW091301150826
845673LV00006B/1498

* 9 7 8 8 8 6 8 6 7 3 6 6 6 *